Evaluation of Intelligent Transportation Management system Theory and Practice

智能交通管理系统综合评价理论及实践

卫振林　王世华　黄爱玲　编著

人民交通出版社

内 容 提 要

本书通过对智能交通管理系统(ITMS)的系统构成和作用机理分析,提出了智能交通管理系统综合影响评价理论体系,包括综合影响评价指标体系和综合评价方法体系,并结合北京市 ITMS 的实施应用和特点,定量与定性地分析和评价了 ITMS 项目的实施对北京城市社会经济、交通安全、能源环境和管理效率,以及城市社会生活和整体发展所产生的各种直接、间接的影响,为智能交通管理系统的发展与优化提供了理论和实践的参考依据。

本书特色鲜明,既有理论探索又与实践紧密结合,可供研究人员、教师、学生以及工程技术领域的实践人员和政府部门的决策者参考。

图书在版编目（CIP）数据

智能交通管理系统综合评价理论及实践/卫振林等编著．--北京：人民交通出版社，2012.5
ISBN 978-7-114-09744-7

Ⅰ.①智… Ⅱ.①卫… Ⅲ.①交通运输管理-自动化系统-综合评价 Ⅳ.①U495

中国版本图书馆 CIP 数据核字 (2012) 第 071980 号

书　　名：智能交通管理系统综合评价理论及实践
著 作 者：卫振林　王世华　黄爱玲
责任编辑：张　淼
出版发行：人民交通出版社
地　　址：(100011)北京市朝阳区安定门外外馆斜街 3 号
网　　址：http://www.ccpress.com.cn
销售电话：(010) 59757969、59757973
总 经 销：人民交通出版社发行部
经　　销：各地新华书店
印　　刷：北京鑫正大印刷有限公司
开　　本：787 × 1092　1/16
印　　张：13
字　　数：308 千
版　　次：2012 年 5 月　第 1 版
印　　次：2012 年 5 月　第 1 次印刷
书　　号：ISBN 978-7-114-09744-7
定　　价：48.00 元

序

随着交通需求的日益增长与信息化技术的快速发展,智能交通管理系统(Intelligent Transportation Management System,简称ITMS)在城市交通运输领域得到广泛应用,有效缓解了交通拥堵,提高了道路通行能力、交通服务水平和安全性,并且在加快交通事故处理与救援、减少环境污染等方面产生了巨大成效。由于ITMS集信息技术、数据传输、自动控制和计算机处理技术等高新技术于一体,投资额巨大、技术难度高,且ITMS属于基础性项目,其应用产生的宏观效益远远超过所带来的微观经济效益,决策者、投资者与社会大众都非常关注其综合效益。因此,合理评价ITMS所带来的各方面效益具有重要意义。

北京市作为我国的首都,近年来大力发展交通建设,除加强基础设施外,各类智能交通系统也陆续投入使用。以促进城市可持续发展和满足2008北京奥运需要为目标,北京市交通管理部门从2004年始,逐步建成由交通指挥系统、交通信号控制系统、交通综合监控系统、交通信息诱导系统等构成的北京城市智能交通管理系统,并在实际应用中取得了明显的效果,一定程度上为解决或缓解北京城市交通问题发挥了重要作用。同时,北京市的交通情况具有其特殊性,如交通需求增长迅速、ITMS系统更新周期短和交通政策干预作用明显(如奥运期间及奥运后的限行政策)等特点,使得ITMS的应用效果在时间与空间分布上存在着特殊性。

目前,国内外专家对智能交通系统(Intelligent Transportation System,简称ITS)相关领域的评价理论与方法已做了较为丰富的研究,取得了丰硕的成果。美国与欧盟不仅提出了适用于各种ITS子系统的评价方法,而且给出了具体的评价指标体系,同时也开发了一系列可用于评价的微观模拟仿真软件。国内专家早在"九五"期间就对ITS项目评价的不同方法进行了讨论,并对支持ITS影响评价的近百种交通仿真模型做了深入调研和分析。还有国内专家在方法论方面提出了应以成本效益分析为基础发展成本效果分析、数据包络分析和多目标判别分析的评价模型。但作者目前尚未看到对于智能交通管理系统评价理论与方法方面的系统研究。

基于此,本书在总结国内外相关研究成果的基础上,通过国内外典型城市ITMS实施应用情况的系统调研,建立起ITMS综合效益评价指标体系和评价方法体系,以考察ITMS项目的经济合理性、技术合理性、社会效益和环境影响。在此基础上，结合北京市ITMS系统发展应用及其特点，定量与定性地分析和评价ITMS项目的实施对社会经济、交通安全、能源环境和管理效率，以及城市社会生活和整体发展所产生的各种直接、间接的影响，从而为北京市智能交通的发展与优化提供决策参考依据。

本书的主要内容包括：(1)智能交通管理系统综合影响评价理论方法：主要指ITMS综合评价概念和内涵、综合影响评价指标体系和综合评价方法体系；(2)北京城市智能交通管理系统综合影响评价实践研究：包括北京ITMS系统分析、ITMS运行效率评价、ITMS社会经济影响评价、ITMS交通安全影响评价、ITMS能源环境影响评价以及ITMS管理效率评价。与同类专著相比，本书具有鲜明特色，既有理论探索又与实践紧密结合，可供研究人员、教师、学生以及工程技术领域的实践人员和政府部门的决策者参考。

本书的研究是基于国家“十一五”科技支撑计划课题“奥运交通管理指挥调度系统辅助决策系统评价体系研究”(课题编号:2006BAG01A01)的成果完善总结而完成的。该课题由北京市公安局公安交通管理局牵头，在北京交通大学、清华大学、北京邮电大学等相关科研院校的协助下完成。其中，北京市公安局公安交通管理局、北京交通大学主要负责ITMS综合评价体系理论方法以及社会经济、环境和能源效益评价研究；清华大学主要负责ITMS运行效果分析及评价研究；北京邮电大学主要负责ITMS交通安全影响评价研究。感谢北京交通大学的关伟教授、宋丽英老师，清华大学的李志恒副教授、苏岳龙博士，北京邮电大学的左兴权副教授、王春露副教授对课题研究工作的支持。全书由北京交通大学负责统一编写和统校。此外，参加本书编写工作的还包括：吴月、宋亚辉、刘运鹤、韦再伟、高健等，在此一并感谢。

由于ITMS较为新颖，正处在发展和完善的阶段，更新发展快，同时涉及的学科领域较为广泛，因此本书的研究成果也将会不断发展和完善。加之作者水平有限，疏漏之处在所难免，敬请读者批评指正。

目　录

第1章　智能交通系统与智能交通管理系统

1.1　智能交通系统(ITS)简介

世界经济的持续快速发展,带动了各国城市化和机动化的迅猛发展,进而极大地推动了交通运输领域的建设。但是,交通需求的快速增长已经远大于交通基础设施建设的增长速度,由此带来了一系列的交通问题,如交通拥堵、交通事故、能源和环境等,这已成为制约社会经济发展的瓶颈。

20世纪80年代后期,美国、日本和欧洲等发达国家为解决国内交通问题,利用当代的高新科技和理论,研发了以提高效率、提高安全性和减轻环境影响为目标的交通运输系统,即智能交通系统(Intelligent Transport System,简称ITS)。智能交通系统是将先进的信息技术、通信技术、传感技术、控制技术以及计算机技术等有效地集成运用于整个交通运输管理体系,而建立起的一种在大范围内、全方位发挥作用的,实时、准确、高效的综合运输管理系统。它集通信与交通技术于一体,其核心思想是将先进的数据通信传输、定位、传感、电子控制以及其他与信息相关的技术等综合应用于道路交通系统,使现有交通基础设施发挥最大的效能,以较低的造价和较短的时间从整体上提高道路交通系统的效率、安全性和服务质量,降低交通堵塞,节省能源,减轻车辆以及与车辆有关的设施对环境的污染,并极大程度改善车辆人机系统的安全性,避免事故发生和减少事故中的损害程度。

当前我国社会经济高速发展,交通需求持续旺盛,而交通基础设施的建设和完善仍需一定时间,因此,大力发展智能交通系统,有效挖掘路网潜力,满足交通需求,提高交通运输系统运行效率和管理水平,已成为我国城市交通发展的必由之路。

1.1.1　国外发展现状

美国是智能交通大国,从20世纪80年代就开始了智能交通系统的研究使用,智能交通系统一词亦源自于美国。目前ITS在美国交通领域中应用的覆盖范围已达80%以上,而且相关的产品也较先进;美国ITS应用在车辆安全系统(占51%)、电了收费(占37%)、公路及车辆管理系统(占28%)、导航定位系统(占20%)、商业车辆管理系统(占14%)方面的发展较快。美国交通部估计,智能交通系统的应用能消除大约每年120万起交通事故,挽救上万人的生命,每年能节省260亿美元因交通堵塞及交通事故所造成的损失。在未来20年里,美国智能交通相关产品及服务市场容量将超过4 200亿美元,相关项目将超过60万个。

日本早在1973年就开始了对智能交通系统的研究,研发并应用了交通信号控制系统,1994年借助ITS世界大会的召开,将各种系统纳入了ITS体系。目前日本已安装ETC车载机1 700多万台,近70%的收费交易实现了不停车收费;VICS导航仪达到1 800多万台,加上其他

的导航仪共计 2 600 多万台。日本取得的成绩在世界上也是首屈一指的,应用效果突出,同时在商业上也是比较成功的。例如,ETC 的应用缓解了收费站的拥堵,同时也使由拥堵造成的 CO_2 排放量得到了降低。

欧洲国家对 ITS 的研究也比较早,且 ITS 研究开发是由官方(主要是欧盟)与民间并行进行。由于欧盟国家有着不同的文化背景和法律法规,因此在 ITS 的发展过程中有许多日、美不曾遇到的问题,例如,由于各国的法律制度和技术标准不同,为了实施统一的 ITS,标准化便成为了欧洲 ITS 研究应用的首要任务。标准化可以保障大范围的兼容性,有助于拓展 ITS 相关产品的供应渠道,创造更大的市场空间。经过十多年的发展,欧洲的 ITS 大部分仍然处于各个国家独立安排解决方案的状态,尽管各国普遍建立了交通管理与信息服务系统,建设了速度警示系统和基础设施使用付费系统,开发了路侧紧急呼叫系统等,但还没有形成欧洲统一的系统。

目前,由于发展起步较早,美国、日本、欧洲已成为世界智能运输系统研究的三大主要基地,同时,澳大利亚、韩国、新加坡等国的研究也已初具规模,其中美国主要侧重 ITS 安全设施的建设,日本关注 ITS 诱导设施的建设,欧洲注重 ITS 基础平台的构建,其他一些国家和地区的 ITS 则主要关注示范工程的建设。为使智能交通系统得到更好更快地发展,许多国家非常重视 ITS 先期的规划和标准制定工作,通过制定科学的发展规划确定其发展方向、目标和内容等。

1.1.2 国内发展现状

智能交通系统的研究和推进在我国仍处于起步阶段,但其作为经济增长点和交通系统建设必然选择的重要性已得到国家相关部门的高度重视,智能交通系统的建设在我国交通运输领域是一场跨世纪的技术革命,据有关部门的估计,如果我国应用成熟的智能交通系统,每年交通事故死亡人数可减少 30% 以上,提高交通工具使用率达 50% 以上。

20 世纪 80 年代开始,我国陆续引进了国外先进的智能交通系统,如英国的 SCOOT 系统、澳大利亚的悉尼自适应交通控制系统(Sydney Coordinated Adaptive Traffic System,简称 SCATS)等。20 世纪 80 年代后期,我国进行了一些基础项目的研究和应用,1995 年中国国家技术监督局交通部门正式批准成立 ISO/TC204 中国委员会,该委员会把推进中国 ITS 标准化作为主要任务;1998 年 1 月,交通部正式批复成立交通智能运输系统工程研究中心(ITSC),投资 1400 万元建设交通智能运输系统中心试验室,为之后国家制订道路交通运输的发展政策提供科学依据;国家科技部于 2000 年 3 月组织全国交通运输领域专家形成专家组,起草了中国智能交通系统体系框架;2001 年"十五"科技攻关计划中将"智能交通系统关键技术开发和示范工程"列为重大项目,并设立了北京、上海、广州、天津、重庆、青岛、济南、杭州、深圳、中山十个 ITS 项目示范城市。2006 年科技部启动实施了"十一五"科技支撑计划项目"国家综合智能交通技术集成应用示范",项目设立了"国家高速公路联网不停车收费和服务系统"、"北京奥运智能交通集成系统"、"上海世博智能交通技术综合集成系统"、"广州亚运智能交通综合信息平台系统"、"远洋船舶及战略物资运输在线监控系统"、"军交运输智能化监控指挥系统"等六个课题,该项目的实施是面向重大技术问题和重要活动的交通保障,在集成创新研究和应用的同时取得了一系列成果,对我国智能交通系统发展起到了积极的推动作用。

国家"十二五"交通规划提出，我国未来五年将实现对国家高速公路、国省干线公路、重要路段、大型桥梁、车辆区域、交通运输状况等的感知和监控，实现对危险品运输车辆、船舶、长途客运以及城市公交、出租车和轨道交通的全过程监控，基本建成全方位覆盖、全天候运行、快速反应的水上交通安全监管系统和海事信息服务系统。不难看出，ITS 这一新兴高技术产业在我国正处于蓬勃发展的良好势头。

目前从区域发展情况来看，我国北京、上海、广州等东部沿海和经济发达城市的智能交通建设已经初具规模，而中西部地区的智能交通系统仍主要集中在高速公路收费系统，此外，城市内部的智能交通系统有待继续建设与完善。下面简单介绍我国北京、上海和广州智能交通系统的应用现状。

1）北京

北京的交通管理智能化开始于交通信号灯，期间不断地扩充发展，并广泛吸收国外发达国家的经验和技术。1999 年北京市完成了交通管理信息化建设，初步形成了一个主中心、三个区域中心，包括信号控制、道路交通电视监控、道路违章检测、交通信息收集处理、有线和无线通信的综合交通管控体系，基本满足了北京市飞速增长的交通需求。2003 年，北京市交管部门规划实施了"北京市道路交通管理现代化建设工程"，有效提高了北京市交通管理的智能化和信息化水平。自 2004 年起，围绕奥运期间北京城市的交通控制和各项赛事的交通保障两大中心任务，依托已有交通管理科技手段，北京市交管部门相继立项实施了以"奥运智能交通管理建设工程"为代表的一系列现代化、信息化交通管理科技建设项目，初步形成了比较系统完善的智能交通管理系统框架。

目前北京市的智能交通系统建设已进入了多系统综合集成、协调发展和规模化建设阶段。北京市智能交通系统建设已取得初步成果，主要表现在以下六个方面：

①道路交通管理：建成了比较完善的智能化道路交通指挥管理系统，包括城市道路交通信号控制系统，交通检测、电视监控系统，交通违法检测系统，以及全市"122"交通事故接处警系统；

②公共交通管理：建成了城市公交运营组织与调度系统，动物园公交枢纽运营管理和乘客信息服务系统，公交抢修救援调度系统，BRT 智能管理系统；

③高速公路管理：建成了全市统一的高速公路信息中心，实现了五环路和六条高速公路的联网监控，并与交管部门共享；

④出行信息服务：自主研发了浮动车动态交通信息采集处理和发布系统，扩展了动态交通信息采集的范围，有力地提升了北京市交通信息服务发展水平；

⑤电子收费：在全市公共电汽车、轨道交通和 3 万多辆出租车上开通了市政交通一卡通系统；建设完成了八达岭、京津塘高速公路包括 13 个收费站、33 条专用车道、3 个标签发行点与一卡通卡兼容的不停车收费（ETC）试验系统；

⑥客货运输：建成了包含全市 10 家省际长途客运站的联网售票系统，5 家出租汽车安防监控中心（其中 2 家开展了调度服务），8 家化学危险品运输企业建立了化学危险品运输车辆 GPS 监控系统。

未来，北京将投资 14 亿元实施智能交通建设第三期工程，预计在"十二五"期末完成，届时五环内主要路段全部覆盖绿波带，实现智能化管理，预计通行能力提高 15%。

2)上海

面对不断高涨的交通需求,上海市政府除了加快城市道路基础设施的建设、增加交通供给能力外,还积极采用先进的交通管理技术和手段。在交通控制方面,SCATS 系统已覆盖了上海 3 000 多个路口中人流、车流量较大的 1 300 多个路口,通过设立 CCTV 监控系统、通信系统和交通计算机控制系统、交通诱导系统,各系统的集成运行形成了上海市快速干道的交通动态管理雏形;在交通信息服务方面,上海采用广播、室外诱导屏等多种手段为公众提供出行服务;在 GPS 应用方面,上海市为公共交通行业 1.8 万辆公交车全部配备 GPS 监控器,并全部实现了公交站牌电子化。

目前,上海市建成的智能交通系统主要包括:道路交通监控系统、违法监测系统、应急联动系统、世博会智能交通系统。其中世博会智能交通系统包括交通港航安全监管与应急处置系统和上海世博会智能交通技术综合集成系统,为保障世博会交通系统高效运行,提高世博会游客出行效率发挥了重要作用。

3)广州

作为全国首批智能交通示范城市之一的广州,智能交通系统发展战略已经得到初步体现,建成了若干与智能交通系统密切相关的子系统,主要包括:信号控制系统、路面交通状况监视系统、交通诱导与信息发布系统、城市公共交通信息管理及城市间客运汽车跟踪、广州市亚运智能交通综合信息平台系统。

2011 年 1 月 23 日,广州发布了《中心城区缓解交通拥堵方案》,提出未来将在智能交通系统建设方面着重开展以下工作:研究新建公交优先信号系统、积极推动交通信息资源整合平台常态化工作、建设交通仿真基础数据公共管理平台、推进停车场信息资源共享与停车换乘信息系统建设,以及建立交通信息发布系统,优化协调控制系统,加快推进主干道交通可变情报板的建设。

1.2 智能交通管理系统(ITMS)简介

智能交通管理系统(Intelligent Traffic Management System,简称 ITMS)是利用智能交通系统技术和方法,建立面向道路交通管理部门的先进的交通控制、交通管理和交通决策系统,实现对道路交通系统、高效、全面、科学的管理,保障交通安全、畅通、环保、节能。

智能交通管理系统是现代科学技术与先进管理理念相结合的产物,是破解当前发展时期道路交通管理难题的有效手段。它通过先进的交通信息采集技术、数据通讯传输技术、电子控制技术和计算机处理技术等,把采集到的各种道路交通信息和各种道路交通相关的服务信息传输到城市交通指挥中心,交通指挥中心对来自交通信息采集系统的实时交通信息进行分析、处理,并利用交通控制与交通组织优化模型进行交通控制方案以及交通组织方案等的优化,经过分析、处理和优化后的综合交通管理方案和交通服务信息等内容,通过数据通信传输设备分别传输到各种交通控制设备和交通系统的各类用户,以实现对交通的全方位优化管理与控制,为各类用户提供全面的交通信息服务。另外,近年来 ITMS 也外延成为服务于道路交通管理业务的智能化系统,涵盖城市道路交通秩序管理、公路交通管理、道路交通安全管理、机动车驾驶员管理等业务。

ITMS 属于智能交通系统的一个研究领域，是 ITS 在道路交通管理领域中的应用。智能交通系统由先进的交通信息服务系统、先进的交通管理系统、先进的公共交通系统、先进的车辆控制系统、货运管理系统、电子收费系统、紧急救援系统组成，智能交通管理系统则利用科学手段对智能交通系统各个子系统的运营和设施进行一体化的控制和管理，通过对先进的、高水平技术的综合应用，建成一个基于网络环境的、实时的、可视化的智能交通管理信息服务平台，从而提高智能交通系统的工作效率。

1.3　国内 ITMS 发展现状

我国 ITMS 应用和发展主要沿着两条主线进行。第一条是信息化路线，以机动车、驾驶人、事故、违法四大交通管理信息系统建设为主题，推动城市道路、公路交通管理信息化建设，逐步形成综合的交通管理信息平台；第二条是指挥中心路线，以“畅通工程”建设为载体，围绕交通指挥中心建设，开展一系列的交通管理指挥系统研究和应用，不断丰富系统技术和功能，逐步形成完整的交通指挥系统体系。

我国智能交通系统的建设虽然刚刚起步，但在智能交通管理方面已经开展了一系列研究工作和工程的实施，在城市交通管理、高速公路监控系统、收费系统、安全保障系统等方面已取得了多项科研成果，并开发生产了车辆检测器、可变情报板、可变限速标志、紧急电话、分车型检测仪、监控地图板等多种专用设备，制定了一系列标准和规范，无疑，这些工作是实现 ITS 高效管理的基础。目前，ITMS 建设水平较高、具有一定代表性的城市有北京、上海、广州、深圳等。

1）北京

北京长期以来大力发展交通建设，除了不断加强各种基础设施的建设以外，各类智能交通系统也陆续投入使用，有效缓解了城市的交通拥堵，并在提高交通安全性、加快交通事故处理与救援、改善客货运输管理与通行能力及降低环境污染等方面产生了巨大影响。针对北京国际化大都市的混合交通流特征，以及城市交通日常管理和勤务交通与应急交通管理的特点，按照实用性与先进性相结合的原则，北京市交管部门以大规模技术创新为依托，采用开放式系统架构，总体规划、总体设计了高度集成、协调统一、适应国际化特大型城市混合交通流特点的城市智能交通管理系统，并在 2008 奥运会前逐步建成了以“一个中心、三个平台”（交通管理数据中心、指挥调度平台、综合业务平台及信息发布平台）为基本框架，涵盖八大信息化基础应用保障系统（交通信号控制、交通综合监控、交通诱导、应急指挥调度、数字执法管理、综合信息服务、快速路交通控制、交通组织优化仿真等系统）、白余个子系统的智能交通管理系统。北京智能交通管理系统的详细介绍参见本书第 5 章。

北京的 ITMS 系统在交通管理指挥调度、交通控制、信息采集、信息服务 4 大方面实现了重大突破，各项技术创新性、实用性均达到了世界领先水平。未来北京将以实现交通指挥调度模式、交通管理控制手段、交通信息服务内容、交通管理决策方式的新突破为目标，以拓展规模建设和深化信息应用为重点，逐步建设更加完善、更加高效的智能交通管理系统。

2）上海

上海市在智能交通管理系统方面主要开展了以下建设：

(1)道路交通监控系统

该系统用于高速路、高架道路行车的管理和诱导,取得显著成效。交通诱导系统通过设置在道路上的传感器、闭路电视等外场设备进行实时信息采集,监控中心对采集收到的信息进行加工处理,并通过情报板将高架路交通状态、交通事件及行程时间等信息发布,实现上海市高架路的交通诱导。相关资料显示,该系统用于高架道路交通管理相当于增加了20%的高架道路设施量,上海的高架道路全部使用该系统后,相当于增加了14km长的高架道路,即相当于节约40亿~50亿元的建设资金,经济效益十分显著。

(2)违法监测系统

在上海的进出城主要干道上收费站处均设有卡口系统,当存在非现场违章记录的外地机动车通过收费站时,卡口系统将自动识别车辆牌号并对比违章库内的违法信息,并向收费站旁边的交通检查站内的联网计算机报警,执勤民警会根据报警情况实施拦截,完成处罚,该做法辅助了民警对外地车的查处力度。

(3)应急联动系统

上海市应急联动系统在全市范围内采用集中接警、分类处警的工作模式,统一采用110的报警电话号码,用于公众报告紧急事件和紧急求助,提供城市在应急管理和社会综合服务方面的一个统一的城市应急联动的平台。目前该中心覆盖市公安局指挥中心、全市十几个公安分局和公安直属单位,以及社会联动单位,包括医疗、电力、水务、交通、司法等。在应急联动中心设置70个左右接警坐席,供白天接警使用,同时在其他层设置第二个接警区域,供晚上接警使用,并在指挥调度中心大厅单独设置119接警席,在分局指挥中心分别设置110、122二级处警席,负责治安及交通事故接处警和有线无线指挥调度,在派出所设置三级110处警席负责治安类案件接处警。

(4)世博会智能交通系统

2010年世界博览会在上海召开,交通需求大、交通流集散相对集中、涉及多种运输方式是上海世博会期间交通问题的主要特征。同时,由于世博会持续时间久,无法采取广泛的交通管制措施,使上海交通管理面临着巨大的考验。为解决世博会期间的交通问题,上海启动了各指挥调度、应急联动系统的建设,并注重新系统与现有与城市有关交通的各个子系统集成运作。该系统主要包括2个子系统:

①交通港航安全监管与应急处置系统

世博会交通港航安全监管与应急处置系统主要包括世博会公交运营安全管理和应急调度、水陆危险品运输一体化监管、长途客运车辆运行监管、外地进上海车船联网联控、世博会专用出租车统一调度和水上巴士运营监管等。该系统的实施,使上海实现了世博会相关公交线路、轨道交通、长途客运、水上巴士和公共停车等多种交通方式的运营组织管理,可动态监测公共交通服务供应情况;实施3 000余辆世博会公交车、4 000辆世博会出租专用车、2 400辆长途客运班线车、6 000余辆危险品运输车、300余艘危险品运输船舶以及外省市进沪车船的运行安全监管,同时,还具有超速、驶入禁止区域和违规停车等自动报警功能。

②上海世博会智能交通技术综合集成系统

“上海世博会智能交通技术综合集成系统”运用综合交通动态信息获取、复杂环境交通状态分析、综合交通信息平台构建等3项技术,建立了上海综合交通信息平台,整合了城市快速

道路、地面道路、轨道交通、公共交通四大系统143类信息；基于交通走廊协调控制技术和网络交通路由控制技术，建立了世博会优先交通协调管理系统，形成了世博会道路路由控制、世博会交通走廊匝道协调控制和世博会专线巴士信号优先控制；利用交通枢纽出行服务技术，建立了城市交通枢纽出行信息服务系统，实现了浦东机场、吴淞客运码头、人民广场等城市交通枢纽交通信息服务系统与交通综合信息平台的实时互联；开发了交通异常快速检测技术，建立了世博会综合交通紧急事件管理系统，实现了世博会交通紧急事件自动采集、识别及应急预案，为世博会期间应对交通紧急突发事件提供了重要保障。

3)广州

目前，广州市的智能交通系统建设已经取得初步成效，建成了若干与智能交通管理系统密切相关的子系统，包括：

(1)信号控制系统

广州共有信号控制路口750处，其中系统信号控制路口410处，占54.6%；单点控制路口340处，占45.4%。广州使用SCATS系统，信号系统上下端通过光纤方式连入公安网，系统通过路口的环形线圈或者其他交通感应器采集的数据自动生成自适应方案。

(2)路面交通状况监视系统

建立了闭路电视监视系统、电子警察(交通违章监摄管理系统)和路面车流监测系统。广深高速等也建立了闭路电视监视系统。其中广州的闭路电视监视器为87个，路面传感器为148个，基本覆盖了全市的主要路口。

(3)交通诱导与信息发布系统

建立了羊城交通广播电台，利用闭路电视监视图像和交通信息员的路面情况报告，每15分钟发布一次道路信息，对城市交通的诱导起到重要作用。广州市还利用闭路电视监视图像和交通台动态信息数据库成功地实现了基于电子地图和Internet的动态交通信息发布应用示范，开发了从数据采集到数据传输到Internet发布的整套软件系统。

(4)城市公共交通信息管理及城市间客运汽车跟踪系统

该系统由局域网和城市网组成，以中心数据库为核心，集成了公交企业常规管理的13个系统，是一套技术先进、功能完善、实时性强、操作方便的公共交通MIS系统。系统在广深高速客运汽车进行了GPS跟踪应用示范。

(5)广州亚运智能交通综合信息平台系统

“广州亚运智能交通综合信息平台系统”由“一个平台、两大系统”组成。

一个平台：“广州智能交通基础信息综合平台”。平台实现了GPS定位、GPRS数据传输、数据挖掘、移动信息发布、GIS-T等高新技术在交通信息管理与服务的集成应用，整合了城市公交、城际交通和交通管理等方面基础数据和运行数据，交通信息资源覆盖地面公交、出租车、地铁、公路、民航、铁路、水运、交警视频、电子口岸等内容，实现了车辆监控调度、电子站牌信息发布、交通防盗防抢、“羊城通”支付和出租车电召等服务功能。

两个系统之一：“面向亚运和社会的广州综合交通信息服务系统”。该系统可向社会提供综合交通基础信息查询、出行规划、路况信息、导航信息、旅行时间预测等服务功能，可通过互联网站、呼叫中心、电子站牌、移动短信、触摸屏查询终端、调频广播等6种方式为社会提供交通信息服务。

两个系统之二:“广州交通管理智能决策系统”。该系统已作为广州交通管理业务系统投入运行,具备对5万辆营运车辆的在线监控和调度能力,目前实现了17 000辆出租车、5 000多辆公交车以及危运车、执法车、客运车辆、散体物料车等28 000辆营运车辆和200条公交线路的在线监测和调度,其中,出租车、公交车等营运车辆调度到位率达到95%。同时,以“广州智能交通信息产业同盟”为载体,建立了“行讯通”交通信息服务市场化运营模式,可以通过短信、彩信、WAP、USSD、12580语音、手机导航、GPS车载导航仪等方式,为出行者提供路况查询、路况定制、动态导航、路径规划等交通信息服务。

“广州亚运智能交通综合信息平台系统”的建成运行,有效地解决了各种交通方式信息“孤岛”、交通管理效率低、服务水平差等问题,进一步提高了广州地区交通运输的安全性、路网通行能力和运输效率,增强了2010年广州亚运交通的保障能力。

4)深圳

深圳市的智能交通管理系统建设主要在体现在以下方面:

(1)信号控制系统

深圳共有信号控制路口1 308处,其中系统信号控制路口845处,占64.6%;单点控制路口463处,占35.6%。深圳使用SMOOTH系统,信号系统上下端通讯方式为GPRS无线通信方式。

(2)非现场执法系统

深圳共有六类非现场执法系统:固定监测系统、车辆号牌识别系统、视频电视抓拍系统、移动车载系统、人工数码相机、人工数码摄像机。其中固定式监测2 087套,车辆号牌识别系统106断面,视频抓拍378套,移动执法车23辆。全市执法总量约为12万笔/月,其中非现场执法量约占总执法量的90%左右;固定监测系统执法量占非现场执法量的50%,执法量约为5万笔左右(单套设备数据量约为24笔/月)。按设备类别分,闯红灯监测设备占设备总量的94%。

(3)监控系统

随着闭路电视监控点等外场设施的不断完善建设,深圳市在监控系统方面主要开展以下项目建设:“深圳市新建110个闭路电视监控点”、“特区外主要拥堵点40个闭路电视监控点”、“宝龙两区完善300个闭路电视监控点”。

从前面介绍可以看出,尽管我国目前智能交通管理系统仍处于探索发展阶段,但可以肯定的是,建立智能交通管理系统可以极大地提高交通运输效率,保障交通畅通和安全,增强行车的舒适性,改善环保质量,提高能源的利用率。目前,各城市都高度重视智能交通运输系统的研究开发与推广应用,并把智能交通管理系统作为未来交通建设与发展的优先领域予以重点支持,以推动智能交通系统的全面迅速发展,最终建立起一个以信息技术为中心的现代交通管理新体系。

第 2 章　智能交通管理系统综合评价概述

2.1　ITMS 综合评价的目的及分类

2.1.1　评价目的及意义

目前 ITMS 系统在实际应用中已取得了明显的效果,并且在很大程度上为解决或缓解日趋严峻的城市交通拥堵、交通事故以及由此引发的交通环境污染等问题发挥了重要作用。但是,与传统交通运输基础设施建设项目不同,ITMS 项目属新兴事物,它的建设对社会、经济和环境带来的影响评估无先例可鉴,目前还没有形成类似传统交通运输项目的 ITMS 项目评价方法,且由于项目投资数额巨大,所涉及的相关技术难度大且集成度高,实施所需费用以及风险均难以确定;而我国目前仍属于发展中国家,由于建设资金短缺,决策者、投资者与大众都非常关注 ITMS 项目投资后所能带来的社会、经济和环境等诸多方面的效益,以及需要投入的费用、可能承担的风险和是否带来负面影响等问题。因此,对 ITMS 项目实施的影响进行深入研究分析与评价已成为迫在眉睫的任务。

ITMS 综合评价的目的是对 ITMS 应用产生的运行效率、社会经济、交通安全、环境和能源效益等影响进行全面、综合的分析,据此对现有 ITMS 的运行状况、存在的问题及可能发挥的潜力做出判断,为 ITMS 方案的进一步调整和优化提供规划、建设、管理等方面的依据。

ITMS 评价的意义主要体现在以下四个方面:

(1)理解 ITMS 项目产生的影响

项目评价是为了能更好地了解项目本身与相关交通条件改善之间的关系。ITMS 项目对交通系统及其使用者产生的影响,以及给社会、经济和环境带来的影响,综合起来就构成了评价的内容;同时,对 ITMS 项目产生的影响有一个更好的认识也有助于将来其他类似项目的开展与实施。

(2)量化 ITMS 项目带来的效益

投资者投资一个项目必须首先了解该项目所能带来的效益,无论政府部门还是私人机构都希望可以用一个具体的数字来衡量自己投资所得到的收益;但是,如果对 ITMS 项目的评价仅仅局限在经济效益方面,就可能只对决策者与一些非技术参与者存在参考价值,而对社会其他方面的发展没有任何帮助,不能做到综合评价的客观性,因而 ITMS 项目评价应涉及更为广泛的内容。

(3)引导未来的投资以做出正确决策

在 ITMS 实施一段时间后,道路交通参与者均已亲身体会到其带来的有利影响。评价结论能够帮助决策者更好地了解人们的需求,并且有利于今后 ITMS 项目的投资和实施。

(4)优化已有系统的运作和设计

ITMS 项目的评价可以帮助已有的交通设施和交通系统找到需要改进的方向,从而使管理者和设计者能够更好地调整、改进和优化系统设计及运作。

2.1.2 评价分类

根据评价角度的不同,ITMS 项目的评价可以有不同的分类。按照 ITMS 的评价内容,大致分为以下几类:

(1)技术评价

技术评价是指从技术的角度出发,通过对项目中各技术指标的分析和测算,从系统的功能和技术层面对 ITMS 项目进行评价,考察项目是否达到了设计的技术要求。因此,技术评价是为了明确系统(项目)满足技术需求和达到预期目标的程度的评价,以技术先进性、技术适用性和技术可靠性为前提,从取决于系统结构各部分特征的系统性能和基于系统设计的运行性能两个方面对技术的可行性进行的评价。

(2)经济评价

经济评价是指在项目实施后对其产生的经济效益进行的评价。对 ITMS 项目的经济评价可以从投资主体的角度考虑,投资主体应考虑的问题有 ITMS 项目的投资是否能回收,回收期多长,收益率有多大等。经济评价的内容包括国民经济评价和财务评价。国民经济评价是从宏观的角度出发,综合考虑各个方面的因素,确定 ITMS 项目的实施对整个地区或者国家带来的影响;财务评价是从微观的角度出发,在现行国家财税制度和价格体系之下,确定企业或者个人对 ITMS 项目实施后可以获取的利益,以此判别项目的财务可行性。

(3)社会经济效益评价

ITMS 社会经济效益评价是指从宏观角度分析 ITMS 投入使用后对地区经济、社会发展产生的影响,并结合实际数据,对系统应用后在减少的行车成本、出行时间、土地及交通基础设施投资费用和技术进步等方面做出定量定性的分析。

(4)环境能源效益评价

ITMS 环境效益评价是指定量、定性地分析由于 ITMS 项目应用提升城市交通系统运行效率而对城市大气、噪声等所产生的各种直接或间接的影响。ITMS 能源效益主要考虑 ITMS 应用后,由于路网运行效率的提高而减少了机动车能源消耗量,从而为社会和个人节约的费用,以及由此产生的能源结构调整效益。

(5)风险分析

ITMS 项目的风险分析是指用定性定量分析的方法,对系统建设、运行及管理过程中的潜在风险进行分析,进而评估风险大小,寻求降低 ITMS 项目风险的措施。

(6)产业化评价

ITMS 项目的实施能带动其他相关产业的发展,因此,产业化评价主要是指从 ITMS 项目实施应用对相关产业的影响角度出发,进行 ITMS 与其他产业的关联关系分析以及评价产生的效益和影响。

(7)综合评价

ITMS项目的综合评价是指分析和评估ITMS应用对技术、经济、社会、环境、能源、安全、风险等各方面所产生的综合影响。综合评价需要从整体角度出发,确定各项指标的评价方法、影响因素以及数据的处理方法,进而提出ITMS综合评价的模型。

实际应用中,上述几种评价内容之间并不完全独立,往往存在着相互影响和制约关系。

ITMS项目评价按照时间顺序可以分为四个阶段:

(1)事前评价:也叫"前评价"或"前评估",是指项目实施之前所进行的评价,其目的是为了确定项目是否可行,通常进行的项目可行性研究即为事前评价。由于评价所用的参数基本上都是预测的结论,因此具有一定的不确定性。

(2)中间评价:是指在项目进行过程中的评价。评价时在项目进行过程中动态地考核该项目达到阶段目标的程度,并据此动态调整项目计划。

(3)事后评价:是指在项目完成后进行的评价,目的是为了定性地掌握项目达到预期目标的程度,检查项目及其实施计划是否考虑周全,预期的风险程度估计是否反映该项目在实施中和实施后的状况等,以期判断项目的持续能力。

(4)跟踪评价:ITMS项目的许多效益并不是在项目刚完成时就体现出来的,尤其是宏观经济效益(例如对区域经济发展的贡献),这就要求在项目完成后若干时间再对项目的效益进行评价,包括在系统升级阶段前后进行的评价,以期真实地反映项目的实际影响。

从评价涉及的变量或指标个数来看可以分为单因素评价和综合评价:

(1)单因素评价

单因素评价是指把实验或问题分析的变量控制为一个,以便检测出这个变量是不是导致结果的诱因以及其影响程度。单因素评价是综合评价的基础。

(2)综合评价

综合评价是指运用多个指标对多个参评对象进行评价,其基本思想是将多个指标转化为一个能够反映综合情况的指标来进行评价。

2.2 ITMS综合评价体系框架

2.2.1 评价指标体系

智能交通管理系统是一个包括道路交通管理、交通诱导、事故处理、交通执法等的综合系统,交通控制的效果可从交通系统运行效率、交通事故、交通服务水平、交通秩序等诸多方面得到反映。因此,评价智能交通管理体系时,可采取多目标原则,综合考虑各个方面的因素对ITMS项目实施的影响,对影响城市道路交通系统运行效果的多个方面进行定量计算和定性分析,从整体的角度出发,评价整个城市道路交通控制的总体水平。

ITMS综合评价的主要目标是为了评价ITMS系统是否能够实施,是否能够有效运行,以及运行过程中能够带来何种效益。在创建评价指标体系时,要综合考虑多方面因素,建立完整的评价指标体系。图2-1是ITMS综合评价体系框架图。

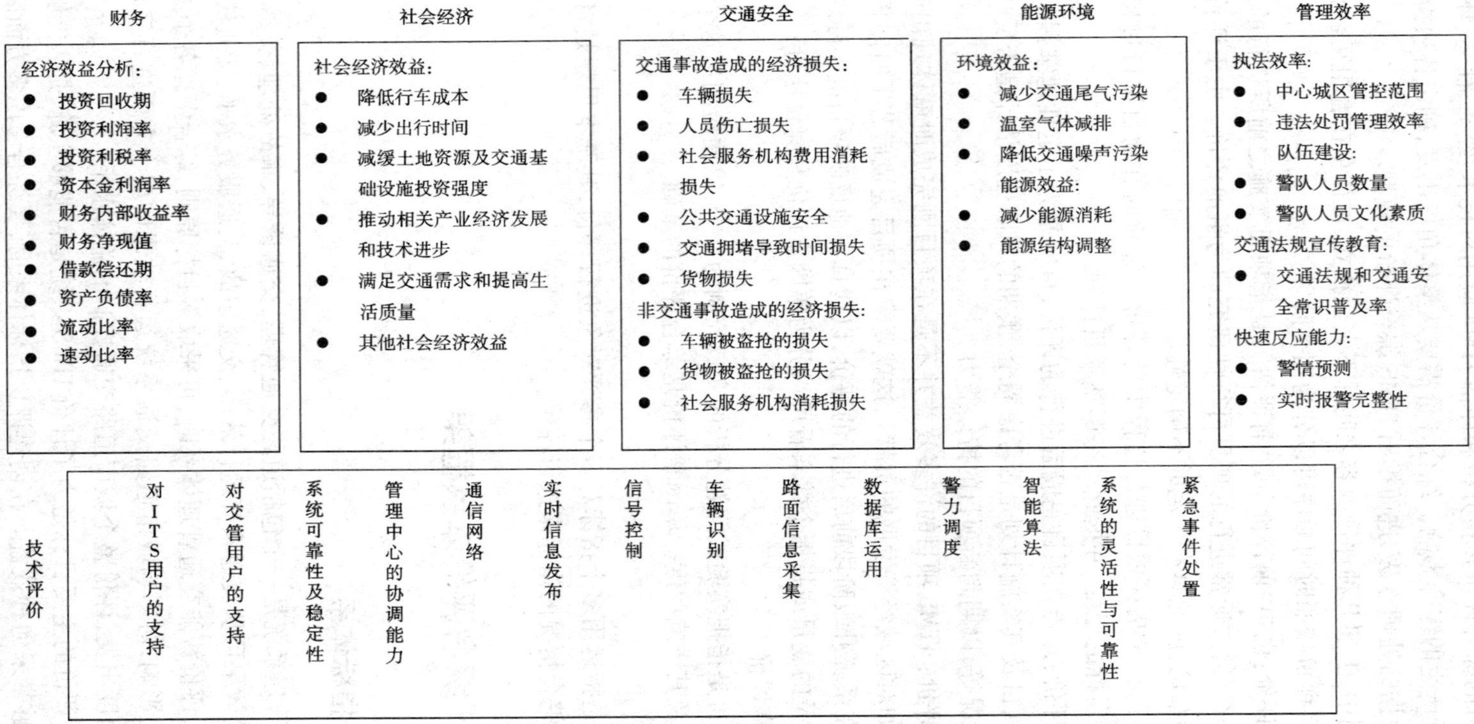

财务

经济效益分析：
- 投资回收期
- 投资利润率
- 投资利税率
- 资本金利润率
- 财务内部收益率
- 财务净现值
- 借款偿还期
- 资产负债率
- 流动比率
- 速动比率

社会经济

社会经济效益：
- 降低行车成本
- 减少出行时间
- 减缓土地资源及交通基础设施投资强度
- 推动相关产业经济发展和技术进步
- 满足交通需求和提高生活质量
- 其他社会经济效益

交通安全

交通事故造成的经济损失：
- 车辆损失
- 人员伤亡损失
- 社会服务机构费用消耗损失
- 公共交通设施安全
- 交通拥堵导致时间损失
- 货物损失

非交通事故造成的经济损失：
- 车辆被盗抢的损失
- 货物被盗抢的损失
- 社会服务机构消耗损失

能源环境

环境效益：
- 减少交通尾气污染
- 温室气体减排
- 降低交通噪声污染

能源效益：
- 减少能源消耗
- 能源结构调整

管理效率

执法效率：
- 中心城区管控范围
- 违法处罚管理效率

队伍建设：
- 警队人员数量
- 警队人员文化素质

交通法规宣传教育：
- 交通法规和交通安全常识普及率

快速反应能力：
- 警情预测
- 实时报警完整性

技术评价

对ITS用户的支持、对交管用户的支持、系统可靠性及稳定性、管理中心的协调能力、通信网络、实时信息发布、信号控制、车辆识别、路面信息采集、数据库运用、警力调度、智能算法、系统的灵活性与可靠性、紧急事件处置

图 2-1　ITMS 综合评价体系框图

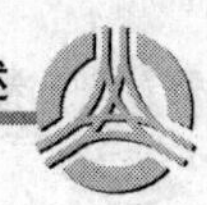

2.2.2 评价方法体系

(1)评价逻辑步骤

ITMS 综合评价步骤如图 2-2 所示:

①确立评价目的

明确评价目的是进行评价的第一步,即要做到"有的放矢"。目标明确后,才能有针对性地收集资料,获取与项目评价相关的信息。

②系统构成要素分析

系统构成要素分析是为了形成从整体到部分、从部分到整体的认识过程。这一过程需要完成对系统的全面认识,把握系统的特性,找出影响目标实现的各个因素以及它们之间的关系。

③建立评价指标体系

评价指标是对系统构成要素的抽象认识,是衡量系统总体目标的具体标志,不同评价指标反映系统的不同方面。评价指标体系建立的目的是为了对系统构成要素进行分类,更有效地对系统要素进行量化处理与评价。

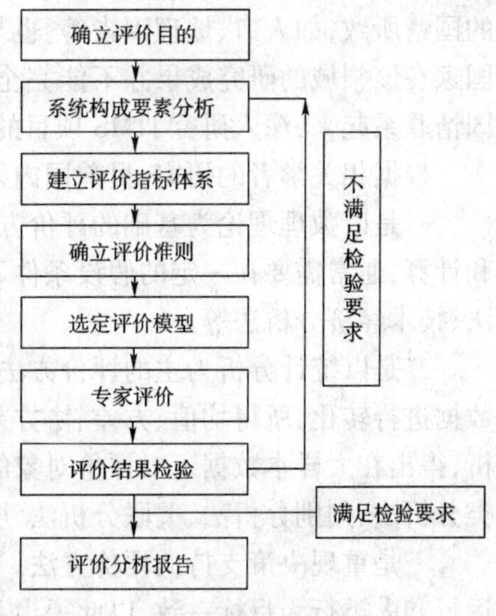

图 2-2 ITMS 综合评价步骤

④确立评价准则

评价准则是针对指标重要性做出的定量认识,指标反映系统的不同方面,不同指标对系统目标实现的重要程度不同,因而有不同的权重关系。建立评价准则即是将指标体系中的指标规范化,采取同一尺度衡量对系统的影响程度。

⑤选定评价模型

选定评价方法要综合考虑指标的特点、数据的特点以及实际评价的特点等多方面因素。选择的评价方法应能够合理地表现指标之间的关系,能够合理地推定各要素对系统的影响。

⑥专家评价

评价需要有专业知识的学者来参与完成,专家评价有利于形成评价结果的权威性,也有利于发现评价过程中存在的问题,以达到及时克服与解决的效果。

⑦评价结果检验

评价结果的检验是为了验证评价方法、评价过程的科学性、合理性,是评价过程的一个重要环节。评价的结果还可以包含通过周密思考和科学判断所得到的见解,并不局限于评价方法所得到的结论。

⑧评价分析报告

评价分析报告是评价的最终成果,是形成对系统价值的认识。

当评价结果检验不满足检验要求时,要重新对系统构成要素进行分析,满足检验要求则生成评价分析报告。从严格意义上来讲,流程图只是一种工作的框架图,在实际评价过程中,评价工作并非是严格按这种顺序进行的,评价时应采用具体情况具体分析原则。

(2)评价理论方法体系

评价方法是否科学合理,决定了评价结果的准确性。不同的评价方法有不同的特点,可以得出不同的评价结论,因而对决策和技术方案产生的影响也不同,进而反作用于评价主体并对其发展产生影响。ITMS 项目具有不同于传统交通运输项目的诸多特点,同时,由于中国具体的国情所致,如人口、地理因素等,也与国外发达国家在该领域的特点有所不同,因此国外发达国家在该领域的研究成果并不能完全适应中国的交通现状。所以,将 ITMS 的特点与中国的国情联系起来,深入研究 ITMS 项目的评价方法具有必要性和紧迫性。

根据相关学者的研究,目前国内外有关评价的理论和方法大致可以分为三类:

一是以数理理论为基础的评价方法。它以数学理论和解析方法对评价系统进行定量描述和计算,通常需要在一定的假设条件下进行评价。评价方法主要有模糊分析法、灰色系统分析法、技术经济分析法等。

二是以统计分析为主的评价方法。其特点是把统计样本数据看作随机数据处理,对指标数据进行转化,所得均值、方差、协方差反映指标潜在的规律,通过统计方法对指标体系进行分析,得出在大样本数据下对评价对象的综合认识。评价方法有主成分分析法、因子分析法、聚类分析法、判别分析法、关联分析法、层次分析法等。

三是重现决策支持的评价方法。以计算机系统仿真和模拟技术为主,研究如何使系统的运行和人类行为目标一致,以此得出系统评价结果。相关方法有神经网络方法等。

目前,ITMS 项目常用的评价方法有层次分析法、模糊综合评价法、主成分分析法、聚类分析法、数据包络分析法、人工神经网络方法以及灰色系统评价法等,不同的方法适用于不同的评价指标,具体的评价理论方法体系将在第 4 章有详细的介绍。

2.3 国内外主要研究现状

2.3.1 国外研究现状

在智能交通研究领域非常具有影响力的 Hong Lo 和 Weissenberger S 于 1995 年提出,进行系统评价前应首先针对各个子系统建立联系的物理逻辑架构、市场成本结构和信息交互架构,并以此为基础提出整体评价过程和金字塔式的层次关系,最终可以给出整个 ITS 系统与可估算社会经济效益之间的关系。

Kanninen B. J. 1996 年在智能交通相关政策研究领域具有较大影响力的期刊发表了《Intelligent Transportation Systems: An Economic and Environmental Policy Assessment》一文,该文在深入分析了三个智能交通子系统实施后能够带来的潜在社会效益的同时,明确了政府应该扮演的角色,以及政府所制定的各项相关政策应该如何指导智能交通系统的部署与实施。在最后的结论中,作者对于 ITS 技术大规模应用后对经济和环境可能产生的负面影响进行了概括。

国外对于在实际应用中的智能交通系统效益评估也有相应的实例分析,Hanynes K. E 等人于 2000 年对 Woodrow Wilson Bridge 应用智能交通系统后希望取得的成效进行评估时,采用了不同于传统的做法,引入概率多维尺度算法(Probabilistic Multi-Dimensional Scaling Algorithm,简称 PROSCAL)对搜集到的交通调查问卷进行了评估,得出结果对部署各个智能交通

子系统时的优先级方案提供了指导。

Pekka Levia kangas 和 Jukka La hesmaa 于2002年通过实际案例分析得到传统交通基础设施建设与智能交通系统投资的收益性。

2004年期刊《Research in Transportation Economics》曾以“Economic Impacts of Intelligent Transportation Systems: Innovations and Case studies”为主题设立专刊,从智能交通系统总体概况入手,探讨了经济评价所涉及的各项技术,提出了相关社会经济效益的评价方法,并通过美国和日本相关系统的实际应用测算得出一系列具体评估值。其中,Nakanishi Y. J详细介绍了各种ITS技术在不同的交通环境下应用后所取得的效果和投入的成本。Moore T和Pozdena R认为,尽管使用效益—成本法对智能交通系统进行评估的步骤是容易描述的,但是将其应用于实际工程中时,技术上会变得相对复杂。Stevens A对成本效益评估方法(Cost-Benefit Assessment,简称CBA)进行了详细的描述。Brucher K. D等人则详细地讨论了多准则决策分析方法(Multicriteria Analysis,简称MCA)在智能交通系统评估中的应用。Thill J. C等人分别给出了智能交通系统投入使用后对延误、安全和环境三部分所产生效益的评估流程。

国外的研究人员Liu H和Ozlem Y-T分别于2004年和2008年从仿真的角度研究采用智能交通管理系统后对交通各个方面产生的影响。学者Chris W和Mahmoud M于2008年通过建立ITS成本—收益分析表格,基于建立好的相关评价模型并对其进行封装,当给定相关输入后便可得到相应的投资预期分析结果。

Berger C. R和Smith E于2007年在《Intelligent Transportation Systems Provide Operational Benefits for New York Metropolitan Area Roadways》一文中分析了在New York Metropolitan Area部署智能交通系统后所产生的实际效益,并与投入的成本进行了对比分析。

2.3.2 国内研究现状

我国于2000年在《中国智能运输系统体系框架》中进行了智能交通系统经济技术评价的初步研究,2001在国家“十五”科技攻关计划重大项目“智能交通系统关键技术开发和示范工程”中将智能交通系统项目评价方法研究列为子课题。

东南大学王炜教授提出了城市交通指挥中心效益评价方法。该方法基于可测性、可操作性和定量分析的原则,拟订了8项评价城市交通指挥中心效益的指标,分别为行程时间、通行能力、延误、交通事故、交通管理能力、人力投入、交通环保效益和宣传教育。

也有学者在国内研究智能交通系统效益分析中采用如下思路:从延误成本、燃料成本和排放影响三个方面入手,通过智能交通管理系统建立前后这三个方面的变化对系统产生的实际效益进行分析。

清华大学的史其信教授也针对智能运输系统给出了基于层次结构模型的评价方法。北京交通大学吴建平教授采用在智能运输系统项目评价中占据主导地位的成本收益分析法对车队驱动系统(Convoy Driving Systems)的社会经济效益进行了实例研究。

史其信与胡明伟在《智能交通系统评价技术与方法》一书中对ITS项目评价的概念进行了明确的定义,并建立了面向系统目标的基本评价指标,提出了智能交通系统项目的评价框架,将ITS项目的效益分为直接和间接效益,包括劳动力和设备费用的节省、非生产性活动的时间节省(不直接参与生产活动的个人用户)、经济生产力的增长、安全的提高和环境的改善、个人可达性的提高。通过技术效率、用户满意度、拥挤、费用分析、安全和制度问题六个方面对美国费城和匹兹堡地区的智能交通系统进行了评价。

隽志才在《智能运输系统项目社会经济影响评价方法》一书中，描述了智能运输系统项目社会经济影响评价的内容，根据评价内容建立了综合评价框架和综合评价指标体系，并对三种智能交通技术应用后的社会经济影响的综合评价分别进行了实例研究，这三种技术分别为电子收费、可变限速和先进协同驾驶技术。

陆化普在《城市交通管理评价体系》一书中，指出了城市智能交通管理系统的相关职能，提出了评价指标体系，设计的评价指标包括交通指挥中心、路口违章自动监测设备设置率、路段违章自动监测设备设置率和道路交通管理信息系统四个部分。

还有一部分学者致力于建设项目对城市交通影响评价的研究，相关成果包括《建设项目交通影响分析》、《建设项目交通影响评价》、《城市交通影响评价》等，这些研究主要侧重于在开发项目立项之前，分析该项目对交通服务水平的影响程度及影响范围，制定保持交通服务水平不下降的对策或者修改开发计划方案以减小对交通负荷的影响。

2.3.3 研究趋势

通过对“城市智能交通管理系统综合效益评价”相关研究领域已有研究成果的综述，可以得出如下两点结论：

(1)目前尚未形成一套通用的智能交通管理系统综合效益评价体系或评价方法。根据文献综述的内容不难看出，已经开展的相关评价工作均具有较强的地域性，尚未形成通用的评估体系；已有的评估方法中所需要的各种计算数据不具备获取条件或不能够准确获取进而影响评估的准确程度。因此，在借鉴和吸收国内外智能交通管理系统评价的先进理论和方法的基础上，研究符合我国智能交通管理系统具体情况的评价体系和方法具有重要意义。

(2)在对智能交通管理系统的综合效益进行评估时，无论是自下而上的金字塔式结构还是按部就班的直线结构，均离不开智能交通管理系统本身架构和内在关联的分析。通过对系统内部关联关系和技术先进性的分析，可测算得到智能交通管理系统的应用对于提高城市交通系统运行效率、增加交通机动性能、提高管理工作效率所做出的贡献，由此进一步可估算智能交通管理系统投入使用后所产生的综合效益。因此，在进行城市智能交通系统社会综合效益评价时，系统自身的运行效果分析和相关指标的计算对于整个社会综合效益或影响评价具有重要作用。

第3章　智能交通管理系统综合影响评价指标体系

3.1　财务评价

对于企业投资者和个人投资者来说,投资的目的主要是获取利润。投资者需要考虑诸多问题,如项目的投资是否能收回,回收期多长,收益率有多大等。因此,对ITMS进行财务评价,为投资者提供切实可靠的数据,不论是对投资者的决策还是ITMS未来的发展来说都必不可少。

3.1.1　财务评价的概念和内涵

财务评价是从投资者角度出发,根据国家现行财政、税收制度和现行市场价格,计算项目的投资费用、产品成本与产品销售收入、税金等财务数据,进而计算和分析项目的财务盈利能力和清偿能力等,来考察项目投资在财务上的潜在获利能力,据此可明了项目的财务可行性和财务可接受性,并得出财务评价的结论。

财务评价一般包括以下几个方面:

(1)从企业或项目角度出发,分析投资效果,评价项目竣工投产后的获利能力;

(2)确定进行某项目所需资金来源,制订资金规划;

(3)估算项目的贷款偿还能力;

(4)为协调企业利益和国家利益提供依据。

3.1.2　财务评价的内容

ITMS项目财务评价的内容主要包括:

(1)经济效益分析

ITMS项目的经济效益主要是指盈利能力,通常是指项目在一定时期内赚取利润的能力。利润是投资者取得投资收益、债权人收取本息的资金来源,是经营者经营业绩和管理效能的集中表现。经济效益分析是从项目的自身投入产出角度,通过对各指标进行测算,得出项目的收益水平,以衡量项目的可行性。

(2)清偿能力分析

项目的清偿能力是用借款偿还期和资产负债率等指标反映偿还借贷的能力。清偿能力分析主要是考察项目在其经济计算期内各年的财务状况、资产的流动性及偿债能力,清偿能力分析是财务评价中的主要内容之一。

3.1.3　评价指标

对于企业投资者和个人投资者来说,投资的目的是获得利润,而对于国家或政府投资来说，更注重宏观上的整体效益，一般采用如表3-1所示的评价指标：

财务评价指标

表3-1

经济效益分析		清偿能力分析
静态指标	动态指标	
投资回收期、投资利润率、投资利税率、资本金利润率	财务内部收益率、财务净现值	借款偿还期、资产负债率、流动比率、速动比率

(1)经济效益分析指标

①静态指标

静态指标包括投资回收期、投资利润率、投资利税率、资本金利润率等。

投资回收期法是计算项目投产后在正常生产经营条件下的收益额和计提的折旧额，无形资产摊销额用来收回项目总投资所需的时间，与行业基准投资回收期对比来分析项目投资财务效益的一种静态分析法。投资回收期指标所衡量的是收回初始投资的速度的快慢。其基本的选择标准是：在只有一个项目可供选择时，该项目的投资回收期要小于决策者规定的最高标准；如果有多个项目可供选择时，在项目的投资回收期小于决策者要求的最高标准的前提下，还要从中选择回收期最短的项目。

投资利润率是指投资收益(税后)占投资成本的比率。投资收益率反映投资的收益能力。当该比率明显低于公司净资产收益率时，说明其对外投资是失败的，应改善对外投资结构和投资项目；而当该比率远高于一般企业净资产收益率时，则存在操纵利润的嫌疑，应进一步分析各项收益的合理性。

投资利税率是指项目的年利税总额与总投资的比率。反映项目单位投资盈利能力和对财政的贡献程度。投资利税率指标中的“税”，指的是项目应交纳的所有税收，以反映国家在该项目中获得的税收水平。计算出的投资利税率应与行业的平均投资利税率进行比较，若大于(或等于)行业的平均投资利税率，则认为项目是可以考虑接受的，否则不可行。

资本金利润率是利润总额占资本金(即：实收资本、注册资金)总额的百分比，是反映投资者投入企业资本金的获利能力的指标。资本金利润率反映了投资者每百元(或千元、元)投资所取得的利润，取得的利润越高，获利能力越强。

②动态指标

动态指标包括财务内部收益率、财务净现值等。

财务内部收益率(FIRR)是指项目在整个计算期内各年财务净现金流量的现值之和等于零时的折现率，也就是使项目的财务净现值等于零时的折现率。内部收益率的经济含义是投资方案占用的尚未回收资金的获利能力，是项目到计算期末正好将未收回的资金全部收回来的折现率。它取决于项目内部，反映项目自身的盈利能力，值越高，方案的经济性越好。财务内部收益率不是初始投资在整个计算期内的盈利率，因而它不仅受项目初始投资规模的影响，而且受项目计算期内各年净收益大小的影响。对常规投资项目，财务内部收益率其实质就是使投资方案在计算期内各年净现金流量的现值累计等于零时的折现率。

财务净现值是指把项目计算期内各年的财务净现金流量，按照一个给定的标准折现率(基准收益率)折算到建设期初(项目计算期第一年年初)的现值之和。

(2)清偿能力分析指标

清偿能力分析指标包括:借款偿还期、资产负债率、流动比率、速动比率等。

借款偿还期是指在有关财税规定及项目具体财务条件下,项目投产后以可用作还款的利润、折旧、摊销及其他收益偿还建设投资借款本金(含未付建设期利息)所需要的时间,借款偿还期满足贷款机构的要求期限时,即认为项目是有借款偿债能力的。

资产负债率,即债权人权益对总资产比率,它表明资产总额中,债权人的投资额的大小。

流动比率是指企业流动资产与流动负债的比率。

速动比率是指速动资产对流动负债的比率。它是衡量流动资产中可以立即变现用于偿还流动负债的能力。

流动比率和速动比率都是反映企业短期偿债能力的指标。一般来说,这两个比率越高,说明资产的变现能力越强,短期偿债能力亦越强;反之则弱。

3.2　社会经济影响评价

3.2.1　社会经济影响评价的概念和内涵

ITMS 社会经济影响评价是从宏观的角度出发,通过对系统相应指标的评价来分析 ITMS 应用后对一个地区的社会结构、地区关系、经济发展、就业水平、文化教育、服务设施等所产生的作用及可能带来的各种影响,使项目开发建设的可行性论证更充分,或优化调整原有的项目方案,使其更完善。ITMS 项目的实施属于基础性项目建设,具有城市公共产品的属性,是根据国民经济和社会发展需要而产生的,其应用直接为社会公众提供各项服务,对于国家、社会或交通使用者所产生的宏观社会经济效益远远超过其建设者或运营者本身的微观经济效益。因此,衡量 ITMS 的社会经济效益具有重要意义。

3.2.2　社会经济影响评价的内容

智能交通管理系统是一个在大范围内全方位发挥作用的实时、准确、高效的综合运输系统,实践已经证明,ITMS 项目投入运营后,很大程度上缓解了交通堵塞,提高了道路的通行能力,减少了因道路拥堵而产生的延误,为道路使用者节省了出行时间,从而使出行者有更多机会和精力为社会创造价值;同时,ITMS 的应用也能带动相关产业的经济发展,促进科学技术进步、提高居民交通需求与生活质量、提高相关产业的就业水平,以及增加土地的利用价值等。因此,ITMS 社会经济效益评价包括从宏观角度分析 ITMS 投入使用后对地区经济、社会发展产生的影响,并结合实际数据对系统应用后减少的行车成本、出行时间、土地及交通基础设施投资费用、推动相关产业发展和技术进步等方面做出定量定性的分析。

3.2.3　评价指标

ITMS 系统社会经济效益评价指标主要包括以下六个方面:

(1)降低行车成本

根据城市路网结构及行人、机动车、非机动车混合的交通特点,智能交通管理系统的应用对城市交通道路最直观的影响主要体现在行驶的车辆上。由于ITMS能够利用交通检测设备对道路系统中的交通状况、交通事故、气象状况和交通环境进行实时监测，根据收集到的信息对交通流进行宏观控制，如信号灯优化配时、发布诱导信息、道路管制、事故处理与救援等，实时向驾驶员提供必要的信息，从而使驾驶员能准确选择恰当的行驶路线，减少车辆运行距离，或缩短车辆在途时间，实现了行车成本的降低。这里行车成本的降低主要体现在与行车距离有关的车辆燃料消耗方面。

(2)减少出行时间效益

交通运输是现代生活最重要的组成部分之一，城市道路交通的顺畅、舒适、安全与高效也是检验现代城市生活质量的重要标志。由于智能交通管理系统综合了交通信号控制、电视监控、诱导显示等多个系统的应用，因此，智能化的交通指挥调度能够对正在道路上行驶的车辆进行实时疏导，调节与控制道路交叉口红绿灯的时间等，交通参与者通过安装在道路、车辆、换乘站和停车场等地的信息传输设备，能有效地减少在行驶过程中因交通堵塞或交通事故的影响而造成的停车次数及排队等待时间，从而达到为出行者节省更多出行时间的目的，使其更快更安全地抵达目的地。

(3)减缓土地资源及交通基础设施投资强度

智能交通管理系统在建设期尽管需要投入大量资金购置设备及设施，但自系统投入后道路交通环境能在很大程度上得到改善，切实提高道路的实际通行能力，从而使路网利用率相应提高。因此，道路管理者在进行路网规划时便可减少新建、扩建的道路数量，从而节省因修建道路所占用的土地资源和资金成本；而当新建及扩建的道路数量减少后，道路上用来修建交通基础设施的投资费用也相应得以减少。

(4)推动相关产业发展和技术进步

任何大规模工程的建设均会对国民经济各部门产生不同程度的影响，这种影响包括直接影响和间接影响。智能交通管理系统是在较完善的交通基础设施上，集各种高新技术综合运用于运输领域，从而建立起全方位、实时准确、高效的运输系统。随着社会经济和科学技术的迅速发展，社会大众对道路交通提出的交通需求越来越高，需要交通管理者采用更为先进的技术去满足，从而促使相关人员不断研究并开发新技术，并设法将其应用于交通系统。因此，积极展开ITMS的推广与应用，很大程度上可推动现代科学技术的发展与进步，并对相关产业产生不同程度的促进作用，带动相关产业的经济发展。

(5)满足交通需求与提高生活质量

对交通领域的项目而言，是否有利于改善交通拥堵状况、提高交通安全水平、减少能源消耗、降低污染程度，并且有效提高用户出行的经济性、便利性、机动性、可达性、舒适度、满意度、安全性，是衡量项目社会效益的重要指标之一。

(6)其他社会经济效益

①影响社会就业水平

由于智能交通管理系统的开发和建设涉及多个专业领域，实施和应用涉及诸多相关部门，并且它的实施内容也与城市居民的切身利益直接相关，因此ITMS的投资与运营对整个社会的就业结构产生了较大影响，不管是直接方面还是间接方面，系统的实施可实现劳动力在不同行业之间的重新分配，对社会的就业结构和就业水平产生了积极的影响。

②土地增值

ITMS 系统使城市交通建设向着快速、集约化方向发展，因此会增加道路周边土地的利用价值。

③提高国民素质

由于汇聚多种高新技术于一体，ITMS 系统的开发及应用将有助于国民综合素质的提高。一方面不但使从业人员的知识水平、学历水平得到提升，另一方面对普通民众也将产生潜移默化的影响，使公众能够深入理解 ITMS 的发展和影响，提高交通可持续发展的普遍意识。

④ITMS 项目与国家、地区发展重点的适应性

项目是否具有很好的社会适应性，应当至少符合以下几点：符合国家战略发展要求，有助于解决国家发展中在交通运输领域的重点、难点问题；契合《中华人民共和国交通部指导性文件》中相关要求，使交通阻塞和交通事故有所减少，提高路网的通行能力，提高交通运输的生产效益和经济效益，从而满足国民经济和社会发展对交通运输的需求；同时减少能耗、降低污染，解决我国能源供给的结构性矛盾。

3.3　交通安全影响评价体系

3.3.1　交通安全影响评价的概念和内涵

保障交通安全是 ITMS 项目实施的一个重要影响，直接关系到人民生命财产安全、城市交通的拥堵状态。ITMS 应用了先进的信息、通信和自动化技术，其目的是减少交通延误，防止环境污染，保障道路交通的安全，使道路运输达到最优配置，其中，保障道路交通安全是最被人们关注的内容之一。

ITMS 的实施对于保障道路交通安全主要从 3 个方面来体现：①减少交通冲突的数量，降低交通事故发生的可能性；②在交通事故发生过程中，降低事故发生的严重程度；③在事故发生后，提高救援反应能力，降低死亡和重伤的可能性。ITMS 包含众多子系统，各子系统可以从不同的层次为道路交通的安全提供保障，例如：交通监测系统能够自动记录和识别违反交通规则的行为，通过拍照等手段记录违法事件，并通过车辆号牌识别记录车辆信息，该系统的实施能够有效地降低驾驶员违规行为的趋向，从而有效防止交叉口交通违章行为和交通事故的发生，其中车牌自动识别的功能还有助于提高破案率，针对盗窃、抢劫车辆等犯罪行为有一定的震慑作用。

3.3.2　交通安全影响评价的内容

在已有的智能交通系统评价方法基础上，结合我国城市道路交通的特点，从城市道路安全角度出发，研究 ITMS 对安全作用效益及效果的评价方法，从安全等级评估和经济效益评价两方面评价 ITMS 的交通安全影响，具有重要的现实意义。

ITMS 实施后所产生的安全效益可通过比较 ITMS 实施前后交通安全事故及其他安全事件经济损失的总货币价值计算而得到，因此对 ITMS 安全效益的评价首要前提是对 ITMS 实施前后道路交通安全经济损失进行分析。此外，ITMS 安全效益的定量评价体系结构要充分考虑道

路交通的特征元素，通过分析测算道路交通各组成元素间的安全经济效益进而得到整体经济效益。

3.3.3 评价指标

道路交通系统是一个复杂的综合系统，包括道路条件、机动车保有量等众多影响因素，交通安全影响评价应利用 ITMS 数据采集系统中与交通安全有关的数据，充分考虑道路交通的特征元素，采用定性和定量相结合的方法进行评价。

(1)定量评价指标

定量评价指标应采用 ITMS 安全经济效益评价和交通安全态势综合评价相结合的方法，分析道路交通各组成元素间的安全经济效益以得到整体经济效益，因此，评价时应构建经济效益与安全等级评价体系来进行评价。

ITMS 实施的安全效益可通过交通事故及其他安全事件的经济损失计算，在具体评价时可采用经济损失评价指标替代安全效益评价。经济损失评价指标可分为交通事故类安全经济损失和非交通事故类安全经济损失两类。

ITMS 是一个十分庞大复杂的系统，交通安全等级评价可以作为效益评价的补充，进一步说明 ITMS 对道路安全所做的贡献。道路安全评价指标可以反映道路安全的综合状况，也可反映道路安全状况的某一个或几个侧面，这取决于选用的指标；另一方面，指标的使用又受到可获取数据的约束。常用的指标有：①公里道路事故数；②公里道路死亡率；③事故致死率；④警务机构平均响应时间；⑤事故重伤率；⑥事故致交通基础设施损坏率；⑦交通事故逃逸率；⑧车辆及运输货物被偷抢案件发生的数量；⑨车辆及运输货物被偷抢后的破案率。

(2)定性评价指标

ITMS 安全效益定性评价指标包括提高旅客和驾驶员安全性与提高交通基础设施的安全性两方面。

①提高旅客和驾驶员的安全性

ITMS 可以有效提升出行者在乘车时的安全，ITMS 的接处警系统可以快速有效地对报警请求做出响应，及时制止犯罪行为的发生；可有效保护出行者在乘车过程中的人身财产安全，减少在出行过程中受到诸如偷盗抢劫的安全威胁。

②提高交通基础设施的安全性

ITMS 的实施可以有效预防因人为的恶意原因导致交通基础设施损坏事件的发生，ITMS 的监测系统可以对各重要交通区域进行实时监控，有效预防不法分子对交通基础设施的破坏与损害。同时，警方在发现不法分子有可疑行为时可快速做出响应，及时制止各种恶意行为，为交通基础设施的安全提供一定程度的保障。

3.4 能源环境影响评价

3.4.1 能源环境影响评价的概念和内涵

随着经济的发展和人们生活水平的提高，城市机动车的保有量逐年攀升，交通能源消耗占

总能源消耗的比例也越来越大，在交通运输领域中若能提高能源利用率以及减少能源消耗，对于促进能源的可持续发展具有重要的现实意义。ITMS 能提高交通管理水平，减少道路阻塞；能提高路网的通行能力和交通运输生产率，进而提高交通设施的使用效率和能源的利用效率，因而能源效益评价也是 ITMS 效益评价的一个重要方面。能源效益是指应用 ITMS 后由于路网运行效率的提高从而减少的能源消耗量以及由此产生的能源结构调整效益。

与此同时，随着城市机动化进程的加快，交通运输已成为现代城市污染最主要的来源，通过采取有效的措施来降低交通环境污染也是各城市关注的焦点问题之一。交通环境污染主要是指城市交通系统运行所产生的交通尾气污染与交通噪声污染。ITMS 的应用能有效提高路网运行效率以及交通工具的使用率，因而能极大程度减轻交通环境污染，所以对 ITMS 进行环境影响评价也是十分必要的。

3.4.2 能源环境影响评价的内容

ITMS 可有效提高路网的通行能力，减少机动车辆的起停车次数及延误时间等，从而从数量上减少石油的消耗，而将节省的能源应用于其他领域，或留待将来使用，对于能源结构的调整和改善具有重要意义。因此评价 ITMS 在能源方面的影响主要从石油消耗的减少入手，结合其影子价格来进行定量评价。

环境影响评价是指研究分析 ITMS 系统运行对交通环境系统带来的各种影响以及产生的效益，可从测算汽车尾气排放污染物 CO、HC、NO_x 等有害物质的减少量以及交通环境噪声的消减程度两个方面来衡量 ITMS 应用后所产生的环境效益。

3.4.3 评价指标

(1)能源结构调整效益评价指标

能源结构调整效益是指交通领域用能减少后对经济发展和区域能源结构所产生的促进作用。由于能源的稀缺性，在某一领域的过多使用必然会使其在另一领域的使用受到限制，只有对有限能源进行合理的规划与最优化配置，才可为整个社会创造最大效益。

能源结构调整效益的评价指标包括：

①交通能源消耗量

单位运输能耗水平是评价一种交通运输方式能源利用效率的重要指标，能耗值越小，能源利用率越高。机动车的单位运输能耗水平用汽车燃油经济性来体现，机动车的燃油经济性是标识机动车燃油消耗量的一个重要指标，中国、日本和欧洲以百公里油耗(L/100km)表示。

交通系统中各类机动车的能源消耗量一般是根据燃油经济性和机动车的行驶里程计算的。不同车速和行驶工况下车辆的燃油经济性是不同的，因此，评价时应以 ITMS 应用前后车辆燃油经济性的变化为基础来计算能源消耗的变化量。

②石油资源的影子价格

能源结构的调整效益通过石油的影子价格来计算。由于石油是稀缺资源，替代石油资源的效益不能用其市场价格来计算，而应该采用反映资源稀缺程度的影子价格来体现。影子价格是指在最佳条件下单位资源所产生的效益增量，即资源被合理利用所带来的社会经济效益，又称“最优价格”。其实它只是利用有限资源的机会成本，在国民经济评价中被用于作为衡量项目投入物和产出物价值的价格。同时,它是既能体现特定资源的劳动消耗(社会价值),又能反映该资源稀缺程度(供求关系)的国家参数。

(2)环境影响评价指标

环境影响评价指标体现为某种交通运输方式的废气排放或其他各种交通设施的污染物排放。污染物排放量直接关系到交通方式对城市环境的影响,目前也已成为衡量交通运输发展水平的重要指标。城市交通污染排放主要指机动车尾气的排放和交通噪声的排放,其评价指标主要有:

①减少交通尾气污染效益

可采用以下指标反映交通尾气污染情况和效益:

- 污染物排放清单

要计算交通尾气 NO_x、CO、HC 等各种污染物的排放减少量,首先要了解 ITMS 应用前后各年份污染物的排放清单,城市机动车污染物排放清单直接反映了机动车污染物的排放情况。

污染物排放清单是指某种污染物在一定的时间和空间范围内的排放源和该排放源所对应的排放量。交通尾气 NO_x、CO、HC 的排放清单主要与车辆使用情况和单车排放因子有关。基于车型构成分布排放因子和车辆的行驶里程等因素可计算各污染物的排放清单。

- 污染物排放分担率

污染物排放分担率反映了各行业污染排放对大气污染的贡献率。城市机动车污染分担率从宏观上反映了机动车排放对城市大气环境污染的影响程度。

通过机动车污染物排放分担率的变化情况和各地区的大气污染治理费用就可计算交通尾气污染减少所带来的环境效益。

②温室气体减排效益

二氧化碳排放清单直接反映了机动车温室气体的排放情况,机动车消耗的燃料不同,单位里程的碳排放量将不同。评价时可根据碳排放系数计算各燃料的碳排放量。碳排放系数是指某种燃料产生单位热量所排放的二氧化碳量。

③降低城市噪声污染效益

道路交通噪声对居民的生活和工作都会产生不利影响。对居民生活的影响主要是指噪声污染可能会影响居民的健康,道路交通噪声对居民健康影响的调查主要限于头昏、头痛和食欲减少三个方面的主要症状;对居民工作的影响是指噪声污染可能引起道路两侧职工工作效率的下降。同时,临街房地产价值下降主要也是由于道路交通噪声对居民的生理和心理影响造成的,尤以心理影响为主。因此,交通噪声的大小直接关系居民生活与工作环境的好坏,降低交通噪声污染能给城市带来显著的环境效益。

3.5 管理效率影响评价

3.5.1 管理效率影响评价的概念和内涵

通过对各城市 ITMS 运行状况的深入分析表明,ITMS 系统能在提高道路通行效率、增强路面管控能力、提升信息服务水平方面取得突破性成果。建成现代化的城市 ITMS 系统,也能在

日常交通管理和重大活动交通指挥控制方面发挥重大作用,产生巨大的社会效益。因此,除了探讨系统投入使用后在社会经济、能源环境和交通安全三个方面所产生的积极影响外,其对于交通管理部门自身工作效率、办事效率和管理效率的提升同样值得深入研究。

3.5.2 管理效率影响评价的内容

ITMS的管理效率评价是指从执法效率评价指标、队伍建设评价指标、交通法规宣传教育评价指标、快速反应能力四个方面出发,分析ITMS投入使用后对交通管理效率产生的影响。执法效率的提升是ITMS投入使用后对管理效率所产生最重要的影响,直接关系到城市交通拥堵状态的缓解和城市抗风险能力的增强。ITMS投入使用后,不但能够节约警力,降低人力资源的使用成本,同时还将使得交通管理人员的专业素质得到大幅提升。交通法规宣传和教育力度的加大使得安全常识的普及率大大提高,同样对管理效率的提升具有帮助。

3.5.3 评价指标

ITMS管理效率评价体系应首先从组成ITMS的各个子系统功能出发,根据ITMS的系统分析结果,确定为管理效率评价提供数据支持的子系统范围。其次,通过挖掘各个子系统的历史数据,采用对比分析的方法确定执法效率、队伍建设、交通法规宣传教育和快速反应能力各项评价指标的定义和内涵,根据评价要求和采集到的相关数据测算得出最终的评价结果。最后,从效率、效益和效果三方面汇总评价结果并形成评价结论。

管理效率评价指标主要由以下几类构成:

(1)执法效率评价指标

评价执法效率在ITMS投入使用前后的变化主要通过中心城区直接管控范围、违法处罚管理、白天交通平峰和高峰期接处警时间、夜间接处警时间的变化来直接反映。

(2)队伍建设评价指标

队伍建设评价指标由三部分组成,包括:警队人员数量、警队人员文化素质和群众对交通管理部门工作满意率。

(3)交通法规宣传教育评价指标

ITMS系统的实施应用有助于提升交通法规宣传和教育的效率和效果。通过深入分析城市ITMS各个子系统的构成,发现其中的交通事故分析与演示系统、事故预防分析系统、交通安全宣传考核管理系统等均对交通法规和交通安全常识的普及起到积极作用。与此同时,交通法规和交通安全常识普及率的提高反过来能够帮助提升交通管理效率,交通安全教育的加强是遏制交通事故发生的根本途径。

(4)快速反应能力评价指标

快速反应能力指标是指ITMS系统应用对交通管理部门响应和处理交通紧急事件能力的影响,尤其是在科学组织交通流、协调处理突发性交通事件以及缓解交通堵塞等方面所带来的管理效率的影响。

第 4 章　智能交通管理系统综合评价的一般技术

4.1　单因素评价

单因素评价，即单项指标评价，是综合评价的基础。由于各指标所代表的物理涵义不同，存在着量纲上的差异，进而影响到对事物整体的评价，因此单项指标的评价通常需要对评价值进行无量纲化处理。

ITMS 影响无量纲化，也称作数据的标准化、规格化，是一种通过数字变换来消除原始变量量纲影响的方法。无量纲化常用的方法有标准化法、极值法和功效系数法等。评价指标属性按其自身的内涵，通常可以分成三类：效益型、成本型和区间型。效益型属性是指取值越大越好的属性，成本型属性是指取值越小越好的属性，而区间型属性是指取值越接近某个固定区间 $[q_1, q_2]$ 越好的属性。对于不同类型的指标，采用的无量纲化方法也不同。ITMS 单因素评价指标的无量纲化常采用功效系数法，以直线形方式处理。即对于评价指标 $u_i \in v$，设其论域为 $d_i = [m_i, M_i]$，其中 m_i 和 M_i 分别为评价指标的最小、最大值，定义 $r_i = u_{di}(x_i)$，$i = 1, 2, \cdots, n$，其中 r_i 为决策者对评价指标 u_i 的属性值 x_i 的无量纲化值，且 $r_i \in [0, 1]$，$u_{d_i}(x_i)$ 为定义在论域 d_i 上的指标 u_i 无量纲化的标准函数，q_1、q_2 为评价指标的评价区间。采用以下函数作为无量纲化的标准化函数：

(1) 成本型指标无量纲化的标准函数

$$r_i = u_{d_i}(x_i) = \begin{cases} 1 & (x_i \leqslant m_i) \\ \dfrac{M_i - x_i}{M_i - m_i} & (x_i \in d_i) \\ 0 & (x_i \geqslant M_i) \end{cases} \tag{4-1}$$

(2) 效益型指标无量纲化的标准函数

$$r_i = u_{d_i}(x_i) = \begin{cases} 1 & (x_i \geqslant M_i) \\ \dfrac{x_i - m_i}{M_i - m_i} & (x_i \in d_i) \\ 0 & (x_i \leqslant m_i) \end{cases} \tag{4-2}$$

(3) 区间型指标无量纲化的标准函数

$$r_i = u_{d_i}(x_i) = \begin{cases} 0 & (x_i \geqslant M_i) \\ \dfrac{M_i - x_i}{M_i - q_2} & (q_2 \leqslant x_i < M_i) \\ 1 & (q_1 \leqslant x_i < q_2) \\ \dfrac{x_i - m_i}{q_1 - m_i} & (m_i \leqslant x_i < q_1) \\ 0 & (x_i < m_i) \end{cases} \tag{4-3}$$

4.2　财务评价

财务评价是 ITMS 项目经济评价的第一步,由此得出项目是否可行、是否盈利的财务评价结论,从而直接关系到 ITMS 能否实施以及实施的规模有多大。财务评价指标是衡量和比较项目可行性,据此进行方案评估的量化标准和尺度,通常是由一系列综合反映项目投资效益、投入产出比的量化指标所构成。这些指标根据计算时是否考虑时间价值因素,可将其区分为两类:一类是折现指标,另一类是非折现指标。相应的财务评价方法根据评价指标的差别,也可区分为折现的评价方法和非折现的评价方法。

4.2.1　折现的评价方法

折现的评价方法主要包括净现值法、内部收益率法以及现值指数法等。

(1)净现值法(NPV 法)

净现值法(Net Present Value,NPV)是对项目进行财务评价的一种非常重要的方法,也是比较常用的方法。净现值是特定方案未来现金流入的现值与未来现金流出的现值之间的差额。净现值法就是指在计算期内,按一定的折现率计算出各年净现金流量现值,然后求出它们的代数和,记作 FNPV,其表达式为:

$$FNPV = \sum_{t=0}^{n} NCF_t / (1+i)^t \tag{4-4}$$

式中,NCF_t 为第 t 年的净现金流量;n 为投资涉及的年限;i 为贴现率。

净现值的计算结果可能有 3 种情况,即 $FNPV > 0$,$FNPV = 0$,或 $FNPV < 0$。

①当 $FNPV > 0$ 时,说明项目用它的净效益抵付了相当于用折现率计算的利息以后,还有盈余,通常从财务的角度考虑,该项目是可行的。

②当 $FNPV = 0$ 时,说明拟建项目的净效益正好抵付了用折现率计算的利息,这时要分析计算净现值时所选择的折现率。如果折现率大于银行的长期贷款利率,那么认为项目是可行的,反之,则认为项目不可行。

③当 $FNPV < 0$ 时,说明拟建项目的净效益不足以抵付用折现率计算的利息,从动态的角度来看,项目是亏本的,认为该项目不可行。

(2)内部收益率法(IRR 法)

内部收益率法(Internal Rate of Return,IRR)又称财务内部收益率法(FIRR)、内部报酬率法,是用内部收益率来评价投资财务效益的方法。所谓内部收益率,是项目投资实际可望达到的报酬率，这一报酬率使投资项目的净现值为零，也叫做内含报酬率。按照内含报酬率来计算，则认为项目整个寿命期内；始终存在着未收回的投资，在项目结束时，投资恰好完全收回。实际上内部收益率可以揭示项目贷款利率的最大限度。IRR 法的计算公式为：

$$\sum_{t=0}^{n} NCF_t/(1+IRR)^t=0 \tag{4-5}$$

内部收益率法反映了项目本身的投资收益水平，能够动态、全面、完整地反映项目整个生命周期的经济效益。对于一个项目，当同时存在多个投资方案和更新改造的方案时，可以通过计算各个方案的内部收益率来评价其优劣。

(3)现值指数法

现值指数法简称为 PVI(Present Value Index)法，是指某一投资方案未来现金流入的现值同其现金流出的现值之比。具体来说，就是把某投资项目投产后的现金流量，按照预定的投资报酬率折算到该项目开始建设的当年，以确定折现后的现金流入和现金流出的数值，然后相除取商值。

其计算公式为：现值指数 PVI = 未来现金流入量的总现值/原始投资额

即

$$PVI=\frac{[A_1(1+i)^{-1}+A_2(1+i)^{-2}+\cdots+A_n(1+i)^{-n}]}{PV}$$

$$=\frac{\sum_{t=1}^{n} A_t(1+i)^{-t}}{PV} \tag{4-6}$$

式中，A_t 表示第 t 年的现金流入；PV 表示原始投资额。

若现金流入的现值对现金流出的现值之比大于 1，表明投资在取得预定报酬率所要求的期望利益之外，还要获得超额的现值利益，这在经济上是有利的。与此相反，若二者之间的比值小于 1，则意味着投资回收水平低于预定报酬率，投资者将无利可图。

根据上述方法定义可看出，现值指数是一个相对指标，反映投资效率；而净现值指标是绝对指标，反映投资效益。净现值法和现值指数法虽然考虑了货币的时间价值，但没有揭示方案自身可以达到的具体的报酬率是多少。内含报酬率是根据方案的现金流量计算的，是方案本身的投资报酬率。如果两个方案是相互排斥的，那么应根据净现值法来决定取舍；如果两个方案是相互独立的，则应采用现值指数或内含报酬率作为决策指标。

4.2.2 非折现的评价方法

非折现的评价方法主要有投资利润率法和投资回收期法等。

(1)投资利润率法

投资利润率是指年度利润或年均利润占投资总额的百分比，其公式为：

$$投资利润率=年平均利润率/投资总额\times100\% \tag{4-7}$$

投资利润率法的决策标准是：投资项目的投资利润率越高越好；低于无风险投资利润率的方案为不可行方案。

(2)投资回收期法

投资回收期法包括静态投资回收期和动态投资回收期两种方法。

静态投资回收期，是指在不考虑货币时间价值的情况下，用生产经营期回收投资的资金来

源抵偿全部原始投资所需要的时间。这里所说的原始投资包括建设投资和流动资金两部分。为了便于理解,一般采用净现金流量来解释投资回收期,就是以投资项目净现金流量抵偿原始总投资所需要的时间。简单来讲,就是项目投入的资金需用多长时间才能全部收回来。

它的表达式为:

$$\sum_{t=1}^{P_t}(CI_t - CO_t) = 0 \tag{4-8}$$

式中,P_t 代表静态投资回收期,CI_t 表示项目第 t 年的现金流入,CO_t 表示项目第 t 年的现金流出。通过以上公式计算得出的 P_t 就是项目的静态投资回收期。

静态投资回收期的计算通常都是满足投资者尽快收回资金的要求,因此,静态投资回收期越短越好,通常会有一个行业规定的标准投资回收期或者行业平均投资回收期,只要计算出的项目静态投资回收期低于标准投资回收期或者平均回收期,那么就可以认为从该指标看,项目是可行的。

动态投资回收期,是指在考虑货币时间价值的条件下,以投资项目净现金流量的现值抵偿原始投资现值所需要的全部时间。其公式为:

$$\sum_{t=1}^{P_t} NCF_t(1+i)^{-t} = 0 \tag{4-9}$$

式中,i 为折现率,计算出的 P_t 即是项目的动态投资回收期。

该指标的计算,要通过现金流量表计算折现的净现金流量和累计折现净现金流量,然后比照静态投资回收期的计算方法求得。求出的动态投资回收期也要与行业标准动态投资回收期或行业平均动态投资回收期进行比较,低于相应的标准则认为项目可行。

4.3 社会经济影响评价

目前用于社会经济影响评价的常用方法有成本效益分析法、成本效果分析法以及人工神经网络评价方法等。

4.3.1 成本效益分析法

从国内外研究的成果来看,成本效益分析方法在项目的社会经济效益评价中占据了主导地位,其特点是对评价项目所有影响进行分析,包括间接的和无形的影响。该方法的原则是对能够定量的并能以货币形式表示的影响或效益尽量将其数量化,对不能定量的或无法用货币计量的则进行客观合理的定性描述;然后对各方案的全部成本与全部效益加以比较,并结合定性分析的方法,从中选择出净效益最大的方案,作为最优方案。其评价公式为:

$$BCR = \sum_{t=0}^{T-1} B_t(1+i)^{-1} / \sum_{t=0}^{T-1} C_t(1+i)^{-1} \tag{4-10}$$

式中,BCR 表示效益成本比,T 表示时间周期,B_t 表示第 t 年的效益,C_t 表示第 t 年的成本,i 为贴现率。

在评价项目的社会经济影响中,成本一般由项目建设投资成本,系统运营成本和硬件设施成本组成。在交通领域内,根据项目的建设目标,其效益通常包括:①安全性改善,如事故率和伤亡率的降低;②运行效率的提高,如出行时间的节省;③通行能力的增强;④能源消耗的降低和减少环境污染;⑤用户和系统经营者满意度的提高。

实施成本效益分析法的关键在于如何用货币的形式衡量评价项目社会经济影响的损益。其成本的量化问题较易计算,而社会经济影响效益有些是可以直接货币化的,有些则需要技术措施间接货币量化。

4.3.2 成本效果分析法

在项目的社会经济影响中,有些评价指标是难以货币化的,在这种情况下,若将成本效益法结合采用成本效果分析法进行分析则具有较大的实用价值和现实意义。成本效果分析法是用效用来衡量各方案的效果,然后通过综合对比成本与效用来选择满意度最大的方案,它避开了成本效益分析中对影响效益进行币值量化的困难,是一种有效的社会经济影响综合评价决策方法。

采用成本效果分析法应满足以下两个基本条件:①各评价方案应有共同明确要达到的目标;②各方案的成本宜采用货币单位计量,而效益采用非货币形式的统一计量单位计量。

成本效果分析法的基本步骤为:

(1)评价指标无量纲化

为了使所评价项目社会经济影响评价置于同一个评价标准条件下,须对指标体系中的各项非成本指标进行无量纲化,可采用4.1小节单因素评价的处理方法。

(2)指标层权重的确定

由于各项非成本指标在社会、经济和环境等方面的重要程度是相异的,为了区分其重要性程度,必须将其量化并赋予一个相应的权重值。可通过专家对社会经济影响评价指标体系各层次指标间相互重要程度给出的判定,构建相应的判断矩阵,然后采用层次分析法的计算程序对各层次的判断矩阵进行一致性检验,经计算可得到指标层对目标层的综合权重。

(3)方案效用值计算

根据评价指标无量纲后的分值和各指标的综合权重,可得到第 i 个方案的综合效用值:

$$B_i = \sum_{j=1}^{n} w_i \cdot p_{ij} \tag{4-11}$$

式中,B_i 为第 i 个方案的综合效用值,w_i 为第 i 个指标的综合权重,p_{ij}为第 i 个方案第 j 项评价指标无量纲后的分值,n 表示第 i 个方案一共有几个评价指标。

(4)方案间的比较评价

根据各方案的效用成本比(B/C,其中C为方案的总成本),按效用成本比最大准则进行比选,单位成本效用越大者相对越优。

4.3.3 人工神经网络评价法

目前,一些学者以计算机系统仿真和模拟技术为主,研究如何使系统的运行和人类行为目标一致,以此得出系统评价结果,其中主要方法即为人工神经网络评价方法。

人工神经网络(Artificial Neural Network,简称ANN)是模仿生物脑结构和功能的一种信息处理系统。ANN是由神经元相互连接而成的自适应、非线性动态系统。其特点是:能较好地模拟人的形象思维;具有大规模并行协同处理的能力;具有较强的容错能力和联想能力;具有

较强的学习能力；它是一个大规模自组织、自适应的非线性系统。正因为神经网络具有很好的学习能力和非线性的特点，进行城市社会经济发展状况的评价时被认为是评价非线性系统的较好工具。

B-P(Back-Propagation)神经网络评价模型是一种前向多层神经网络的反传学习算法，由 D. Rumelhart 和 McClelland 于 1985 年提出。目前 B-P 算法已成为应用最多且最重要的一种训练前向神经网络的学习算法，同时也是前向网络得以广泛应用的基础。

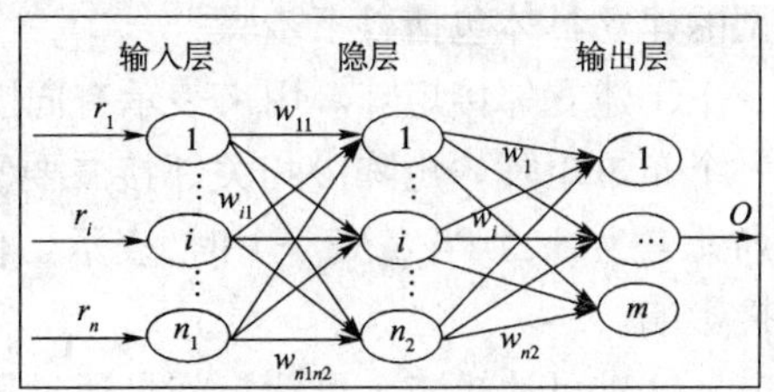

图 4-1　ANN 神经网络

B-P 算法用于多层网络，网络中不仅有输入层节点及输出层节点，而且还有一层或多层隐层节点，如图4-1所示。传递函数 $f(x)$ 一般采用 Simoid，即 $f(x)=1/(1+e^{-x})$，Sin 或 H-tan 函数的形式。

近年来，在国内外已有研究的基础上有学者对该方法提出了一种基于多准则学习的神经网络与模糊集理论相结合的评价城市社会经济发展状况的方法，也取得了较好的评价效果。该方法将城市社会经济发展状况的评价标准作为模糊集，采用多输出神经网络，得到一个实际输出向量，把它作为评价样本对该模糊集的隶属度，较好地克服了常用的单输出网络人为规定评价指数的主观因素；把隶属度向量作为权值，对评价样本进行综合评分，以此对城市社会经济的发展水平进行评价，避免了当隶属度向量各分量分布不集中时，最大隶属度原则所遇到的困难。采用基于多准则学习神经网络，较好地克服了基于单准则学习神经网络收敛速度慢，易陷入局部极小值的缺点。

同时，通过对相关文献的检索，不难发现人工神经网络方法在交通领域得到了广泛的应用，并取得一定程度的创新。例如：闵文杰(2000)根据系统评价的原则，提出了交通信息系统评价的指标体系结构模型，并用模糊综合评价方法和人工神经网络方法进行了研究；刘安业(2008)在常用鉴别方法的基础上，提出应用人工神经网络 BP 算法这一新的评价方法对道路交通事故多发点进行鉴别，为如何确定事故多发点提供新思路，丰富交通事故多发点鉴别的基本理论；董敬欣(2005)提出了采用人工神经网络模拟处于交通平衡状态的运输网络，进而替代传统的配流方法的思想；熊风(2007)将人工神经网络和模糊数学结合在一起作为评价方法，对大丽铁路进行绿色铁路评价的实例验证表明，模糊神经网络方法在我国绿色铁路评价指标体系的运用是客观可行的；柳本民(2007)从道路交通设施系统客观安全性和道路用户主观安全性的角度，应用人工神经网络(ANN)模型等方法，研究并分析了车辆在自由流和非自由流两种状态下运营安全性等。

4.3.4　总体结构等级分析法

在进行有关经济效益的核算时，通常需要将各类指标进行量化，并需要给其中的多个评价指标赋予一定权重。严格来讲，总体结构等级分析法并不是一种完整的社会经济效益评价法，而是一种辅助方法，在测算多个评价指标时用来帮助研究者确定评价指标的权值。下面将简单介绍总体结构等级分析法。

该方法是以图论中的关联矩阵原理分析复杂系统的整体结构，明确系统内各要素之间的关系，并将复杂系统分解为多级递阶的等级结构。这种分析方法通过关联矩阵的运算，对复杂系统中不易确定的潜在关系予以定性分析,为定量描述提供依据。它可用于分析有关社会、经济、规划、基建及管理等方面的问题,并对制定经济规划、决定方针政策提供辅助决策分析。

总体结构等级分析法中系统的结构模型主要用来描述系统内各要素之间的相互关系,模型的建立具体包括以下步骤:

①建立邻接矩阵。用来表示有向图中各要素之间有直接影响的矩阵称为邻接矩阵,它是一个布尔矩阵。矩阵中相关邻接二要素可由二值关系 R 予以定义。现设矩阵中行元素为 S_i,列元素为 S_j,则当 $S_iRS_j=1$ 时,表示二值之间有直接影响;当 $S_iRS_j=0$ 时,表示二值之间无直接影响。

②求可达矩阵。可达矩阵是通过用矩阵形式来表示有向图中各节点之间通过一定路径可以达到(即间接影响)的程度,可用邻接矩阵加上单位矩阵,再经过若干次幂运算后求出。邻接矩阵加上单位矩阵形成新的矩阵 $M+E$,该矩阵中 $a_{ij}=1$ 表明从相应节点 S_i 到节点 S_j 有一条直接到达的路径,但它还不是最终的可达矩阵,只有当运算进行到以下关系时才停止:

$$(M+E)^1 \neq (M+E)^2 \neq (M+E)^3 \neq \cdots \neq (M+E)^{r-1} = (M+E)^r \quad (4\text{-}12)$$

从而得出可达矩阵 R,即 $R=(M+I)^{r-1}$。

③等级划分。求出可达矩阵 R 以后就可明确系统结构的等级,这时应将矩阵 R 组成两个子集合:对于每一个要素 S_i 来说,可将可能到达的一切有关要素汇集成一个集合,称它为 S_i 的可达集合 $R(S_i)$;再将所有可能到达 S_i 的要素汇集成另一个集合,称它为 S_i 的前因集合 $A(S_i)$。处于一个多级结构最上位等级的要素,再没有更高级的其他要素可以到达,所以它的可达集合 $R(S_i)$ 中只能包括它自身和与它同级的某些强联结要素。这个最上位等级要素的前因集合 $A(S_i)$,则包括它自身以及可到达它的下级各要素。这样就可得出 S_i 为最上位等级要素的条件为:

$$R(S_i)\cap(S_i)=R(S_i) \quad (4\text{-}13)$$

得到最上位等级要素后把它从表中剔除,再用同样的方法求得下一级各要素,这样一直持续下去,便可一级一级把各要素按等级划分出来,进而进行加权计算。

4.3.5 其他评价方法

考虑到某些项目的社会经济效益评价中既有定性指标又有定量指标,常见的社会经济评价方法还有模糊层次分析法。模糊层次分析法是将模糊数学与层次分析法相结合的一种方法,该方法应用于社会经济效益评价的步骤为:①建立城市社会经济效益评价的指标体系;②利用层次分析法确定指标体系的权重;③利用模糊综合评价法计算综合评价值;④得到城市社会经济效益评价的评价结论。

此外,用于城市社会经济效益评价的方法还有灰色聚类法、模糊灰色模型、层次分析法、数据包络分析法等,对于多目标评价系统,还可采用多目标判别分析法、优劣系数法、目标规划等方法。

4.4 交通安全影响评价

目前道路交通安全影响评价的方法一般有灰色聚类分析法、层次分析法、数理统计法等。

4.4.1 灰色聚类分析法

聚类分析法(Cluster Analysis)是当前很多学者运用的一种以统计为基础的系统评价方法。聚类分析是数理统计中研究“物以类聚”的一种方法,其作用是建立一种分类方法。它将一批样品或变量,按照它们在性质上的亲疏程度进行分类,而描述其亲疏程度通常有两种方法:一种是把每个样本看成是 m 维(变量的个数为 m 个)空间的一个点,在 m 维坐标中,定义点与点之间的某种距离;另一种是用某种相似系数来描述样品点之间的亲疏程度。

当确定了样品或变量间的距离或相似系数后,就要对样品或变量进行分类。分类的方法很多,一类方法是在样品距离的基础上定义类与类之间的距离,首先将 n 个样品自成一类,然后每次将具有最小距离的两类合并,合并后重新计算类与类之间的距离,这个过程一直继续到所有样品归为一类为止。把这个过程作成一张聚类谱系图(Hierarchical Diagram),这种聚类方法称为系统聚类分析法(Hierarchical Cluster Analysis,又称谱系聚类)。另一种分类方法是将 n 个样品初步分类,然后根据分类函数尽可能小的原则,对已分类别进行调整,直到分类合理为止,这称为调优法,如动态聚类法就属于这种类型。此外还有模糊聚类、图论聚类、聚类预报等多种方法。

上述两大类方法中,系统聚类分析是聚类分析中应用最广泛的一种方法,凡是具有数值特征的变量和样品都可以采用系统聚类法,选择不同的距离和聚类方法可获得满意的数值分类效果。系统聚类法是把个体逐个合并成一些子集,直至整个总体都在一个集合之内为止。系统聚类分析的分类步骤如下:聚类前先对数据进行变换处理(假定在聚类处理之前,已经对变量进行了筛选,选择了那些相关性很不显著且贡献大的指标,而剔除了相关性很强的变量);聚类分析处理的开始是各个样品自成一类(n 个样品一共有 n 类),计算各样品之间的距离,并将距离最近的两个样品并成一类;选择并计算类与类之间的距离,并将距离最近的两类合并,如果类的个数大于1,则继续并类,直至所有样品归为一类为止;最后绘制系统聚类谱系图,按不同的分类标准或不同的分类原则,得出不同的分类结果。

聚类分析的数据变换处理方法有:中心化变换、规格化变换(极差正规化)、标准化变换、对数变换。计算距离的方法有:明科夫斯基(Minkowski)距离、欧氏距离、绝对值距离、切比雪夫距离、兰氏距离、马氏距离、斜交空间距离。聚类方法有:最短距离法、最长距离法、中间距离法、重心法、类平均法、可变法、离差平方和法。

当应用于宏观交通安全影响评价时,一般采用灰色聚类分析法。根据评价指标的功能分析和交通因素的系统分析,交通安全评价的指标体系一般应包括三类指标:事故总量指标、事故率指标、经济损失率。事故总量指标包括交通安全四项指标,即:交通事故次数、受伤人数、死亡人数和直接经济损失。为了客观、准确地进行安全评价,事故率指标不仅包括单项事故率指标,还应有综合事故率指标。

灰色聚类是根据灰色关联矩阵或灰数的白化权函数将一些观测指标或观测对象聚集成若干个可定义类别的方法,一个聚类可以看作是属于同一类的观测对象的集合。评价时先建立白化权函数,确定指标序列相对于各个灰类的隶属情况,并按照某一准则确定评价对象的灰质类别,从而对评价对象进行交通安全影响评价。

4.4.2 层次分析法

部分学者在进行系统评价时提出了以统计分析为主的评价方法，即层次分析法。层次分析法（Analytic Hierarchy Process，简称 AHP）是 20 世纪 70 年代美国著名运筹学家、匹兹堡大学教授萨蒂（T. L. Saaty）提出的一种多目标、多准则的决策方法。这种方法可以将一些量化困难的定性问题在数学上量化，将一些定量、定性混杂的问题，综合成统一的整体进行综合分析。值得关注的是，这种方法在解决问题时可对定性——定量转换、综合计量等解决问题过程中人们所做判断的一致性程度等问题进行科学的检验。该方法的特点是在对复杂的决策问题的本质、影响因素及其内在关系等进行深入分析的基础上，利用较少的定量信息使决策的思维过程数学化，从而为多目标、多准则或无结构特性的复杂决策问题提供简便的决策方法，尤其适合于对决策结果难于直接准确计量的情况。其基本过程是：首先将复杂问题分解成递阶层次结构，然后将下一层次的各因素相对于上一层次的各因素进行两两比较判断，构造判断矩阵，通过对判断矩阵的计算，进行层次的排序和一致性检验，最后进行层次总排序，得到各因素的组合权重，通过排序结果分析进而解决问题。这种方法具有需求的信息量少、决策过程花费的时间短等特点。

在进行交通安全影响评价时，可首先把问题条理化、层次化，构造出一个层次清晰的结构模型。同一层元素对下一层的某些元素起支配作用，同时它又受上一层次元素的支配。每一层次中各元素所支配的下一层次元素一般最好不要超过九个，否则将会给两两比较判断带来困难。一个好的层次结构对于解决问题是极为重要的，因而层次模型必须建立在深入分析的基础上。建立的递阶层次结构如图 4-2 所示。

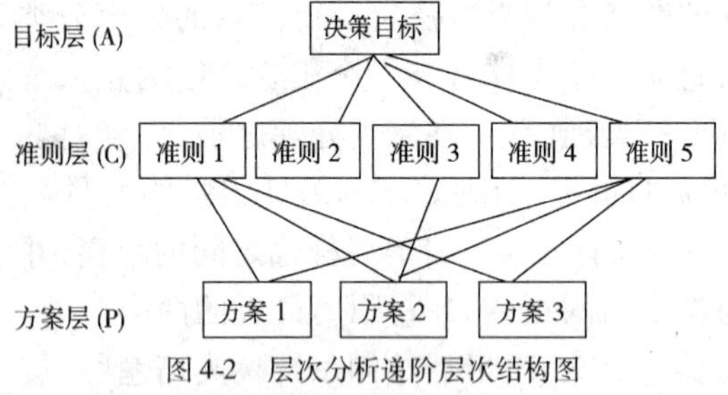

图 4-2 层次分析递阶层次结构图

对递阶层次结构中各层的元素可以依次和与之相对的上一层元素进行两两比较，建立判断矩阵。判断矩阵的值直接反映了对各因素的相对重要性，一般采用 1 ~ 9 比例标度对重要程度进行赋值，标度及其含义如表 4-1 所示。

判断矩阵标度及其含义 表 4-1

相对比值	权重比值含义	相对比值	权重比值含义
1	两评价指标同样重要	7	一评价指标比另一评价指标更重要
3	一评价指标比另一评价指标稍微重要	9	一评价指标比另一评价指标绝对重要
5	一评价指标比另一评价指标明显重要	2、4、6、8	处于两相邻判断的中值

由于客观事物的复杂性以及人们对事物认识的模糊性和多样性，给出的判断矩阵不可能完全保持一致，因此有必要对其进行一致性检验。最后，还应进行层次总排序，计算同一层次所有因素对于最高层（总目标）相对重要性的排序权值，即为层次总排序。这一过程是从最高层次到最低层次逐层进行的。

在应用层次分析法研究问题时，遇到的主要困难有两个：①如何根据实际情况抽象出较为贴切的层次结构；②如何将某些定性的指标作比较接近实际的定量化处理。层次分析法对人们的思维过程进行了加工整理，提出了一套系统分析问题的方法，为科学管理和决策提供了较

有说服力的依据。但 AHP 也有其局限性，主要表现在：①它在很大程度上依赖于人们的经验，主观因素的影响很大，它至多只能排除思维过程中的严重非一致性，却无法排除决策者个人可能存在的严重片面性。②比较与判断过程较为粗糙，不能用于精度要求较高的决策问题。

4.4.3　数理统计法

交通系统在一定的时间区间内，将不可避免地发生各类交通事故，造成人员伤亡或经济损失，发生这类事故的原因是十分复杂的，它与系统中的人—机—环境密切相关，但何时发生事故以及事故发生的后果程度如何，却受到偶然因素的支配，具有随机性的特征。

概率论的原理认为：在大量的随机现象中，不仅随机事件的频率具有稳定性，而且一般的平均结果也是稳定的。这就是说，无论个别随机现象的结果以及它们在进行过程中的个别特征如何，大量随机现象的平均结果实际上与个别随机现象的特征无关，并且几乎不再是随机的，即大量的随机因素总和的作用必然导致某种不依赖于个别随机事件的结果。因此，交通安全影响评价中可利用概率统计的方法对大的交通系统在一定时期内的交通事故进行预测或数据处理，以便采取有效的安全措施防止事故的发生。这里统计周期的选取要适当，统计周期太短，事故资料太少不利于分析，周期太长，又可能由于路网中的道路状况、交通设施、交通量、交通环境及交通管理水平等的改变，使统计数据缺乏可比性，通常可取 2～4 年。

数理统计法在交通安全影响评价中还可以用于事故多发点的识别，这也是交通安全研究中最重要的内容之一，一般面积较小的区域或较短的路段，如交叉口、弯道和桥涵等，称为事故多发点。还可定义为在统计周期内，路网中某些地点对应某种算法得到的事故发生水平评定指标明显高于类似地点、类似交通状况下区域路网上的平均指标。事故多发点不仅严重降低了交通系统的服务质量，使多发点发生的事故次数占总数的比例很高，造成巨大的经济损失；而且事故多发点也是许多重、特大交通事故的隐患；多发点的存在，还给驾驶员的心理造成很大恐慌，导致操作失误而造成交通事故。因此，在进行交通安全影响评价时有必要对事故多发点进行识别与评价的研究，分析事故多发点事故多发的原因，从而提出相应的对策，并对道路交通安全状况加以改进，尤其在资金不足的情况下，优先改善事故多发点具有重要的现实意义。

该方法在以往的科学研究和实践中取得了较好的效果，但也存在一定的局限性。目前，加强交通事故多发点识别模式的研究已成为交通安全研究工作的重要任务之一。随着现代交通运输行业的发展，科学地统计有关交通事故资料，合理地制定有关管理与技术对策，对于提高交通运输效率以及促进整个交通行业的发展具有指导意义。

4.4.4　其他方法

以上是用于交通安全影响评价的几种常见方法，此外，还有效益损失比法、绝对数法、模型法、事故率法、事故强度分析法等。近来也有学者基于物元分析方法，运用可拓法原理，提出了一种新的道路交通安全评价模型，并将其应用于全国道路交通安全状况评价，获得了较满意的评价结果，体现了该方法的可操作性，因此该法也可用来进行交通安全影响评价。由于各种方法的侧重点有所不同，在进行交通安全影响评价时均存在一定的片面性，对道路交通安全状况进行评价时在应用范围方面会受到一定程度的限制，所以应用时应结合实际评价对象做选择。

4.5 环境能源影响评价

环境能源影响评价是指对拟议中的建设项目、区域开发计划和国家政策实施后可能对环境能源产生的影响(后果)进行的系统性识别、预测和评估。环境能源影响评价的根本目的是鼓励决策者在规划和决策时考虑环境能源因素,最终使之达成更具环境相容性的人类活动。

环境能源影响评价常用的方法包括定性方法:如专家咨询法、德尔菲法、民意测评法等,定量方法:如影响矩阵法、防护费用法、损害费用法、成本机会法等。目前,对环境能源影响评价方法中的定性及定量方法,就方法本身而言研究比较成熟,但环境能源影响综合评价中的指标选取、指标权重的确定等尚需进一步深入研究。

4.5.1 影响矩阵法

影响矩阵法是把人类的行为、战略或经济行为与可能受其影响的环境因子的清单合并成矩阵的行与列,并在行与列各因素对应的位置填写上代表活动与影响之间的因果关系的定性或定量估计的符号或数字。

矩阵法将规划目标、指标以及规划方案(拟议的经济活动)与环境因素作为矩阵的行与列,并在相应位置填写用以表示行为与环境因素之间的因果关系的符号、数字或文字。矩阵法有简单矩阵、定量的分级矩阵(即相互作用矩阵,又叫 Leopold 矩阵)、Phillip. Defi-Uipi 改进矩阵、Welch-Lewis 三维矩阵等,可用于评价规划筛选、规划环境影响识别、累积环境影响评价等多个环节。

矩阵法的优点包括可以直观地表示交叉或因果关系,矩阵的多维性尤其有利于描述规划环境影响评价中的各种复杂关系,简单实用,内涵丰富,易于理解;缺点是不能处理间接影响和时间特征明显的影响。

4.5.2 专家咨询法

专家咨询法是指个别地、分散地征求专家意见,其形式有个别采访或讨论,寄发各种格式的意见征询表。可从以下几个方面向专家征求意见:对受影响后的未来状况做出判断;对影响的类型和强度提出定性或定量的判断;提出各种可供选择的方案;推举优化的决策方案。值得注意的是,很多情况下,"公众"也是某一方面的专家,也应该重视"公众"的判断。

专家咨询法最大的特点在于某些难以用数学模型定量化的因素通过专家咨询法可得到适当的处理与描述,此外,在缺乏足够统计数据和原始资料的情况下,也可以定性估计。

4.5.3 防护费用法

防护费用法采取补偿的方法对环境进行估价,也即以个人在自愿基础上为消除或减少环境恶化的有害影响而承担的防护费用作为环境产品和服务的潜在价值。防护费用是指人们为了减少和消除环境污染或生态恶化的影响而支付的费用,例如,为了防止噪声的污染而安装各种隔声设备,或为了得到安全卫生的饮用水,而购买安装净水设备等。

防护费用法依据人们的行为而不是言语进行估价,相对于其他估价方法更为直接。但是此

方法运用的前提是:首先个人可以获取足够的信息以便正确的估计环境变化的危害;其次个人采取的防护行为不受诸如贫穷或市场不完善等因素的制约。然而,该法在实际使用时会因多种行为动机和环境目标等因素导致环境价值过高或过低的补偿,进而使估价结果产生偏差;另外,防护费用法考察的仅是环境资源的使用价值,对环境资源的非使用价值无法做出合理的评估。

4.5.4　损害费用法

损害费用法将噪声污染的损失分为:人体健康损失、房地产贬值损失、工作效率下降损失、机动车辆贬值损失,舒适性资源减少的损失,以及环境与社会损失等。但因为环境与社会等方面的损失难以进行货币化,而舒适性资源减少的损失已部分反映在房地产贬值损失中,并且目前国内外对舒适性资源减少的损失尚未有成熟的估算方法,为避免重复计算,在实际计算中暂不考虑这两项因素。机动车贬值损失考虑到数据的难于获得性在此也不予考虑,所以其估算公式为:

$$E = E_r + E_f + E_c \tag{4-14}$$

式中,E 为噪声污染损失额,E_r 为人体健康损失,E_f 为房地产贬值损失,E_c 为工作效率下降损失。

4.5.5　数学模型模拟法

数学模型模拟方法主要指的是环境系统的数学模型模拟方法,是用数学形式定量表示环境系统或环境要素的变化过程和变化规律。

在ITMS环境评价中采用数学模型模拟法,能定量分析产生累积影响的因果关系,反映累积影响的时空特征,具有较大灵活性,适用于多种空间范围。这种方法也有它自身的缺点:建模需要对相应环境系统有比较充分的了解;模型只能在其适用范围内使用;对基础数据要求和开发成本较高。目前,数学模型模拟法只能分析对单个环境要素的影响。在实际使用时,可采用几种模型同时对某一环境对象进行预测,然后通过比较、分析和判断,得出可以接受的结果。

4.5.6　叠图法

叠图法是采用专题地图的叠置分析,将一系列关于某区域环境特征,包括自然条件、社会背景、经济状况、技术水平、文化氛围等的地图叠放在一起,形成一张能综合反映环境影响的空间特征的地图。

叠图法的优点是直观、形象、简明,易于理解,能够直观表示各种单个影响和复合影响的空间分布;缺点是无法表达源与受体的因果关系,难以综合评定环境因子的重要程度。

在ITMS环境评价中,可在环境影响的识别、评价以及累积影响评价中采用叠图法,且常与地理信息系统(GIS)方法结合使用。

4.5.7　类比法

类比法也叫"比较类推法",是指由一类事物所具有的某种属性,可以推测与其类似的事物也应具有这种属性的推理方法。其结论必须由实验来检验,类比对象间共有的属性越多,则类比结论的可靠性越大。

类比法常常通过既有开发工程及其已显现的环境影响后果的调查结果来近似地分析说明

拟建工程可能发生的环境影响。由于环境影响的渐进性(量变到质变)、累积性、复杂性和综合性特点,使得许多项目环境影响的因果关系十分错综复杂,因而通过类比调查分析既有工程已经发生的环境影响,并类比分析拟建工程的环境影响,就成为一种十分重要的影响预测与评价方法。

4.5.8 情景分析法

情景分析法是指就某一主体或某一主题所处的宏观环境进行分析的一种特殊研究方法。概括地说,情景分析的整个过程是通过对环境的研究,识别影响研究主体或主题发展的外部因素,模拟外部因素可能发生的多种交叉情景分析和预测各种可能前景。

情景分析法是将规划方案实施前后、不同时间和条件下的环境状况,按时间序列进行描绘的一种方法。可以用于规划的环境影响的识别、预测以及累积影响评价等环节。该方法具有以下特点:

①可以反映出不同的规划方案(经济活动)情景下的环境影响后果,以及一系列主要变化的过程,以便于研究、比较和决策。

②情景分析法还可以提醒评价人员注意开发行动中的某些活动或政策可能引起重大的后果和环境风险。

③情景分析方法需与其他评价方法结合起来使用,因为情景分析法只是建立了一套进行环境影响评价的框架,分析每一情景下的环境影响还必须依赖于其他一些更为具体的评价方法,例如环境数学模型、矩阵法或 GIS 等。

④可根据环境效应强度和环境受体敏感性进行规划环境影响识别。

4.5.9 机会成本法

机会成本法又称影子分析法,是指在无市场价格的情况下,资源使用成本可用所牺牲的替代用途的收入估算。任何一种自然资源的使用,都存在很多相互排斥的备选方案,为了做出最有效的选择,必须找出社会经济效益最大的方案。资源是有限的,且具有多种用途,选择了一种使用机会就放弃了其他使用机会,也就失去了相应的获得效益的机会。把其他使用方案中可获得的最大经济效益,称为该资源选择方案的机会成本。

机会成本法是一种重要的评价方法,从资源的稀缺性和多样性出发,帮助决策者建立资源配置比较的观念,从而全面考虑各种备选方案的收益。机会成本法在使用时有三个基本前提:

①资源的稀缺性。这是机会成本产生的基础,正是由于资源的稀缺,人们不能实施每一个备选方案,而必须择一弃余,因此机会成本又称为择一成本。如果资源充足,每一方案所需的资源都能无代价获得,也就不存在放弃机会而失去相应收益的代价。

②资源的多用性。资源不仅是稀缺的,而且一种资源通常有多种用途,稀缺资源投入某一用途后就不能另做他用,所以才产生择一后的无形损失问题。

③资源能得到充分利用。一方面意味着具有多种用途的稀缺资源投入到其中的某些用途后,导致一些其他用途的资源无法满足而损失的利益;另一方面,如果每种资源的利益都得到满足后,资源仍得不到充分利用,则使用闲置资源的机会成本为零。

在利用机会成本计算资源的替代收入时,经常会用到影子价格。影子价格(shadow price)

一般是指在最佳条件下单位资源所产生的效益增量，即资源被合理利用所带来的社会经济效益，又称为"最优价格"，其实质是利用有限资源的机会成本，在国民经济评价中被用作衡量项目投入物和产出物价值的价格，它是既能体现特定资源的劳动消耗（社会价值），又能反映该资源稀缺程度（供求关系）的重要参数。

4.6　综合评价

目前，国内外学者就系统综合评价的一般理论和方法已经展开了深入的研究，其中，常用的综合评价方法有：模糊综合评价法、主成分分析法、数据包络分析法、灰色系统评价法等。以下对各种常用的综合评价方法的原理及特性进行阐述。

4.6.1　模糊综合评价法

模糊综合评价法是一种基于模糊数学的综合评价方法。该评价方法根据模糊数学的隶属度理论把定性评价转化为定量评价，即利用模糊数学中的模糊运算法则，对非线性的评价论域进行量化综合，对受到多种因素制约的事物或对象做出一个总体的评价。它具有结果清晰，系统性强的特点，能较好地解决模糊的、难以量化的问题，适合各种非确定性问题的解决。

利用模糊综合评价法进行评价时其过程如图 4-3 所示，在具体评价过程中，可以根据项目实际情况增加或删减一些步骤。

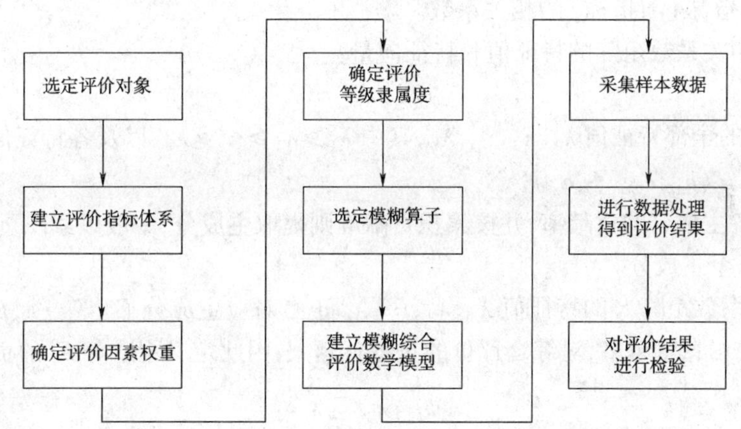

图 4-3　模糊综合评价过程示意图

模糊综合评价法最显著的特点是：①相互比较。以最优的评价因素值为基准，其评价值为 1；其余欠优的评价因素依据欠优的程度得到相应的评价值。②可以依据各类评价因素的特征，确定评价值与评价因素值之间的函数关系，即隶属度函数。

4.6.2　主成分分析法

另外还有一些学者运用的系统评价理论也是以统计分析为主的方法，即主成分分析法。主成分分析法是一种多变量分析方法，也称为矩阵数据分析法，是把多个指标化为少数几个综合指标的一种统计分析方法。在多指标（变量）的研究中，往往由于变量太多，并且彼此之间

存在着一定的相关性，因而使得所观测的数据在一定程度上有信息的重叠，而且当变量较多时，在高维空间中研究样本的分布规律比较麻烦。主成分分析采取一种降维的方法，设法将原来指标重新组合成一组新的互相无关联的几个综合指标来代替原来指标；同时根据实际需要从中选取几个较少的综合指标来尽可能多地反映原来指标的信息，从而达到简化的目的。

主成分分析法是解决多指标综合评价时指标相关难题的一种有效方法，评价的具体过程如下。

设有 m 个待评价方案，n 个评价指标，则原始数据矩阵为：

$$X=(x_{ij})_{m\times n} \tag{4-15}$$

主成分分析法的具体步骤如下：

（1）原始指标数据的标准化变换

设标准化矩阵 $Y=(y_{ij})_{m\times n}$，标准化变换公式为：

$$y_{ij}=(x_{ij}-\overline{x_j})/s_j \tag{4-16}$$

式中：$\overline{x_j}$ 为第 j 个指标的平均数，$\overline{x_j}=\frac{1}{m}\sum_{i=1}^{m}x_{ij}$；$s_j$ 为第 j 个指标的标准差，$s_j=\sqrt{\frac{1}{m-1}\sum_{i=1}^{m}(x_{ij}-\overline{x_j})^2}$。

（2）求标准化数据矩阵的相关系数矩阵 $R=(r_{ij})_{n\times n}$，其中

$$r_{ij}=\frac{1}{m-1}\sum_{i=1}^{m}y_{ii}y_{ij}\quad(i,j=1,2,\cdots,n) \tag{4-17}$$

式中：r_{ij}为指标 i 与指标 j 的相关系数。

（3）计算相关系数矩阵的特征值和特征向量：

令

$$|\lambda I-R|=0 \tag{4-18}$$

可求出 R 的全部特征值 $\lambda_1,\lambda_2,\cdots,\lambda_n$，其中 $\lambda_1\geqslant\lambda_2\geqslant\cdots\geqslant\lambda_n$，以及各特征值对应的单位正交特征向量：$a_j=(a_{1j},a_{2j},\cdots,a_{nj})^T$

（4）计算各主成分的贡献率，并按累积贡献准则提取主成分，一般以累积贡献率达到85%为准则，提取 k 个主成分。

由于相关系数矩阵 R 的特征值 $\lambda_1,\lambda_2,\cdots,\lambda_n$ 正是对应主成分 $F_1,F_2,\cdots,F_n$ 的方差，而方差越大，包含的信息就越多，对综合评价的贡献就越大，因此定义主成分 F_i 的贡献率 b_j 为：

$$b_j=\lambda_i/\sum_{i=1}^{n}\lambda_i \tag{4-19}$$

而 k 个主成分的累积贡献率 B_k 为：

$$B_k=\sum_{i=1}^{k}\lambda_i/\sum_{i=1}^{n}\lambda_i \tag{4-20}$$

以累积贡献率 B_k 达到85%为准则，提取前 k 个主成分。

（5）计算前 k 个主成分的表达式，然后以各主成分的贡献率 b_j 为权数，将前 k 个主成分的加权值作为被评价对象的综合评价值。

主成分 F_j 的权重系数向量：$a_j=(a_{1j},a_{2j},\cdots,a_{nj})^T$ 是相关系数矩阵的特征向量，故可求得前 k 个主成分 F_j 的表达式如下：

$$F_j=a_{1j}x_1+a_{2j}x_2+\cdots+a_{nj}x_n \tag{4-21}$$

则可计算被评价对象的综合评价值 F：

$$F = \sum_{j=1}^{k} b_j F_j \tag{4-22}$$

4.6.3 数据包络分析

数据包络分析(Data Envelopment Analysis,简称 DEA)作为研究多输入输出问题的多目标评价方法被很多学者运用。它是以相对效率概念为基础发展起来的对评价单元的规模有效性和技术有效性评价的一种方法,主要形成 C^2R、C^2GS^2、C^2W、C^2WH、C^2WY、C^2ZL 等评价模型。

数据包络分析方法应用时需要满足五个前提:输出与输入之间满足凸性、锥性、无效性、原始性和最小性。它依据运筹学原理构建模型,以最大(小)可能边界为基础,在可到达的区域内选择最优可能解。

在应用数据包络分析法时,对一组给定的决策单元,选定一组输入、输出的评价指标,求所关心的特定决策单元的有效性系数,以此来评价决策单元的优劣,即被评价单元相对于给定的那组决策单元中的相对有效性。也就是说,通过输入和输出数据的综合分析,DEA 可以得出每个决策单元(DMU)综合效率的数量指标。据此将各决策单元定级排队,确定有效的决策单元,并可给出其他决策单元非有效的原因和程度,从而为决策者提供重要的管理决策信息。

多输入多输出是 DEA 的优点之一。此外 DEA 最突出的优点是无需任何权重假设,每一输入输出的权重不是根据评价者的主观认定,而是由决策单元的实际数据求得的最优权重。因此,DEA 方法可以排除很多主观因素,具有很强的客观性。

4.6.4 灰色系统评价法

灰色系统评价法是一些学者常用的以数理理论为基础的系统评价方法。灰色系统理论发展了一系列灰色评价理论,其中理论体系较成熟、应用较广的是灰色关联评价理论。灰色关联(Gray Correlation Degree)评价理论主要是对系统动态发展过程的量化分析,根据因素之间发展态势的相似或相异程度,来衡量因素间接近的程度,实质上就是各评价对象与理想对象的接近程度,评价对象与理想对象越接近,其关联度就越大,评价对象就越好,否则评价对象就差。关联序反映了各评价对象对理想对象的接近次序,即评价对象与理想对象接近程度的先后次序,其中关联度最大的评价对象为最优。因此可利用关联序对评价对象进行排序比较。

灰色关联评价理论的评价过程如下:

(1)根据实际问题所收集的原始数据,建立比较序列,如下式所示:

$$\begin{bmatrix} x_0(k) \\ x_1(k) \\ \cdots \\ x_n(k) \end{bmatrix} = \begin{bmatrix} x_{01} & \cdots & \cdots & x_{0p} \\ x_{11} & \cdots & \cdots & x_{1p} \\ \cdots & \cdots & \cdots & \cdots \\ x_{n1} & \cdots & \cdots & x_{np} \end{bmatrix} \quad (k=1,2,\cdots,p) \tag{4-23}$$

(2)对指标进行无量纲化处理

利用初值化变换公式,用每一行的数值除以相应的第一列的数值,则 $x_i(k)$ 初值化变换后为 $y_i(k)$,如下式所示:

$$\begin{bmatrix} y_0(k) \\ y_1(k) \\ \cdots \\ \cdots \end{bmatrix} = \begin{bmatrix} \frac{x_{01}}{x_{01}} & \cdots & \cdots & \frac{x_{0p}}{x_{01}} \\ \frac{x_{11}}{x_{11}} & \cdots & \cdots & \frac{x_{1p}}{x_{11}} \\ \cdots & \cdots & \cdots & \cdots \\ \frac{x_{n1}}{x_{n1}} & \cdots & \cdots & \frac{x_{np}}{x_{n1}} \end{bmatrix} \tag{4-24}$$

(3)计算绝对差

根据公式 $\Delta_{\alpha}(k) = |y_0(k) - y_i(k)|$,即用第一行的数值减去其他每一行的数值,来计算每一行的绝对差,如下式所示:

$$\begin{bmatrix} \Delta_{01}(k) \\ \Delta_{02}(k) \\ \cdots \\ \Delta_{0n}(k) \end{bmatrix} = \begin{bmatrix} 0 & \cdots & \cdots & \frac{x_{0p}}{x_{01}} - \frac{x_{1p}}{x_{11}} \\ 0 & \cdots & \cdots & \frac{x_{0p}}{x_{01}} - \frac{x_{2p}}{x_{21}} \\ \cdots & \cdots & \cdots & \cdots \\ 0 & \cdots & \cdots & \frac{x_{0p}}{x_{01}} - \frac{x_{np}}{x_{n1}} \end{bmatrix} \tag{4-25}$$

(4)根据 $\xi_{\alpha i} = \dfrac{\Delta_{\min} + \rho \times \Delta_{\max}}{\Delta_{\alpha i}(k) + \rho \times \Delta_{\max}}$计算关联系数,$\rho$ 通常取0.5;

(5)根据公式 $\gamma_{\alpha i} = \dfrac{1}{p}\sum_{k=1}^{p}\xi_{\alpha i}(k)$计算关联度;

(6)进行结果评价,按关联度大小进行排序。

灰色系统评价理论对样本量的多少没有过多的要求,也不需要典型的分布规律,主要是从系统内部去发掘信息并充分利用其信息。建模方法则着重于从系统内部行为数据间的内在联系中去挖掘其量化的方法,它可以在一定程度上排除人们的主观随意性,使依靠经验和类比方法等处理工程问题的传统做法转向数学化、科学化、人工智能化。该方法特别适用于对系统中的定性因素进行定量评价,且能够较好地解决评价中评价指标复杂、模糊的问题,得出比较全面、客观、公正的结论,是目前一种较为先进、科学、客观的评价方法。

但该方法也有其自身的不足之处,首先灰色系统评价理论在进行问题分析时,关联度数值比较接近,分辨率较低,难于更彻底地分析问题;其次评价结果为一个隶属于不同灰类的向量,对评分等级和分类等级划分的依赖性较强,且对该向量进行单值化处理时,也增加了评价结果的主观性。

4.6.5 其他方法

综合评价方法有很多,如前文已经阐述过的层次分析法、人工神经网络法以及成本效益分析法等都可用来对项目进行综合评价,不过在使用上述这些方法进行项目的评价时各有侧重点,且各有优劣,究竟使用哪种方法进行评价,还应视具体问题而定。实际的项目评价中往往是多种方法的综合使用,以达到定性评价与定量评价相结合的效果。

第5章　北京城市 ITMS 系统分析

5.1　系统概况

北京城市智能交通管理系统具有指挥调度、信号控制、综合监测、信息服务四大功能，在世界范围内率先实现了多个技术领域的大规模集成应用创新，设计完成了适合混合交通特点的特大城市道路交通智能管理系统集成模式和基于开放式架构的道路交通智能管理系统，建成了服务于北京道路交通管理的99个智能交通管理指挥控制应用子系统。针对北京国际化大都市的混合交通流特征，以及城市交通日常管理和勤务交通与应急交通管理的特点，按照实用性与先进性相结合的原则，北京城市ITMS系统采用开放式系统架构，形成基于“一个中心、三个平台”的道路交通智能管理系统集成模式，如图5-1所示，在对现有业务系统进行高效集成的同时，为系统进一步的拓展奠定了基础。

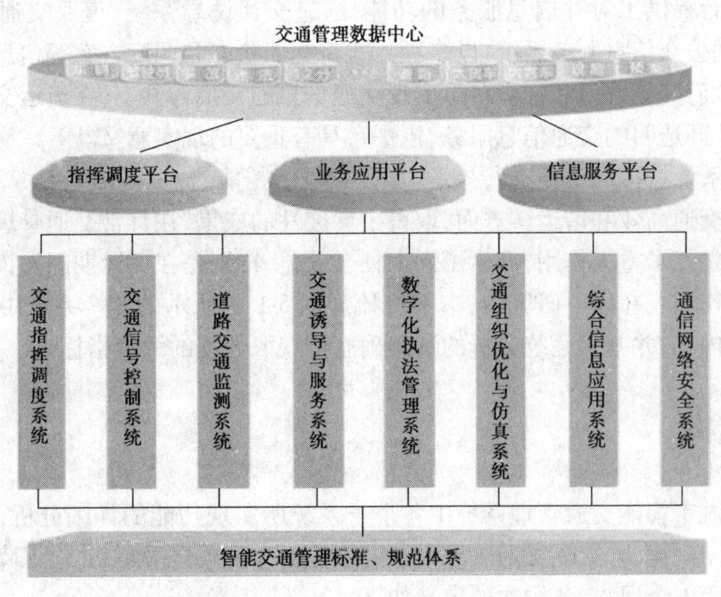

图5-1　北京城市智能交通管理系统

(1)交通管理数据中心

19 570km光纤、千兆以太网、27台服务器、4 003台联网计算机等构成了统一完备的交通管理数据中心基础信息资源共享的硬件框架；以完善、可靠的硬件设施和稳定、高效的运行服务系统为依托，数据中心充分整合各类数据、信息资源，全市400多万辆机动车、530万名驾驶员、10万家社会单位全部纳入交通管理综合信息系统，并实现交通管理信息的高度共享，为其他公安管理业务以及保险、税务、路政等管理工作提供基础数据共享,为交通管理仿真系统提供强大支持,并利用先进的数据处理工具,对海量交通信息进行过滤整合、深度挖掘。

(2)指挥调度平台

指挥调度平台依托各种先进的技术手段,可实时检测、监控道路交通状况,快速处置路面各种交通意外,实现对全市道路交通的统一管理、统一指挥和统一调度。平台具有交通监测、交通控制和指挥调度三项功能:交通监测通过各类技术手段,获取路面的交通流状态、交通突发事件等状况,作为交通控制和指挥调度的数据基础;交通控制则依据交通监测的结果,同时接受指挥调度系统的命令,对路面交通实施各类控制,提高路网的运行效率;指挥调度是整个平台的中心,通过接受交通监测数据以及交通控制数据,实现北京城市交通运行整体状态的准确评估,生成科学的指挥调度方案,对各类交通状况做出及时有效的反应。指挥调度平台主要包括网络数字视频系统、交通事件检测系统、旅行时间系统、区域交通信号控制系统、快速路控制系统、公交优先系统、交通信号综合管理平台、指挥调度系统等子系统。

(3)业务应用平台

业务应用平台提供了对内信息服务的功能,主要包括交通管理数字化闭环执法系统。该平台实现了交通管理信息高度集成与共享,为数据综合关联统计分析,警务管理和领导决策,以及协助其他警种打击犯罪提供了强有力的技术支撑,显示了科技强警的巨大威力。

(4)信息服务平台

信息服务平台提供了对外信息服务的功能,通过交通诱导系统、道路交通流仿真预测系统、奥运交通管理公众信息服务系统,以多种方式将交通状态和调度方案等信息有选择地提供给公众,或是与政府其他部门和社会单位实现交通信息的交换与共享,在奥运交通的管理过程中,由于可提供公开透明的交通信息服务,该平台具有重要的现实意义。

总之,ITMS 系统在提高道路通行效率、增强路面管控能力、提升信息服务水平、保证社会交通和重大活动交通高效和谐运转方面,取得了突破性的成果,在日常交通管理和重大活动交通指挥控制方面发挥了重大作用,产生了巨大社会效益,特别是在奥运期间发挥了重大的技术支撑和管理保障作用。在以下研究中,本书将梳理图 5-1 中所示的 8 个系统中用于综合效益评价研究的具体内容,并基于系统分析的基础确立可获取数据的评价指标。

5.2 系统结构

通过对北京城市智能交通管理系统中各个子系统所实现功能的详细分析,按照交通流数据在系统中的运动规律,将智能交通管理系统的结构划分为数据采集、传输保障、网络安全、内部应用和外部应用五个层次,各层次的定义如下:

(1)数据采集层

主要负责交通流和地理信息数据的采集工作,为智能交通管理系统中实现各项具体功能的子系统提供数据支持。

(2)传输保障层

主要负责保障采集到的各种数据能够方便快捷地传输至相应的服务器或指挥中心,在遇到突发情况仍然能够保障整个系统的平稳运行。

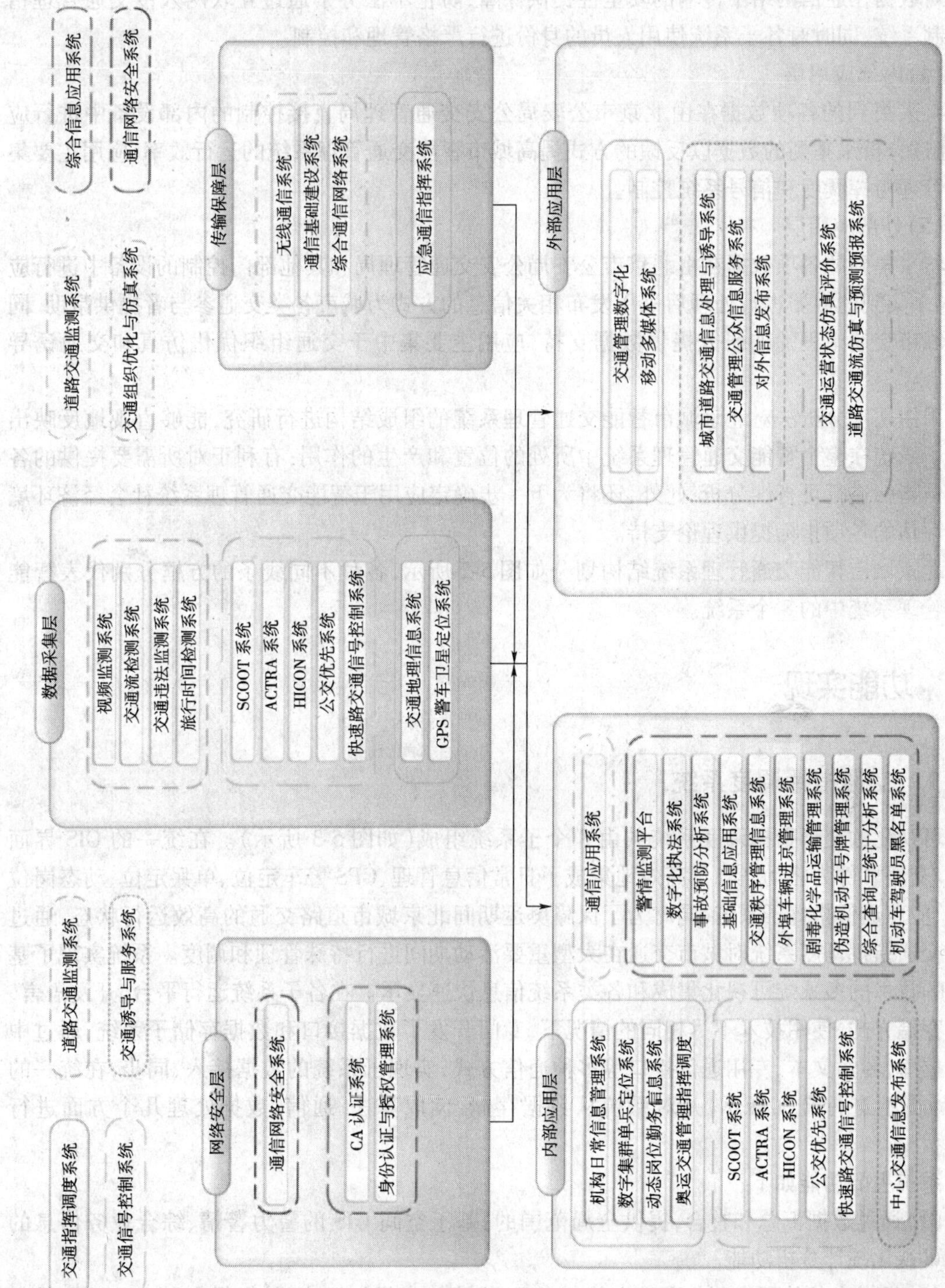

图 5-2　北京城市智能交通管理系统结构划分

(3)网络安全层

对数据在通信网络中传输的安全性提供保障,防止不法分子通过互联网入侵交通管理指挥控制系统,同时对各子系统使用人员的身份进行严格管理和控制。

(4)内部应用层

将采集到的各项数据在由北京市公安局公安交通管理局直接控制的内部设备中进行应用,通过分析采集到的数据以反馈的方式提高城市智能交通管理系统的运行效率,应用主要集中于管理指挥调度和信号系统控制。

(5)外部应用层

将采集到的各项数据在由北京市公安局公安交通管理局和其他部门控制的设备中进行应用,对采集到的数据进行处理后采用发布相关信息的方式为城市各类交通参与者提供帮助,同时为城市交通工程师的研究提供数据支持,应用主要集中于交通组织优化仿真和交通诱导服务。

采用层次分析法对北京城市智能交通管理系统的组成结构进行研究,能够直观地反映出各个子系统在整个智能交通管理系统中所处的位置和产生的作用;有利于对所需要提供的各项评估指标进行可行性分析;此外,还将为下一步确定应用于智能交通管理系统社会经济环境效益评估的各项指标提供理论支持。

北京城市智能交通管理系统结构划分如图 5-2 所示,各种不同线条的方框分别代表智能交通管理系统中的 8 个系统。

5.3 功能实现

5.3.1 交通指挥调度系统

可视化的交通指挥调度系统共由 8 个子系统组成(如图 5-3 所示)。在统一的 GIS 界面下,以交通事件为驱动,实时、高效地集成了日常信息管理、GPS 警车定位、单兵定位、动态岗位勤务、应急通信指挥子系统,同时为了保障奥运期间北京城市道路交通的高效运行状态,通过奥运交通指挥调度系统对城市交通在大型重要活动期间进行特殊管理和调度。系统实现了基于 GIS 技术的多系统可视化集成和各类系统信息快速显示。在各子系统运行平台、开发语言、数据存储方式、使用技术不尽相同的情况下,专门开发了数据接口和数据存储子系统,通过中间数据库,传输文本,专用通信接口等多种通信方式,实现子系统的数据接入、同步,在统一的 GIS 地图上进行叠加展示,并对系统从数据存储、读取算法、通信、数据处理几个方面进行优化。

系统主要功能如下:

(1)通过数据汇总和整合,提供全局范围的、基于空间 GIS 的警力警情、综合业务信息的在线可视化统计分析功能。

(2)提供完备的预案制作和发布管理工具,完成日常指挥调度、特勤勤务、奥运专题、重大突发事件预案等预案的制作和部署。

(3)建立预案等级分布,实时展示警力投向及投量。

(4)通过建立事件到预案、预案与资源的关联实现对事件的快速处置。

(5)通过对警情的研判,结合相应的预案达到对指挥调度工作的监督和辅助。

(6)对原指挥调度集成系统平台进行合理规划,最大限度地发挥其资源优势,支撑奥运中心区交通综合监测系统。

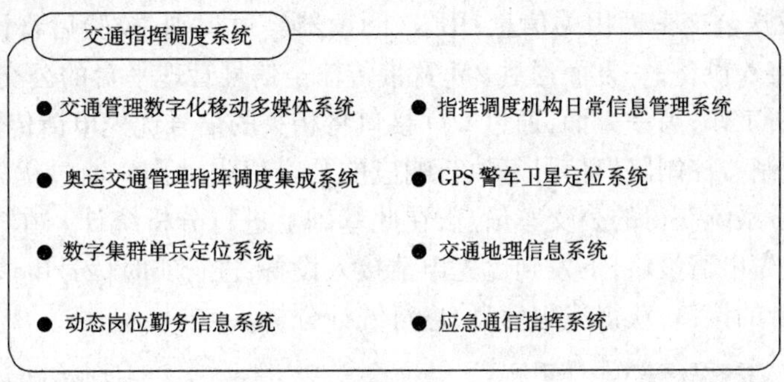

图 5-3　交通指挥调度系统组成

5.3.2　交通信号控制系统

交通信号控制系统实现了基于开放式协议标准的信号综合管控。以开放式通信协议为基础,针对下端系统与上端系统通信方式的差异,开发了与下端各系统间的专用数据接口,建立了 SCOOT 系统的 Telnet 接口、与 ACTRA 系统的 SOAP 接口以及与快速路系统间的 Socket 接口,实现了与各数据源系统间的稳定高效的数据通信。系统集成多信号控制平台(SCOOT 系统、ACTRA 系统、快速路系统、公交优先系统),实现对异构信号系统的统一管控与协调优化,并形成了相关国家标准。该系统有效地综合多个系统的优势,通过各类交通信号数据的融合,实现大范围的交通信号协调控制,提高路网的整体效率,而国内外其他类似平台只是对单一的底层信号系统采集数据进行二次处理和展现。不同信号控制系统在北京市五环以内的分布如图 5-4 所示。

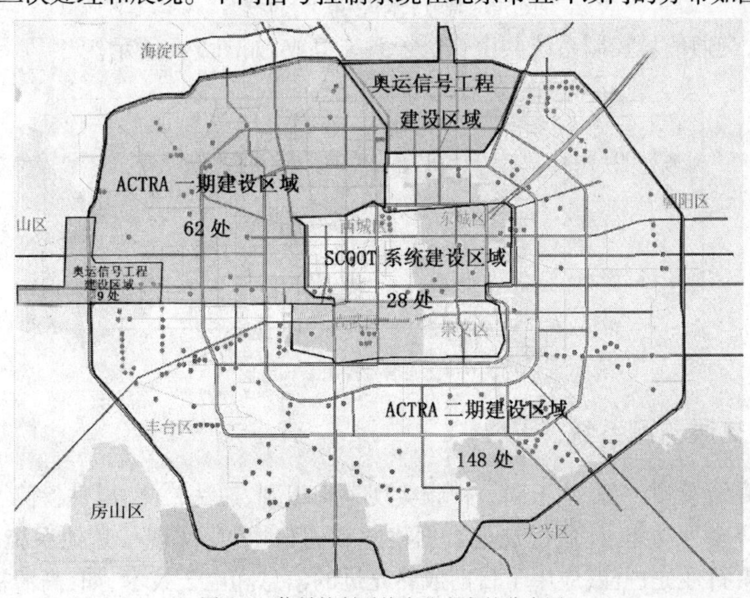

图 5-4　信号控制系统在北京市的分布图

此外，交通信号控制系统应用RFID技术实现了特种车辆优先信号控制。利用RFID识别技术，系统可自动识别奥运班车、公交等特种车辆，在保证区域协调的情况下，根据优先级别和时段形成优先控制策略，为特种车辆提供时间优先通行，如图5-5所示。RFID有源标签设置在公交车辆上，RFID阅读器设置在路口。当公交车辆接近路口时，有源标签射频装置向路边的RFID阅读器发送公交车辆相关信息；RFID阅读器经过识别、校验后将该信息传送给路口的信号优先申请接入设备，一方面通过2M宽带传输至信号管理平台的公交信号优先模块，由平台进行统计分析工作；另一方面，通过I/O接口将相关的信号优先申请传输至路口的信号控制器，再由信号控制器控制路口信号灯执行响应的公交优先动作。通过优先申请接入设备实时收集前端检测子系统获得的公交车信息，在此基础上进行分析统计。在实时收集信息的基础上，生成公交优先申请策略，下发到优先申请接入设备，进行实时信号申请。同时，通过交通信号管理控制平台的接口，获得优先信息，进行统计分析。

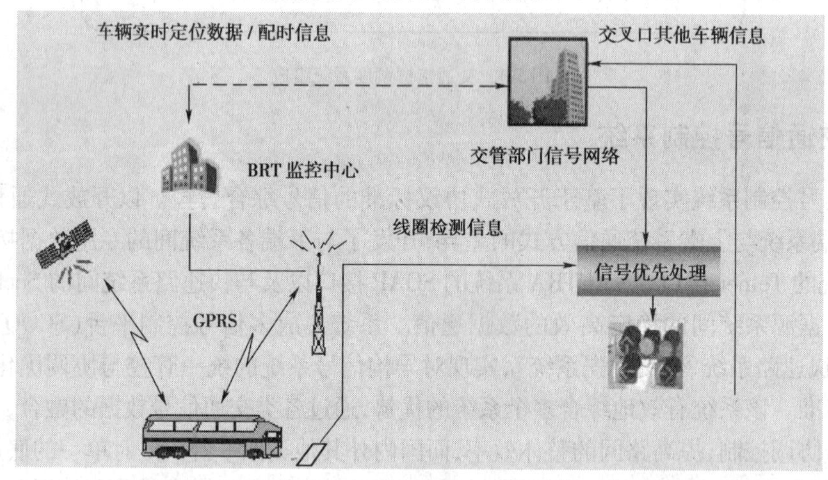

图5-5 特种车辆优先信号控制系统

综上所述，交通信号控制系统共由6个子系统组成，如图5-6所示。

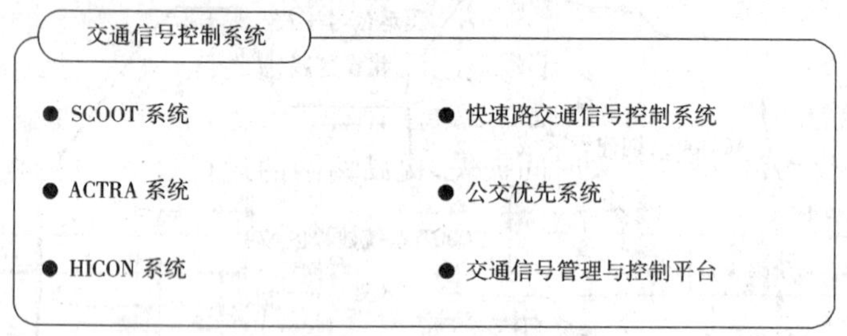

图5-6 交通信号控制系统组成

5.3.3 道路交通监测系统

应用数字高清视频设备，基于同一视频实现车牌识别、违法检测、事件检测、视频图像和交通流数据采集等多种功能，并通过规范数据格式和通信协议，实现与其他系统的实时数据交换。该系统具有行业先进性，应用了目前成熟先进的信息和电子技术，如：高清视频技术、综合接入及交换处理技术、基于多目标跟踪的高清视频检测技术、基于室外的高清视频白平衡和增

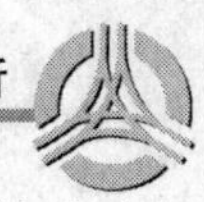

益自动调整算法以及 SAN 存储网络技术等，形成了一套基于高清视频监控和检测的综合应用系统。

目前，北京市已建成了世界一流、国内最大规模最智能化的快速路交通控制系统，快速路控制系统主要采用智能交通信号系统、视频综合监控系统相结合，通过架设在出入口和车道灯上的高清晰数字摄像机，综合集成事件检测、流量检测、排队检测、牌照识别、违章检测等综合功能，实时监控路面情况。当摄像机监测区域内发现突发事件，系统将自动报警，为提升快速路上突发事件处置速度提供技术保障，起到快速消散主路拥堵的积极作用。同时，在快速路出入口和车道内采用多种交通流量检测手段，实时将检测数据回传到控制中心，由控制中心自动根据道路流量实时变化的情况对快速路主路交通进行合理调度，实现了对进出快速路交通流量的有效调控，打通主动脉，使快速路主路通行能力提高 15% 以上。

道路交通监测系统共由 7 个子系统组成，如图 5-7 所示。

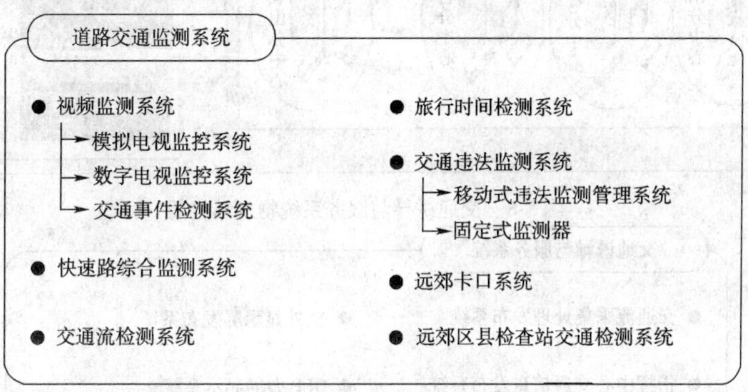

图 5-7　道路交通监测系统组成

5.3.4　交通诱导与服务系统

交通诱导与服务系统作为北京市先进交通信息服务系统（advanced traffic information system，简称 ATIS）和先进交通管理系统（advanced traffic management system，简称 ATMS）的组成部分之一，可以为交通参与者提供行驶前方道路的交通信息，包括交通状况（畅通、拥挤、拥堵和行程时间等）和紧急事件（交通事故、临时交通管制和天气等）等，以有效引导交通参与者的路径选择行为，均衡交通流、减少行驶时间损失，提高路网的运行效率。交通诱导与服务系统在物理结构上由主指挥中心、分指挥中心、通信系统、外场显示屏四部分组成，如图 5-8 所示；共由 8 个子系统组成，如图 5-9 所示。

5.3.5　综合通信网络系统

综合通信网络系统共由 4 个子系统组成，包括无线通信系统、综合通信网络系统、通信基础建设系统和通信应用系统，如图 5-10 所示。

5.3.6　交通组织优化与仿真系统

交通组织优化的作用是利用历史和实时的时空数据，应用基于层次指标体系的交通状态评价模型进行实时交通状态评价，并结合自回归、日均曲线延伸等组合模型的道路交通流预测

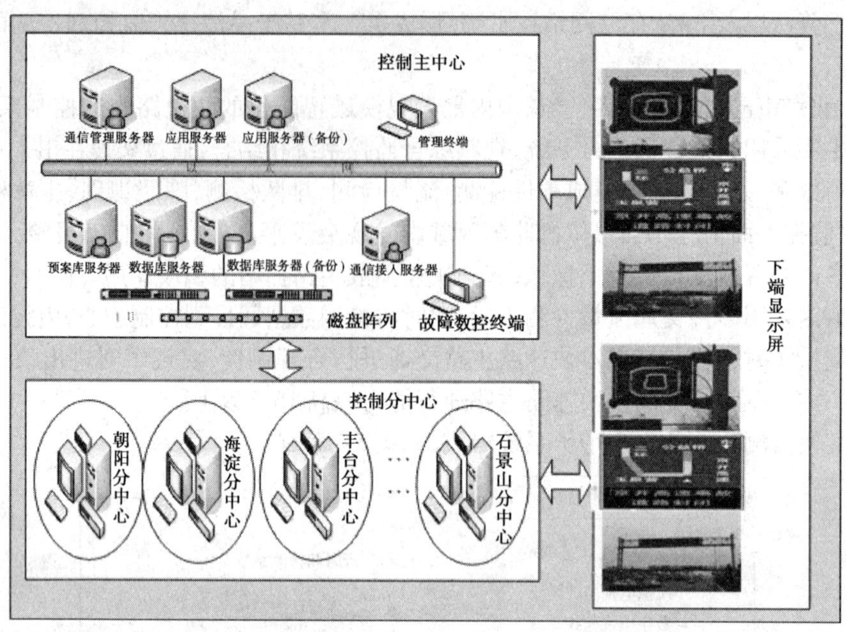

图 5-8　交通诱导与服务系统物理结构图

交通诱导与服务系统

- 交通流采集处理发布系统
- 室外显示屏发布系统
- 指挥中心交通信息发布系统
- DLP 大屏显示系统
- LED 显示系统
- 对外图像发布系统
- 对外信息发布系统
- 交通管理公众信息服务系统

图 5-9　交通诱导与服务系统组成

综合通信网络系统

- 无线通信系统
  - 800 兆数字集群系统
  - 800 兆模拟集群系统
  - 无线数字调度与单兵定位系统
- 综合通信网络系统
  - 公安专网
  - 互联网
  - 光纤专线传输系统
  - 数字传输网
  - 智能交通通信网
  - 电子政务网
  - 综合接入系统
  - 综合布线管理系统
- 通信基础建设系统
  - 科信机房动力、环境集中监控系统
  - 交通设施维护监测系统
  - UPS 电源管理系统
  - 局专电程控交换系统
  - 直流电源管理系统
- 通信应用系统
  - 122 接处警系统
  - 电视电话会议系统
  - 局 IP 电话系统

图 5-10　综合通信网络系统组成

综合信息应用系统

- 非现场管理系统
- 安全监管系统
- 数字化执法系统
  - 一般程序交通违法处理系统
  - 简易程序交通违法处理系统
  - 驾驶人违法记分管理系统
- 交通事故管理信息系统
  - 交通事故一般程序处理系统
  - 交通事故简易程序处理系统
- 交通事故分析与演示系统
- 事故预防分析系统
- 交通安全宣传考核管理系统
- 公安交通勤务管理信息系统
- 交通秩序管理信息系统
  - 占路施工业务管理系统
  - 管制措施业务管理系统
- 交通管理执法监督考评系统
- CA 认证系统
- 综合查询与统计分析系统
- 警情监测平台
- 统计平台
- 基础信息应用系统
- 通行证系统
- 进京证管理系统
- 自助执法设备
- 机动车 / 驾驶员黑名单系统
- 无线执法终端
- 动态岗位勤务信息管理系统
- 信函告知系统
- 剧毒化学品运输管理系统
- 涉外案事件信息报送系统
- 伪造机动车号牌管理系统
- 交通信息记录卡管理系统
- 执法监督信息管理系统
- 绩效考核信息管理系统
- 身份认证与授权管理系统
- 军车违法抄告信息系统
- 外埠车辆进京信息管理系统
- 执法录音取证系统
- 交通违法异地转递系统

图 5-11　综合信息应用系统组成

通信网络安全系统

- 公安网网络安全管理系统
- 互联网网络安全管理系统
- 对外服务平台安全保障系统
- 主机与服务器系统
- 后台维护管理系统
- 智能化运行维护管理系统
- 数据交换与请求服务系统
- 服务器远程管理系统
- 计算机维护管理系统
- 数据近线备份系统

图 5-12　通信网络安全系统组成

预报方法,进行五分钟粒度下的小时交通预测,为日常交通管理的计算机智能化辅助决策提供数据支持。由目前已有的各类检测系统构成实时多源异构数据源层,为预测预报模型的研究及系统的开发提供基础的数据支撑,在此基础上结合交通调查进行道路交通编码、交通流模型以及预测预报模型等的研究工作,构建相应的模型并形成支撑系统开发的模型库和方法库,包括基于自回归、ARMA 等模型组合的交通流实时动态预测预报算法等,从而构成预测预报的核心层,在预测预报系统所提供的预测预报信息的基础上研究预测预报信息的应用,主要面向各类的交通信息服务层面,以及相关交通仿真和交通评价工作。预测预报模型的研究主要基于数据融合所提供的数据库进行,综合考虑城市道路交通流在路网中的时空演化机理与规律,集成利用历史数据、实时时间序列数据以及临近点的实时时间序列数据,综合考虑时空因素的影响,基于卡尔曼滤波、傅里叶变换、云模型、模糊聚类等提出相应的预测模型,主要包括流量(速度、占有率)预测模型、拥堵预测模型等。

交通仿真的目标是基于现状交通问题的系统分析,采用交通诱导、管制、改造等措施进行科学的交通组织优化设计,借助仿真工具对区域路网交通组织和控制方案的设计和实施进行论证。北京市公安局公安交通管理局目前应用的交通运营状态仿真系统通过相应的模型对西二环周边区域路网的交通流进行合理组织和诱导,最大限度挖掘和利用现有道路交通基础设施潜力,引导车流在路网中均衡分布,从而提高路网交通运行效率,实现路网交通科学管理。

交通组织优化与仿真系统共由 2 个子系统组成:交通运营状态仿真评价系统和道路交通流仿真与预测预报系统。

5.3.7 综合信息应用系统

综合信息应用系统共由 33 个子系统组成,如图 5-11 所示。

5.3.8 通信网络安全系统

通信网络安全系统共由 10 个子系统组成,如图 5-12 所示。

5.4 应用现状

通过前述对北京城市智能交通管理系统体系结构进行深层次研究,并对提高通行能力、减少道路交通安全事故发挥重要作用的 ITMS 子系统进行重点分析,对各子系统的主要功能、作用方式和数据获取方式能够产生直观印象。

由于北京城市经济和社会的发展程度在不同区域不尽相同,由此所带来的交通压力和交通需求在不同区域具有明显的差别,进而直接影响到智能交通管理系统分布的不均衡。在进行系统综合效益评价时需要选取具有代表性的典型区域进行研究。为了选取具有代表性的区域,首先需要对智能交通管理系统前端数据采集和信号控制设备的分布进行细致的研究。通过设备在五环内的分布状况可以明显地观察到其具有不均衡性,因此在接下来的研究中根据“区域内道路水平基本相同、设备覆盖率具有显著变化”的原则按照设备覆盖率高(大于80%)和低(低于20%)各自分别选取两块不同的区域。区域选定后即可根据系统社会综合效益评价体系中所确立的相关指标,结合各智能交通管理子系统进行数据挖掘,对于系统应用后

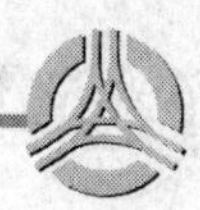

给该区域带来的影响做出定性和定量分析。

首先对北京市五环内区域进行划分，根据设备分布研究的需要将地图按照“正北、正南、正西、正东、西北、东北、西南、东南、中左、中右”分为 10 个研究区域，如图 5-13 所示。

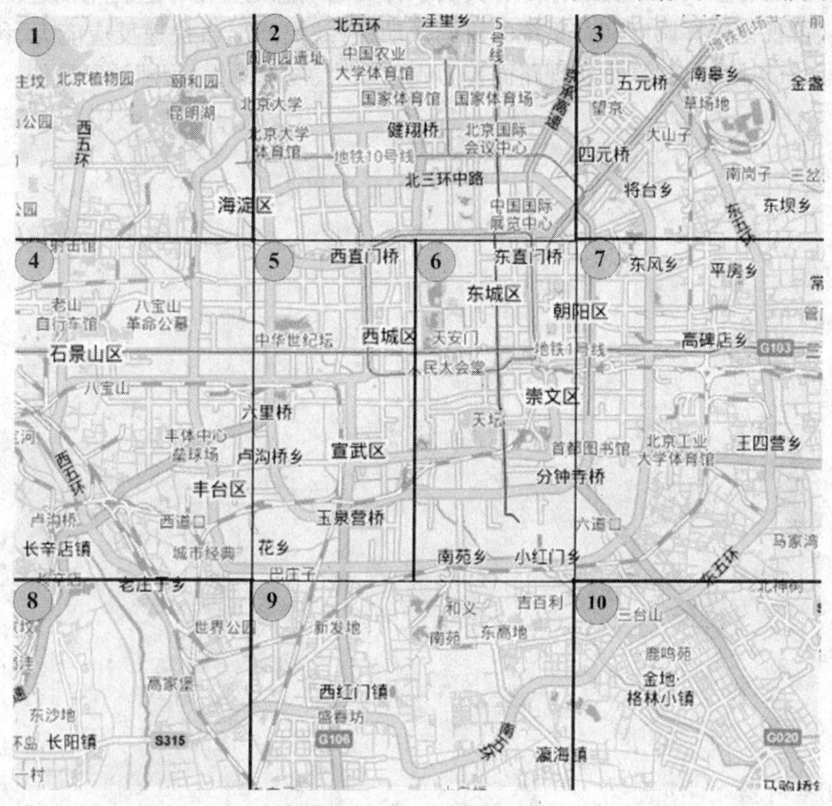

图 5-13　北京城市地图区域划分

结合交通信号控制系统中“SCOOT 系统”、“ACTRA 系统”、“HICON 系统”、“公交优先系统”和“快速路交通信号控制系统”和道路交通监测系统中“视频监测系统”的设备分布情况，将各个系统在十个区域中的具体分布进行标定，图中标定所用符号含义如表 5-1 所示。后继各区域的设备分布情况示意图按照图 5-13 中由 1 ~ 10 的顺序排列，如图 5-14 至图 5-23 所示。

设备分布标定图示说明　　表 5-1

图例							
意义	SCOOT ACTRA HICON	单点 信号机	公交优先 线路	快速路 交通信号系统	视频监测 系统	旅行时间 系统	交通流 检测系统

通过以上分析，可以看出北京市 ITMS 的应用具有以下特点：

(1) 构建了高效的交通指挥调度体系

在指挥调度方面，以丰富完善的应急、管理预案为核心，依据“兼容前后、贯通上下、统一左右、平战结合”的建设原则，基于交通管理地理信息平台，集成融合“122”接处警系统、GPS 警车卫星定位系统、无线集群通信、单兵定位等 22 个实时在线科技系统，建成了高度智能化的指挥调度集成系统。在利用遍布全市主要道路的537处电视监控点、157套交通事件检测系统、1114个交通流检测点,实时监测快速路、主干路和重要路口的交通运行状况的基础上,对日常指挥调度、遇有重大活动交通保障和突发事件交通应急处置工作进行精确定位、自动启动分等级预案、可视化指挥调度和各系统的协调联动,有效提高交通快速反应能力、科学用警水平和饱和路网抗风险能力,真正实现路面警力到位最快、投入最优,管理效果最佳。

图5-14　北京城市地图区域1的设备分布情况示意图

依托该系统,北京市公安交通管理局建成了具有国际领先水平的现代化交通指挥中心,以及纵向贯通、横向集成、统一管理、协调有效的智能交通指挥调度体系,全面收集掌握路面动态交通信息,对全市道路交通实施统一指挥调度,指挥处置各类突发事件;为领导决策和指挥调度提供依据,大幅提升指挥调度综合集成效应。

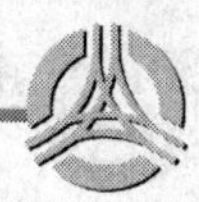

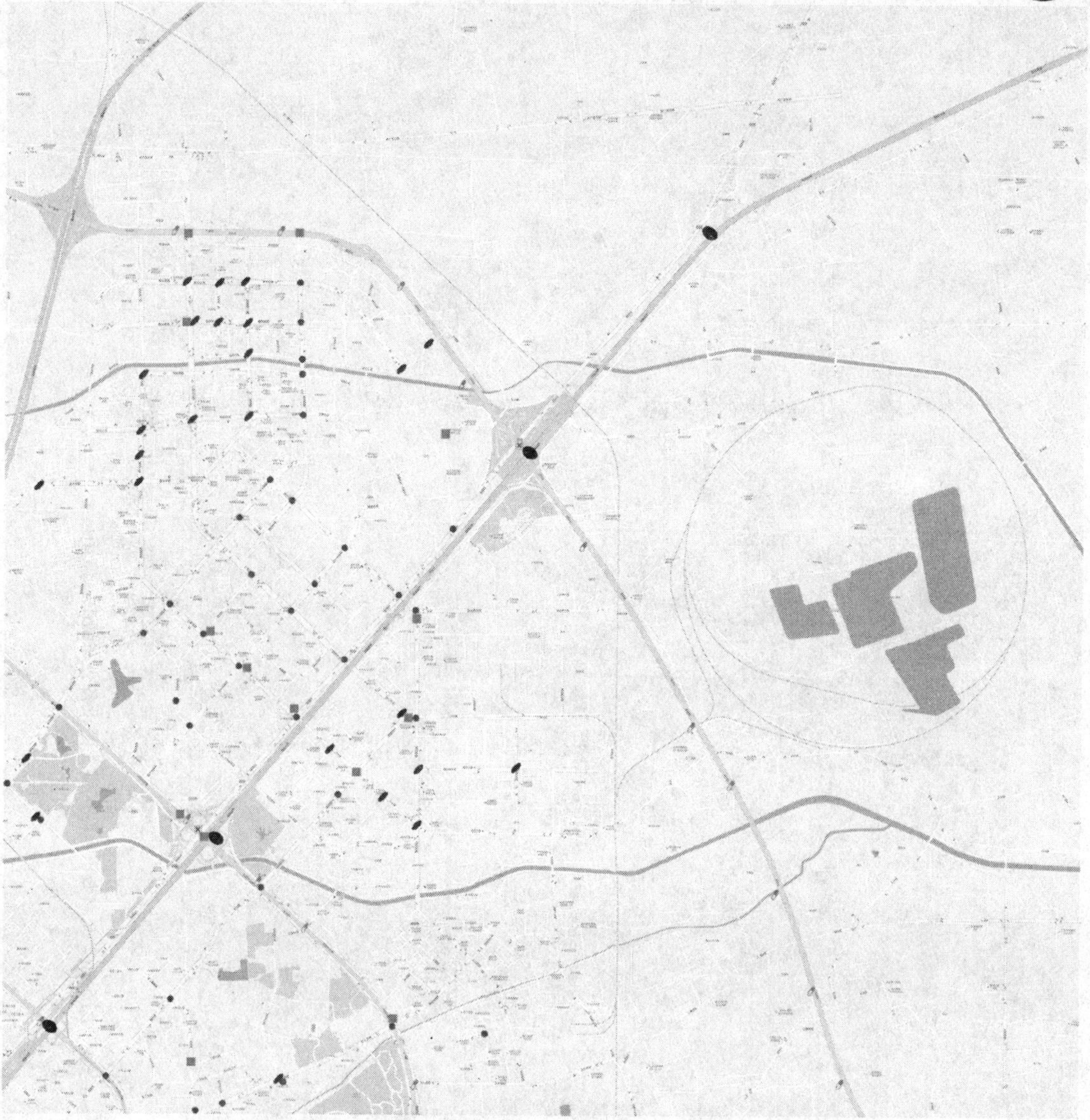

图 5-15　北京城市地图区域 2 的设备分布情况示意图

(2)建设了智能化的交通信号控制系统

通过不断加强智能化交通信号系统建设,扩大系统控制规模,建立了点、线、面相结合的交通信号控制系统。根据交通流量的实际情况,在控制模式上采用集中与分散相结合;在控制方式上采用自适应(集中式)与感应式(单点控制)相结合,常规控制与优先控制(公交优先、特种车优先)相结合;在控制范围上实现了市区平面交叉路口与城市快速路进出控制相结合。在保证安全的基础上最大化调整和优化路口放行时间,大大提高了路口、路段的放行效率,提升了整个路网的通行能力,为广大交通参与者的出行节省了宝贵的时间。

(3)建立了数字化的交通综合监测网络

现在北京范围内建成大约 1 122 套固定式交通违法监测器,能够自动抓拍记录闯红灯、超速、公交车道、应急车道、单行线和无车牌等 9 种重点交通违法行为。

图 5-16　北京城市地图区域 3 的设备分布情况示意图

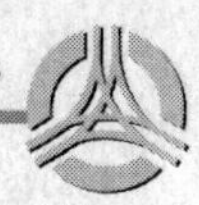

图 5-17　北京城市地图区域 4 的设备分布情况示意图

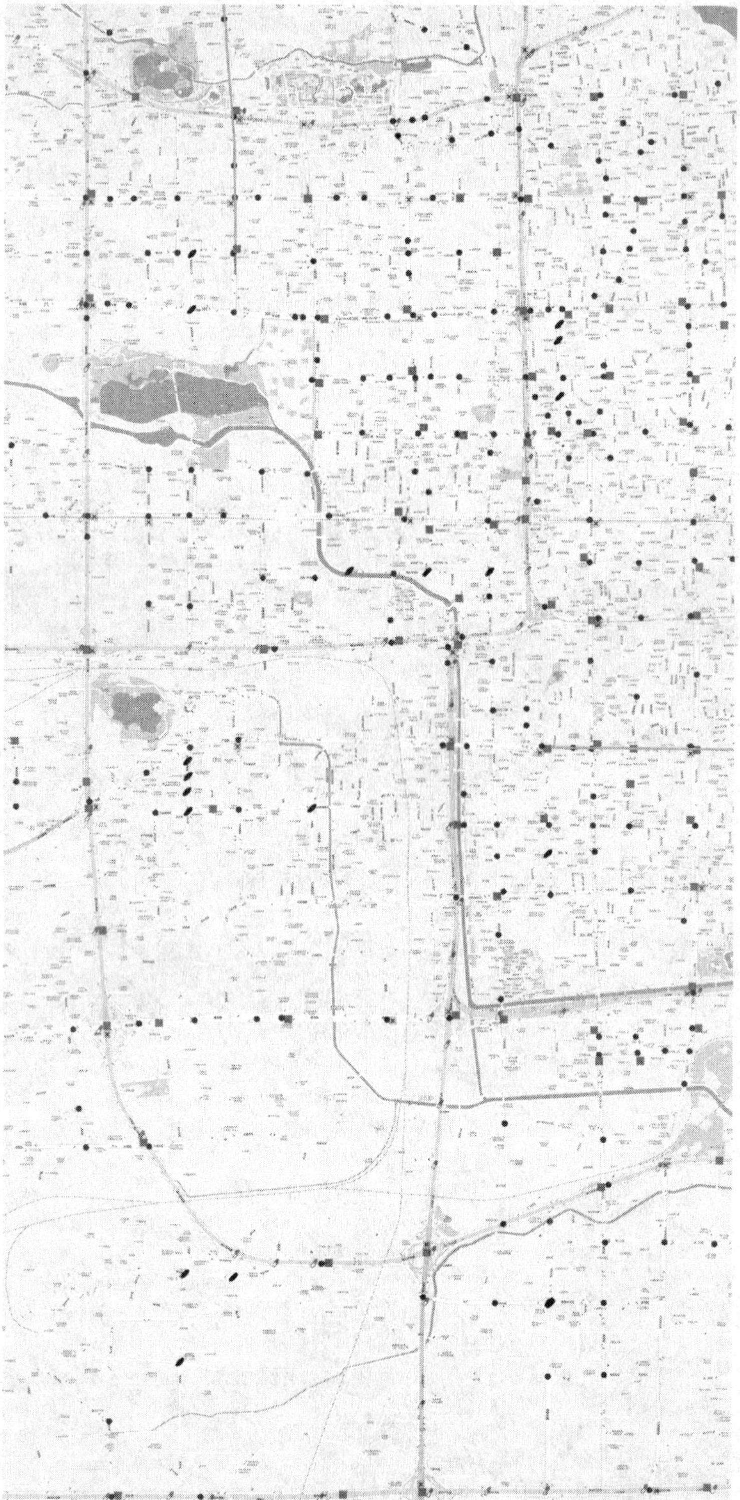

图 5-18　北京城市地图区域 5 的设备分布情况示意图

图 5-19　北京城市地图区域 6 的设备分布情况示意图

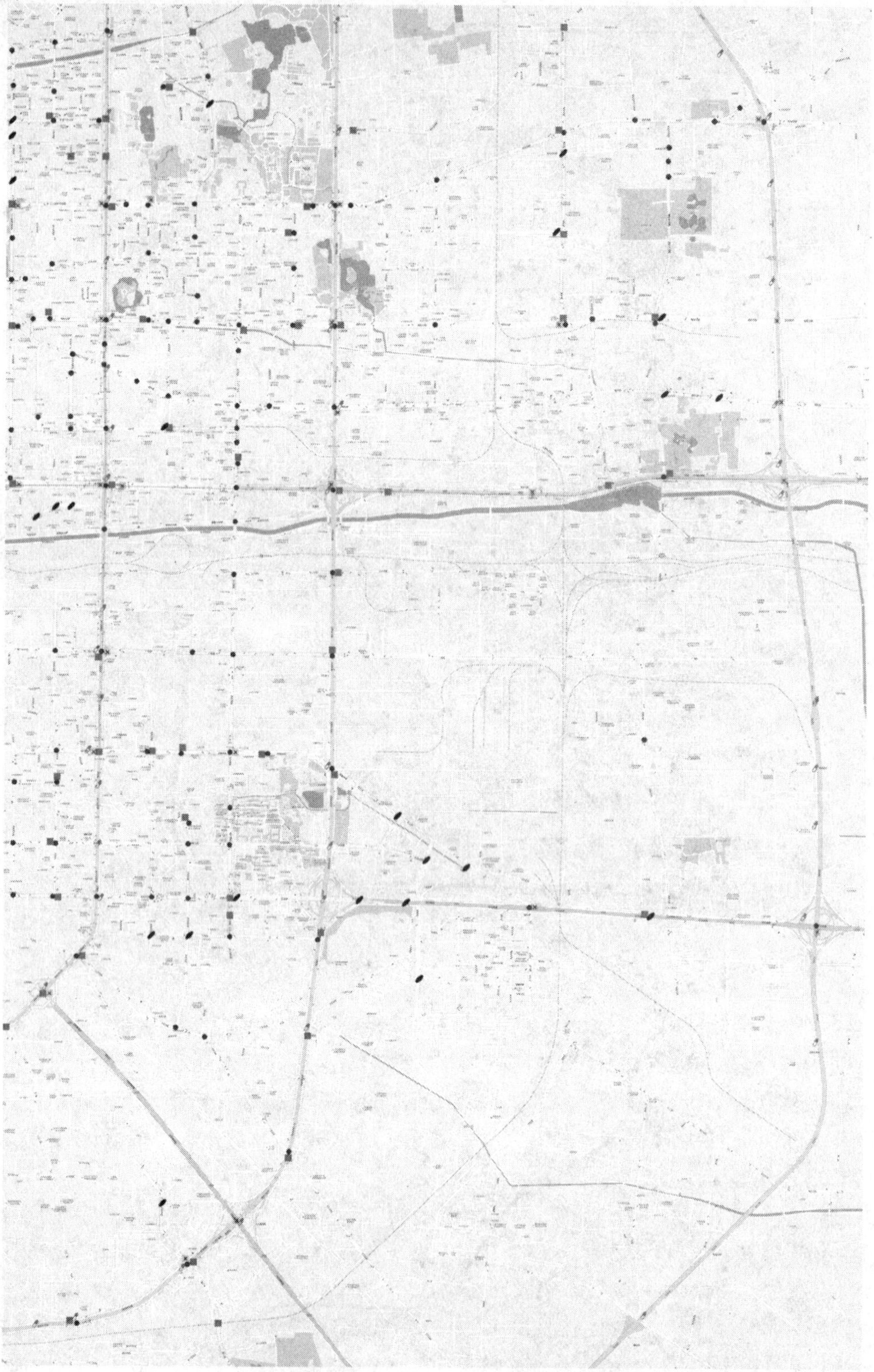

图 5-20　北京城市地图区域 7 的设备分布情况示意图

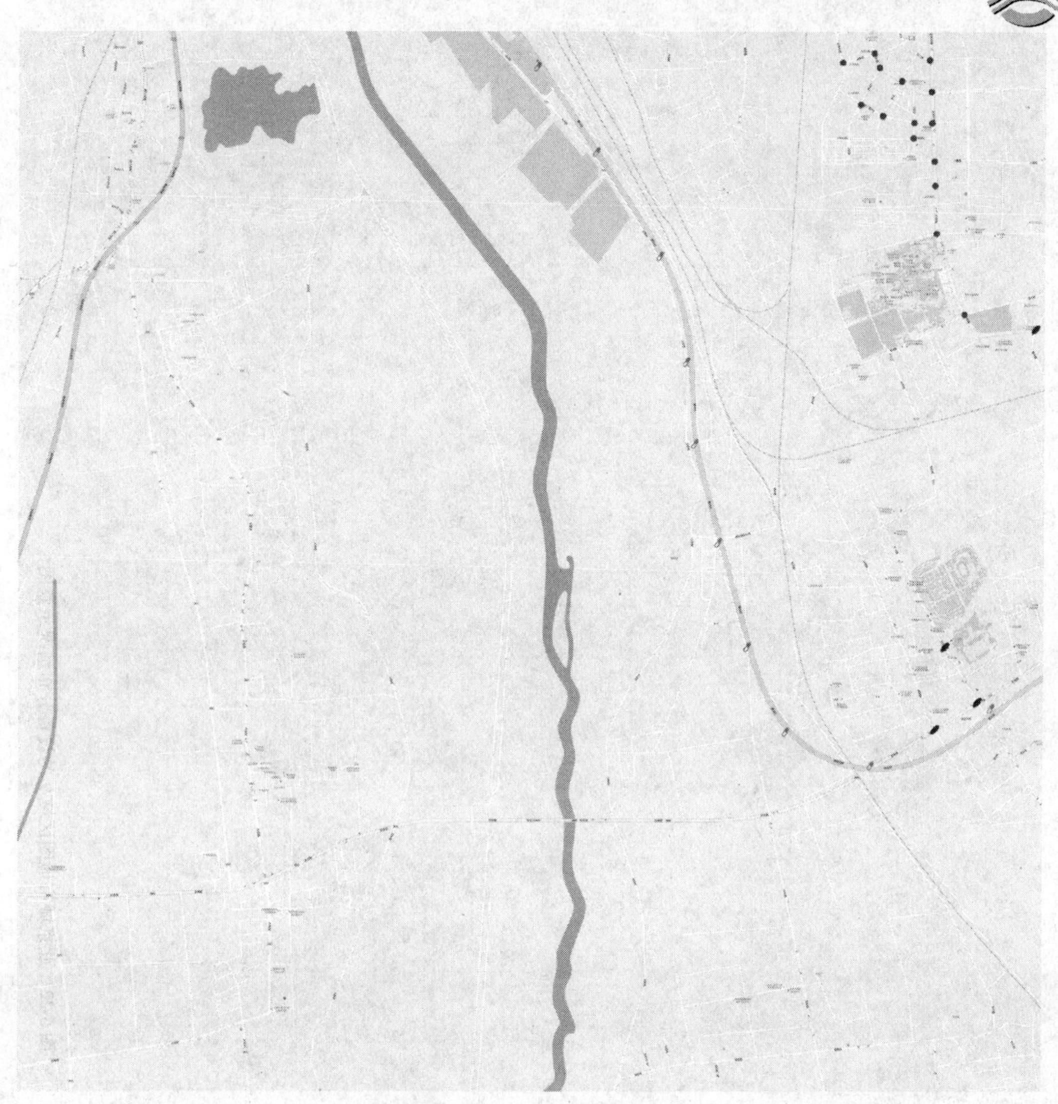

图 5-21　北京城市地图区域 8 的设备分布情况示意图

远郊卡口系统共计 192 条车道监测设备。投入使用以来，实现了针对逾期不年检、报废车上路行驶、肇事逃逸、被盗抢等涉车违法犯罪行为的实时报警，解决了涉车违法行为在市区难以发现和查缉以及车辆非现场违法行为多次未处理的问题，该系统的投入使用极大地加强了远郊检查站的执法力度，降低了执法成本，提高了工作效率，为实现"精确指导，精确打击"提供了坚实的信息基础，同时也开创了多警种协同作战的工作模式。

建设具有先进水平的网络化的市区旅行时间检测系统。目前，系统每日检测数据 500 万至 750 万条。每日检测不重复车辆 170 万辆左右。据统计，在 2008 年奥运期间，大货车报警 4 491次，单双号车报警 200 504 次，黄标车报警 329 673 次，受限制车报警 996 097 次，2008 年盗抢车辆报警 151 520 次，套牌车报警 20 716 次，危险品车报警 96 924 次，对报废车报警 195 746次，未年检车报警 2 096 674 次。

(4)构建了人性化的交通信息服务体系

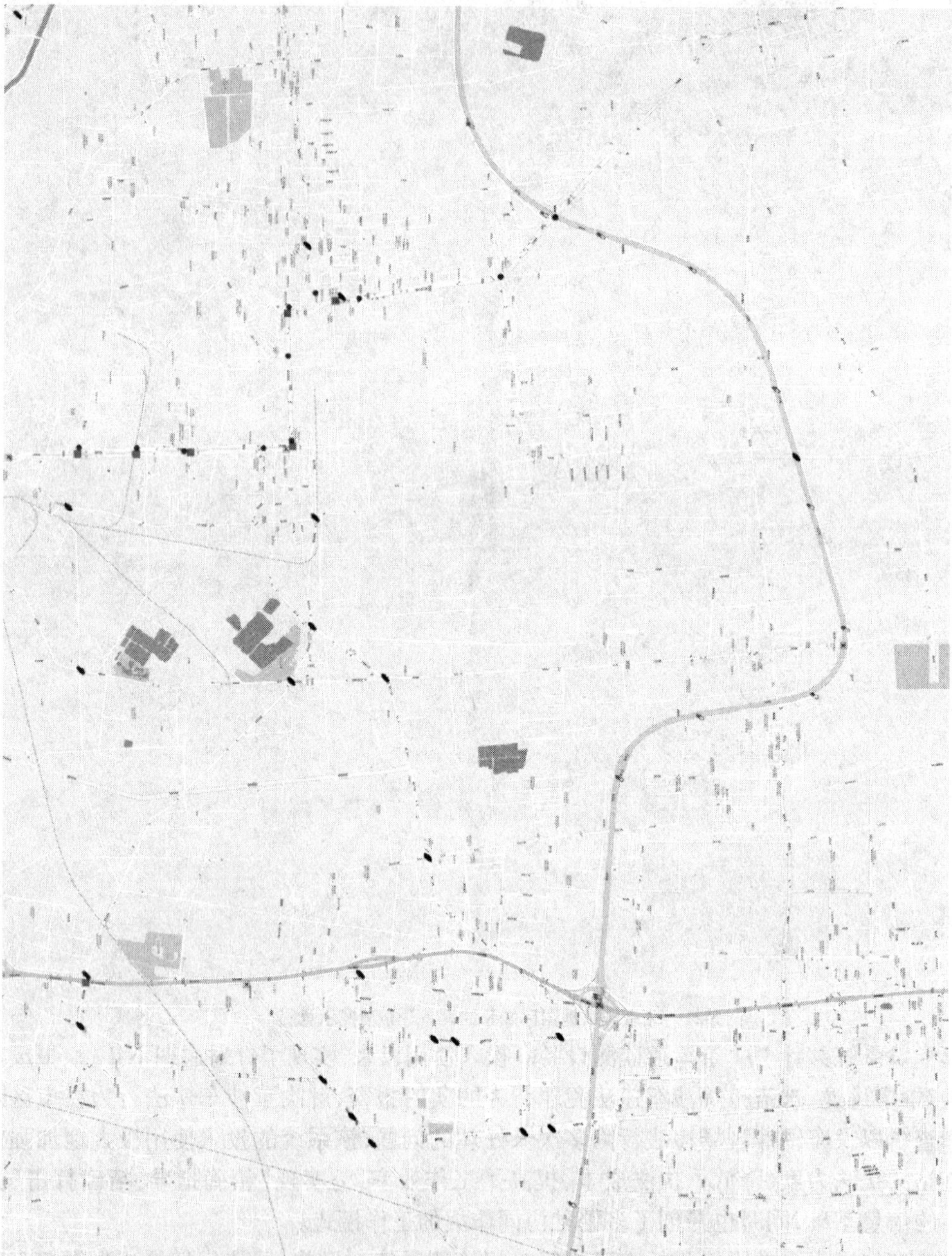

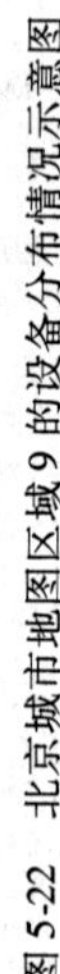

图 5-22　北京城市地图区域 9 的设备分布情况示意图

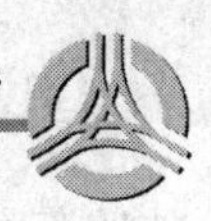

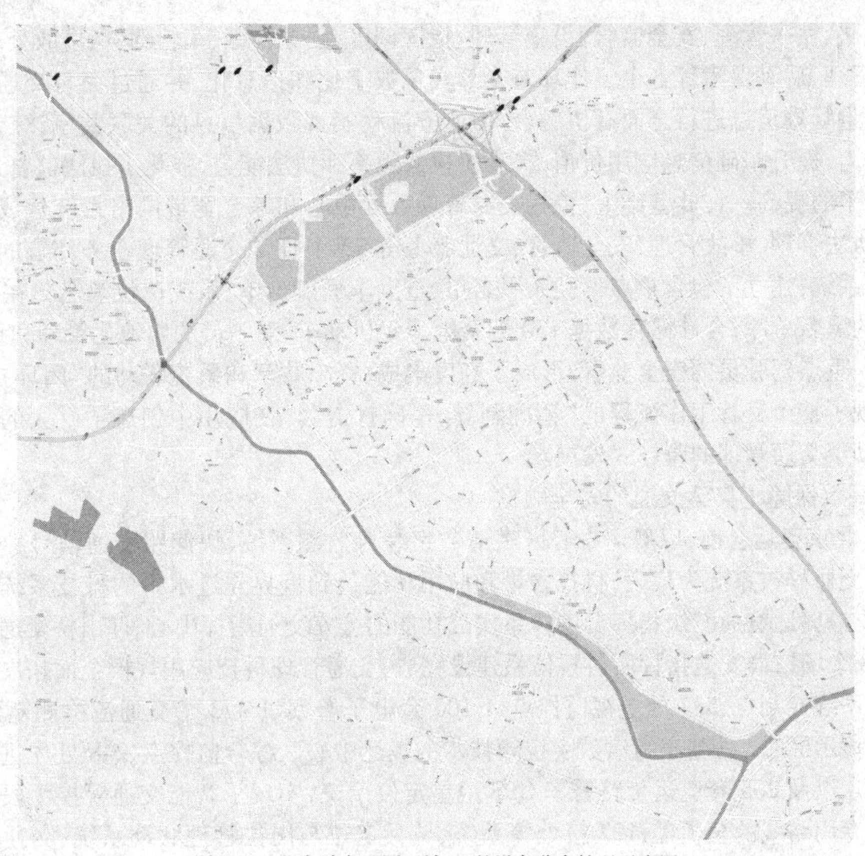

图5-23 北京城市地图区域10的设备分布情况示意图

依托智能信息发布平台，对交通信息资源进行全面的梳理、整合，通过对各类实时路况信息进行全方位、多角度、高密度的编辑、核实比对、分析研判并发布，提高信息诱导实效；利用初步覆盖了二、三、四环，11条联络线的228块交通诱导室外显示屏发布路况信息，诱导覆盖道路总里程约500公里，有效引导驾驶员调整路线，均衡交通流量，缓解交通拥堵。室外显示屏发布系统发布的实时交通流信息每2分钟更新一次，平均每天滚动播出实时交通信息196万幅，发布道路交通管制、道路施工等信息800余条，人工干预交通信息2 700余次，有力地实现了分减拥堵路段流量，缓解交通拥堵的目的，并在实行交通管制、组织重大活动时，及时发布各种交通管制和宣传信息，为指挥调度和特勤警卫工作提供有力支持。室外显示屏发布系统的应用有助于利用现代科学技术手段科学合理的组织交通，最大限度挖掘现有交通设施的潜力。使市民百姓在行车走路时能实时、便捷获取出行服务信息，绕开拥堵路段，选择畅通路段，确保城市主干道的交通安全与畅通。同时于2000年5月在互联网上开通了交管局对外服务网站，依托交管局科技应用系统和122信息发布中心，全面梳理、整合局内外信息资源，为广大群众提供交管预报、违法查询、管理法规宣传、实时路况发布、出行提示、网上办公、网上行政审批等人性化、多方位的交通管理对外信息服务，网站日均点击数达到600余万次，在首都之窗网站群中位居前列。改变被动疏导为先进的交通诱导方式，极大提高了人性化交通服务水平。

(5)形成了完备的信息化闭环管理体系

建设了涵盖全局各个领域的、统一的基础信息应用平台以及交通管理各项业务应用系统，使路面执法、秩序管理、安全监管、设施管理、指挥调度、勤务管理、车管驾管、事故处理、装备管理、队伍管理、后勤保障等各个工作环节全部实现数字化和信息化,并通过完善交通管理数据中心将海量管理信息进行全面有机融合,使业务流程实现数据信息的关联共享、综合应用,形成管理合力,提升基础信息应用价值,提高了执法效率和执法能力,强化了执法监督,有力促进了执法水平的提高。在此基础上,依托交通管理数据中心和综合宽带网络系统建成了涵盖车辆管理、执法管理、事故管理、安全监管、交通服务等23个日常交通管理业务环节的交通综合信息应用系统,建立了包含重点驾驶人黑名单、重点车辆黑名单、系统单位黑名单在内共计22类43项的黑名单库,合计储存数据130万余笔。对机动车、驾驶员的属地化管理和重点单位、重点车辆、重点驾驶员的安全监管,形成了高度集成、资源共享和系统联动的"闭环执法"工作模式,实现了整个交管工作流程的"精确制导、精确打击"。在应用中创造了巨大的综合管理效益,推动了交通管理的跨越式发展。

(6)高效保障了奥运交通的安全顺畅

2008北京奥运会前,以奥运中心区高清数字综合监测系统、快速路交通信号控制系统等十大智能交通科技系统为代表,科技含量和应用功能达到世界先进水平的科技系统建成并投入应用;支撑奥运交通三级指挥调度体系实战功能的公安交通指挥中心、仰山桥交通勤务指挥中心和38个场馆群交通指挥所科技体系建设完成;交通管理科技应用规模全面拓展,1 535处交通信号系统控制点、537处电视监控点、1 100套电子警察、1 473个交通流检测断面、228块室外诱导显示屏,32处基于高清数字视频技术的奥运中心区综合监控点、248处先进的快速路交通控制点以及205套奥运带路警车GPS卫星定位系统,实现了智能交通管控手段对奥运场馆周边及专用路线的全覆盖;122接处警系统、单兵定位与岗位管理联动系统、交通管理数据中心、奥运交通管理地理信息应用系统、奥运交通管理公众信息服务系统等9个信息应用系统建设完毕,将奥运交通管理信息化水平推向一个新的高度。

2008北京奥运会期间,交通三级指挥体系对社会交通、奥运交通和场馆勤务交通进行周密组织、协调指挥,确保了社会交通和奥运交通安全顺畅、和谐运转;交通信号区域控制系统在单双号限行交通流量削减23%的情况下,自动适应流量变化,有效保障了城市道路的高效运行;公交优先系统仅在奥运中心区的北辰东路和西路上,就对1万多辆奥运班车提供了7万多次的信号优先,累计缩短行驶时间超过600小时,为奥运大家庭成员、观众提供了高效、快捷的交通保障;快速路控制系统根据快速路主路和辅路的车辆占用率自动调控进出口的车辆驶入和驶出,极大地节省了警力;车道灯控制系统根据交通勤务和专用道管理的需要,灵活控制专用道的使用,提高了专用道的使用效率,保证了专用道的畅通和安全;交通综合监测系统根据"单双号"限行政策,对全市340万辆机动车进行实时监测,确保交通总量削减措施的落实,对286公里的奥运专用道进行实时监测,保证了奥运专用道的绝对畅通,对城市主干道和快速路的交通流量实时采集,精确到每条车道的流量、流速,为交通管理决策提供数据支持,对1.6万名奥运服务驾驶员和1万余辆奥运服务车辆进行实时动态监测,对有闯红灯、超速、酒后驾车等严重违法行为的驾驶员及时清退,确保奥运交通的绝对安全;交通信息服务系统的228块室外诱导显示屏每两分钟刷新一次,实时发布路况信息、管制信息和旅行时间信息,每天发布各种交通管制等信息1300余条,并首次在奥运专用道上发布奥运车辆行驶时间信息,有效地引导合理出行,均衡路网流量,缓解交通拥堵,有力地保障了奥运交通的安全和畅通。

第 6 章　北京城市 ITMS 综合评价概述

6.1　评价对象与目的

北京城市 ITMS 综合评价的对象是 2004 年开始建设,2008 年建成并投入北京城市实际应用的 ITMS 系统。评价目的是:基于北京市 ITMS 实施应用情况的系统调研,结合北京市城市交通发展及其特点,建立适用于北京实际的 ITMS 项目的综合评价指标体系,研究选取相关评价方法,采用定量与定性分析相结合的研究方法,评价 ITMS 项目的应用对管理效率、社会经济、交通安全和能源环境所产生的影响,为 ITMS 的进一步实施、应用和优化资源配置提供决策依据。

6.2　北京城市 ITMS 作用机理分析

6.2.1　系统关联因素

在进行北京城市 ITMS 综合效益评价工作前,有必要首先明确 ITMS 系统对道路交通的影响机制,进而确定相应的评价内容和评价体系。在此,通过对道路交通系统的关联因素分析,来研究其内在影响机制。

城市社会经济的发展,机动车保有量的增加,各类交通需求的扩大化等诸多因素,导致道路交通流量的增加,进而使得出行速度下降。交通流量增加的同时会影响到交通事故和路网负载不均衡性的增加,交通事故和路网负载不均衡性的增加又进一步影响到出行速度的下降,将这些因素系统化,并分析其作用关系,可以得到三条正反馈链:

(1)机动车保有量增加(ΔN)→交通流量增加(ΔQ)→出行速度下降(ΔV);

(2)机动车保有量增加(ΔN)→交通流量增加(ΔQ)→路网负载不均衡性增加(ΔE)→出行速度下降(ΔV);

(3)机动车保有量增加(ΔN)→交通流量增加(ΔQ)→交通事故增加(ΔA)→出行速度下降(ΔV)。

具体的系统关联因素关系如图 6-1 所示:

在上述分析的基础上,将 ITMS 引入系统,考察其对系统的影响。可以发现,ITMS 的应用无疑会在控制出行速度下降,减少交通事故,抑制路网负载不均衡性增加方面产生显著效果。在三条正反馈链中,ITMS 都以负反馈因素的角色出现,具体的系统关联因素关系如图 6-2 所示。

根据图 6-2 的描述,引入北京城市道路交通的相关数据,就 ITMS 的作用机理按照 3 条反馈链做进一步分析,见 6.2.2 小节。

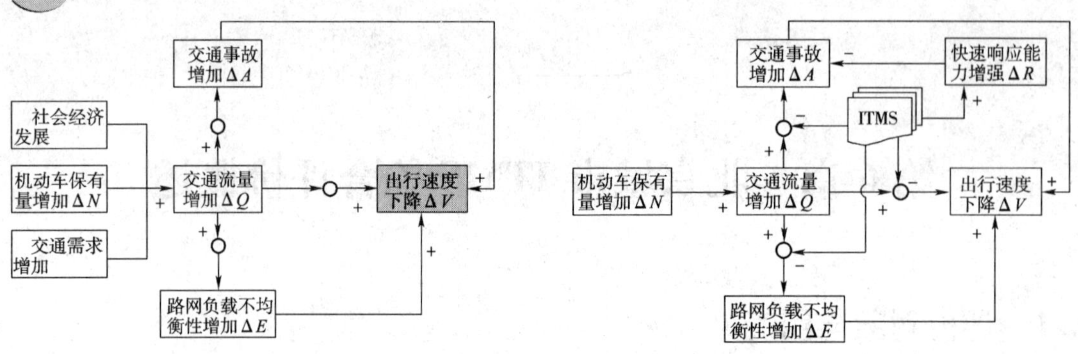

图 6-1　系统关联因素框图 1　　图 6-2　系统关联因素框图 2

6.2.2　作用机理

(1)正反馈链 $\Delta N \rightarrow \Delta Q \rightarrow \Delta V$

将 ITMS 作用引入正反馈链:机动车保有量增加(ΔN)→交通流量增加(ΔQ)→出行速度下降(ΔV),得到图 6-3。

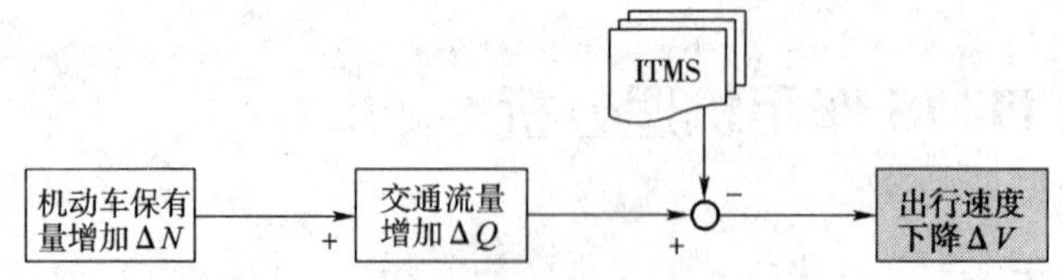

图 6-3　正反馈链 $\Delta N \rightarrow \Delta Q \rightarrow \Delta V$ 图

为考察 ITMS 的作用性质,可以从机动车增长分析入手,结合道路车流量及车速的变化来进行研究。

图 6-4 为 2000~2010 年间北京市机动车保有量,二、三、四环路平均车流量和环路平均车速的变化示意图。

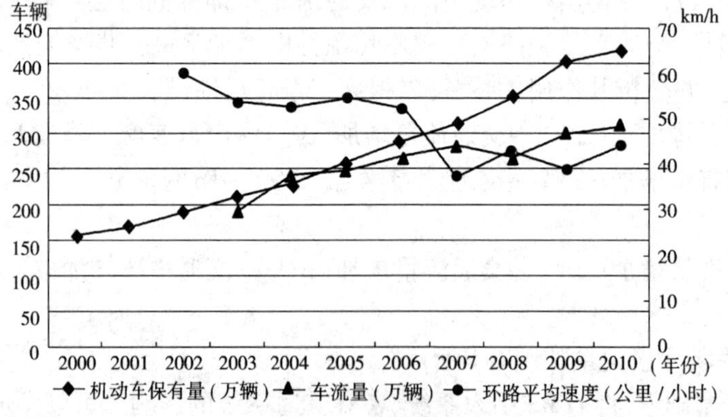

图 6-4　宏观数据图

由图 6-4 可见,随着机动车保有量的持续快速增加,车流量的增长率并没有相应地与机动车保有量增加率保持一致。从 2004 年大规模应用 ITMS 之后,车流量的增加速度在逐步减缓,并且在北京举办奥运会的 2008 年出现了下降。同时,环路平均速度的下降率也没有与机动车

保有的增加率保持同步,在 2004 年之后平均速度的下降率也在逐步减缓。虽然在 2007 年环路平均速度降到了近几年的最小值,但从 2008 年就开始出现反弹,并且随着 ITMS 的不断投入使用,环路平均速度在不断提高。

图 6-5 为二、三、四环路平均车流量和环路平均车速的微观数据示意图。按照基本图(Fundamental Diagram,简称 FD)理论曲线的预测,在车流量达到饱和以后,将会出现平均车速突然下降的现象;而在实际情况中,当车流量达到饱和量 1 800veh/h 之后,车速并没有突然下降,而是出现了速度保持现象。

同理如图 6-6 所示,当车流密度达到 100veh/km 的饱和值之后,车流量并没有像 FD 理论预测的那样出现快速下降,而是同样出现了流量保持现象。

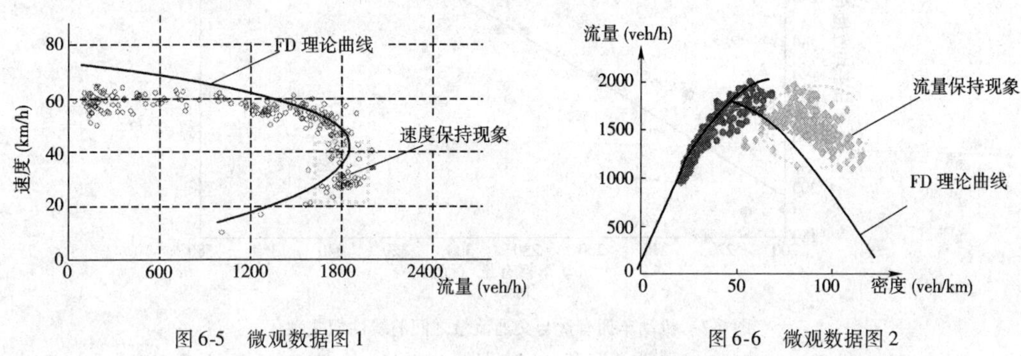

图 6-5　微观数据图 1　　　图 6-6　微观数据图 2

通过上面三个数据图,可以抽象地认为作为一个负反馈因素,ITMS 对 $\Delta N \to \Delta Q \to \Delta V$ 正反馈链的耦合关系具有阻尼作用。

为描述这种阻尼作用,提出了速度保持能力水平和流量保持能力水平两个概念,具体定义如下:

①速度保持能力水平 S_v

$$S_v = \frac{n(v,q)\big|_{v \in [v_c - \Delta v, v_c]}}{N(v,q)\big|_{v \leqslant v_c}} \times 100\% \tag{6-1}$$

式中:v_c——$v\big|_{q=q_{\max}}$ 当车流量 $q = q_{\max}$ 时的临界速度;

Δv——速度增量;

$n(v,q)$——速度 $v \in [v_c - \Delta v, v_c]$ 的样本数量;

$N(v,q)$——速度 $v \leqslant v_c$ 的数据总体。

②流量保持能力水平

$$S_q = \frac{n(q,\rho)\big|_{\rho \geqslant \rho_c, q \in [q_{\max} - \Delta q, q_{\max}]}}{N(q,\rho)\big|_{\rho \geqslant \rho_c}} \times 100\% \tag{6-2}$$

式中:ρ_c——$\rho\big|_{q=q_{\max}}$ 当车流量 $q = q_{\max}$ 时的临界密度;

Δq——流量增量;

$n(q,\rho)$——密度 $\rho \geqslant \rho_c$ 且 $q \in [q_{\max} - \Delta q, q_{\max}]$ 的样本数量;

$N(q,\rho)$——密度 $\rho \geqslant \rho_c$ 的数据总体。

以北京市二、三、四环交通流数据为例(排除道路条件改变产生的影响),通过对前面示例的数据进行计算分析,可以发现:机动车拥有量与交通流量两个参数高度耦合,两者之间的相关系数为0.96,这意味着北京每天出行的所有机动车平均使用二、三或四环路接近1次,具体如图6-7所示。

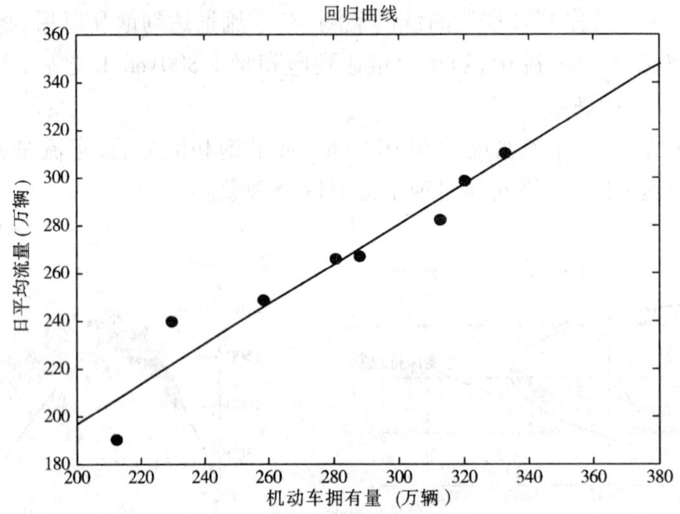

图6-7 机动车拥有量与交通流量之间的线性相关性

在 $V_c=40$km/h ($q_{max}=2000$veh/h)的条件下,快速路的"速度保持能力水平"S_v 分别为:

当 $\Delta V=5$km/h 时, $S_v=17.0\%$

当 $\Delta V=10$km/h 时,$S_v=45.3\%$

当 $\Delta V=15$km/h 时,$S_v=90.6\%$

在 $\rho_c=50$veh/km ($q_{max}=2000$veh/h)的密度水平,快速路的"流量保持能力水平"S_q 为:

当 $\Delta q=500$veh/h 时,$S_q=47.0\%$

当 $\Delta q=800$km/h 时,$S_q=83.1\%$

由此可以得出结论:

作为一个负反馈因素,ITMS 对 $\Delta N\to\Delta Q\to\Delta V$ 正反馈链的耦合关系具有阻尼作用。

(2)正反馈链 $\Delta N\to\Delta Q\to\Delta E\to\Delta V$

将 ITMS 作用引入正反馈链:机动车保有量增加(ΔN)→交通流量增加(ΔQ)→路网负载不均衡性增加(ΔE)→出行速度下降(ΔV),得到图6-8。

同样,需要考察 ITMS 对 $\Delta N\to\Delta Q\to\Delta E\to\Delta V$ 正反馈链的耦合关系的作用性质。图6-9与图6-10分别为北京市2004年和2008年的平日早高峰负荷度图。在此,应用系统科学中的"熵"来对交通网络负荷情况进行分析。

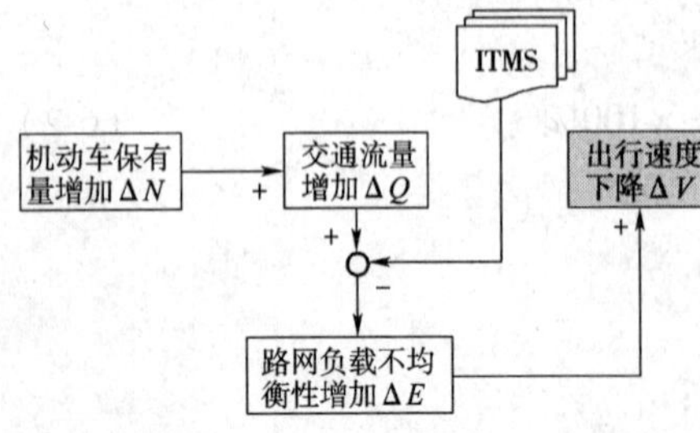

图6-8 正反馈链 $\Delta N\to\Delta Q\to\Delta V$ 图

熵(Entropy)是一个状态函数,最初用来表示可逆过程中物质吸收的热与温度之比值(克劳修斯,1865年)。熵是反映系统无序程度的量,熵越大,系统无序程度越高。

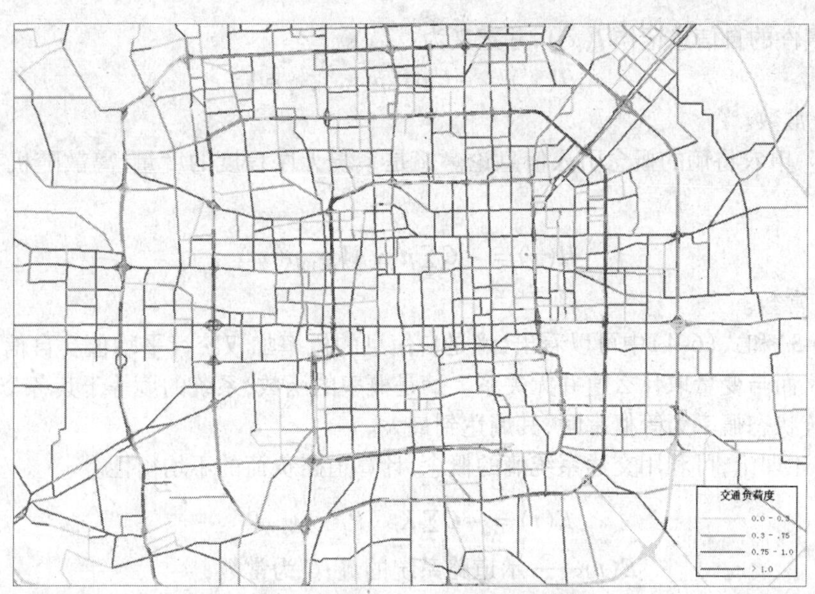

图 6-9　2004 年平日早高峰负荷度图

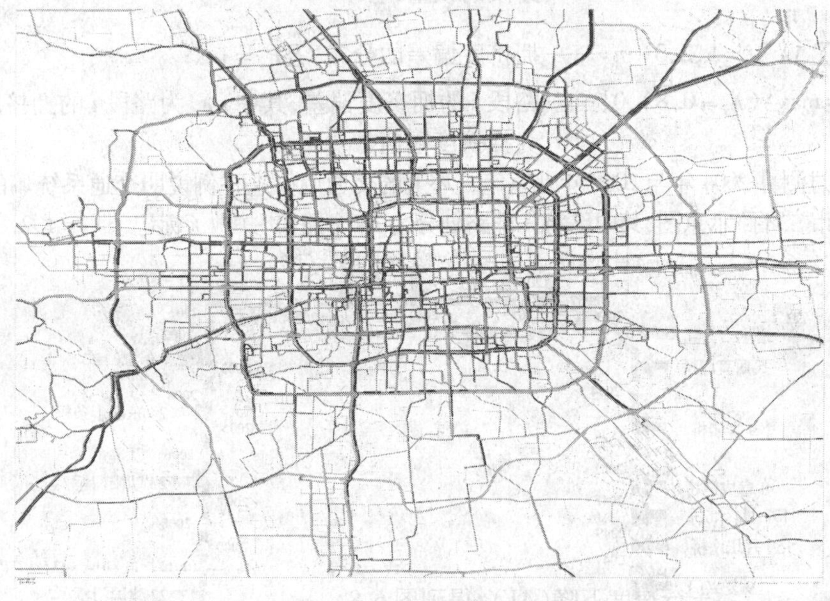
图 6-10　2008 年平日早高峰负荷度图

开放系统的熵 dS 由两部分组成：一部分是系统内本身不可逆过程所引起的熵增加，也称为熵产生（d_iS）；另一部分是系统与外界交换能量与物质引起的熵的变化，称为熵流（d_eS）。开放系统的总熵变（dS）为熵产生与熵流之和，即 $dS = d_iS + d_eS$。

根据耗散结构理论，可以用系统熵变来判断开放系统有序度的变化：

①当 $dS > 0$ 时，系统总熵增加，有序度降低；

②当 $dS < 0$ 时，说明环境给系统提供了负熵流，且 $d_eS < -d_iS$，系统总熵减小，有序度增加；

③当 $dS = 0$ 时，系统有序度基本不变。

信息是系统不确定程度的一个度量，对于给定的随机变量 X，事件 x_i 发生的概率为 p

(x_i),则该事件的自信息记作 $I(x_i)$,并定义为:

$$I(x_i) = -C\log_{10}p(x_i), x_i \in X \tag{6-3}$$

式中:C——常数。

1948 年,申农将熵的概念引入信息论。熵是系统无序程度的度量,离散随机变量 X 的熵定义为:

$$H(x) = -C\sum_{i=1}^{n}p(x_i)\log_{10}p(x_i) \tag{6-4}$$

式中:C——常数。

从式(6-3)和式(6-4)中可以看出,熵是自信息的概率加权统计平均值。自信息和熵均为概率的函数,而与变量取什么值并无关系。熵是概率的函数,系统的熵等于其各个状态的熵之和,且当系统状态概率为等概率时,其熵达到最大。

基于上述理论,可利用交通系统熵的概念,计算道路负荷的不均衡性。

$$E(t) = -C\sum_{i=1}^{n}K_i \cdot P_i \cdot \log_{10}P_i \tag{6-5}$$

式中: $E(t)$——示道路系统的熵;C 为常数;

K_i——路段的权重,$\sum_{i=1}^{n}K_i = 1$;

$P_i = \{\Delta\lambda_i / \sum_{i=1}^{n}\Delta\lambda_i, i=1,2,3\cdots n\}$——拥挤度偏差的分布,$\sum_{i=1}^{n}P_i = 1$;

$\Delta\lambda_i = \max\{(\lambda_i - 0.8), 0\}$——路段 i 的拥挤度偏差,其中,λ_i 为路段 i 的拥挤度,$\lambda = 0.8$ 为拥挤度阈值。

以下通过测算 2004 年与 2008 年北京市二环上的交通熵值来举例说明交通系统熵的意义。图 6-11 为北京市二环路示意图,其中已将二环路划分为 24 个路段,并做了标记,即 $i = 1, 2, \cdots, 24$。

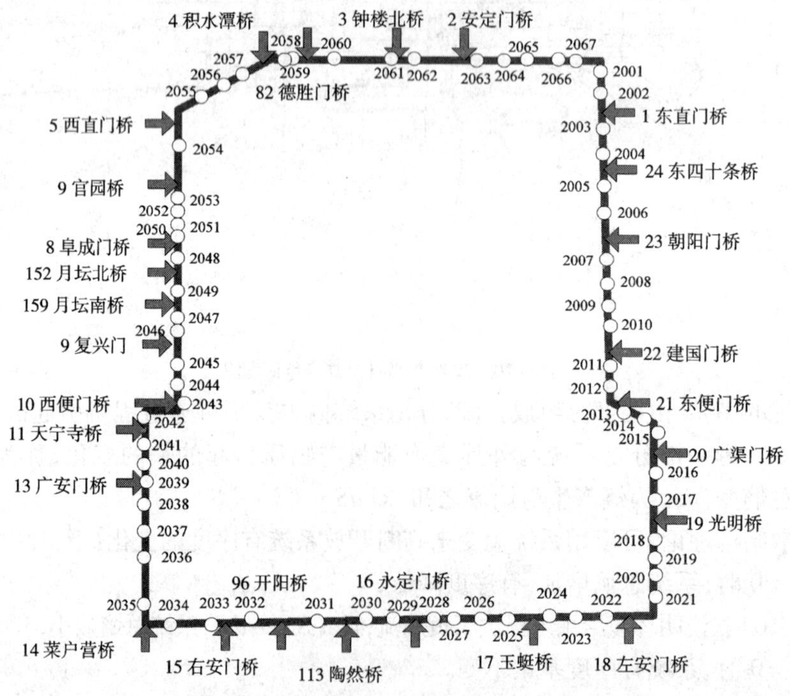

图 6-11 实证数据举例分析图(北京二环路)

根据公式(6-3),通过代入相关数据,即可计算得出 2004 年与 2008 年的交通熵值对比,如图 6-12 所示:

由图 6-12 可以看出,与 2004 年相比,2008 年的交通熵值不仅没有上升,反而有轻微的下降,由此可以得出:作为一个负反馈因素,ITMS 对 $\Delta N \to \Delta Q \to \Delta E \to \Delta V$ 正反馈链的耦合关系具有阻尼作用。

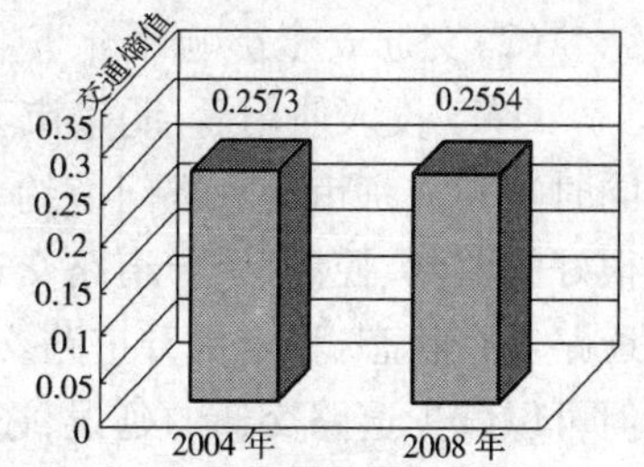

图 6-12　北京二环路 2004 年与 2008 年交通熵值对比图

(3)正反馈链 $\Delta N \to \Delta Q \to \Delta A \to \Delta V$

将 ITMS 作用引入机动车保有量增加(ΔN)→交通流量增加(ΔQ)→交通事故增加(ΔA)→出行速度下降(ΔV),得到图 6-13。

ITMS 对 $\Delta N \to \Delta Q \to \Delta A \to \Delta V$ 正反馈链的耦合关系的作用性质可以按照下述思路进行分析。由图 6-14 可以看出,与 2004 年相比,2008 年的交通事故发生数量大幅度下降。由此可以得出:作为一个负反馈因素,ITMS 对 $\Delta N \to \Delta Q \to \Delta A \to \Delta V$ 正反馈链的耦合关系具有阻尼作用。

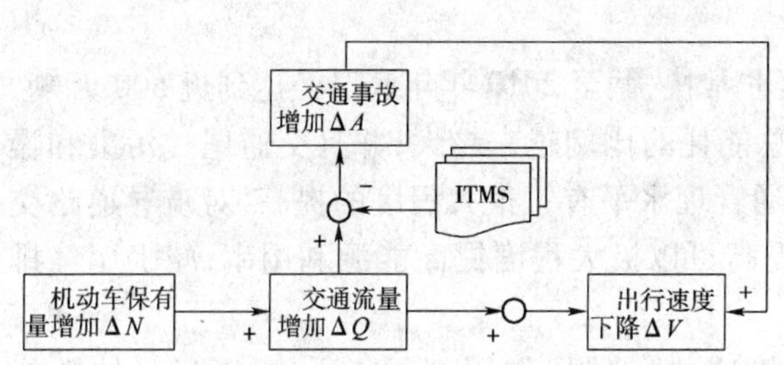

图 6-13　正反馈链 $\Delta N \to \Delta Q \to \Delta A \to \Delta V$ 图

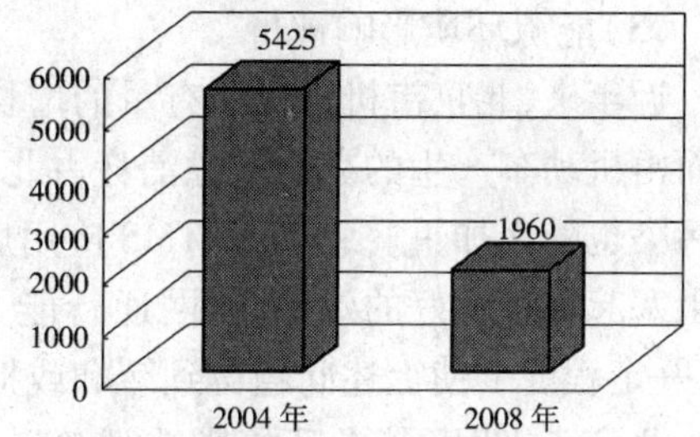

图 6-14　2004 年与 2008 年交通事故数量对比图

综上所述,由于 ITMS 系统的引入,在控制北京市出行速度,减少交通事故,抑制路网负载不均衡性方面均产生了积极的作用。

6.3　评价的体系框架

6.3.1　评价内容

(1)社会经济影响评价

北京市 ITMS 项目的实施属于基础性项目建设,具有城市公共产品的属性,是根据国民经济和社会发展的需要而产生的,直接服务于市内的广大民众。系统为道路交通使用者或社会带来的宏观效益远远超过建设者及运营者本身所获得的微观经济效益。因此,对北京市 ITMS 的社会经济效益进行评价具有重要的意义。

从 6.2 小节分析可看出,ITMS 的运营在很大程度上缓解了交通堵塞,提高了道路的通行能力,为道路使用者节省了更多的出行时间;同时,ITMS 项目的应用也在一定程度上带动了计算机、电子信息等相关产业经济的发展,对科学技术的进步起到了推动作用。因此,北京市 ITMS 的社会经济效益评价是指从宏观角度分析 ITMS 系统在投入使用后对北京市地区经济产生的影响,以及将上述提到的相关影响(如车辆运行成本的降低、出行时间的减少等)进行货币化,全面衡量其带来的社会经济效益。

(2)交通安全影响评价

ITMS 投入使用后,北京市五环内区域的交通事故与盗抢车辆等犯罪案件数据逐年下降,同时也为北京市交管部门节约了一定的人力物力;同时,ITMS 的实施还可以帮助交通管理者很好的监测、控制、诱导道路交通系统的各个组成要素在运行过程中的状态,从而有效地保障道路安全状态、稳定提升道路交通安全等级。由于北京市 ITMS 包含众多子系统,各子系统不但可以减少道路交通的延误,还能从不同层次为道路交通组成元素(人、车、路、环境)的交通安全提供保障,从而为北京市的交通安全管理做出巨大贡献。

因此,在北京市 ITMS 项目的评价中,交通安全影响评价是 ITMS 效益不可或缺的一个方面,系统带来的安全效益可通过比较 ITMS 实施前后交通安全事故及其他安全事件经济损失的总货币价值计算得到。安全效益评价的首要前提是对系统应用前后北京市道路交通安全经济损失进行分析;同时,评价时要充分考虑道路交通的特征元素,通过分析道路交通各组成元素间的安全经济效益得到整体经济效益。

(3)能源环境影响评价

近年来,北京市机动车保有量的增长速度非常快,截至 2010 年年底已经达到近 500 万辆,从而由机动车产生的交通能源消耗占北京市总能耗的比例越来越大,并且交通尾气污染和噪声污染也随之加重。北京市 ITMS 应用后,交通管理水平有了很大程度的提高,对疏导道路交通阻塞起到了良好的效果,路网通行能力的提高可以极大程度提高能源利用率,减少尾气排放,一定程度上使上述问题得到缓和或抑制。

北京市 ITMS 能源环境影响评价就是指将这种"抑制"作用进行货币化,通过具体数值体现出 ITMS 的应用为北京市能源和环境影响带来的改善效果,主要可从交通尾气污染和交通噪声污染的减少两方面来进行环境影响评价,同时,还应考虑系统的应用为北京市带来的能源结构调整效益。

(4)管理效率影响评价

北京市 ITMS 系统的建立使交管部门的部分管理工作实现了信息化、自动化和智能化,提高了市内交通的快速反应能力,从而使某些执法过程得到了简化,工作效率极大提升;同时,由于 ITMS 属于新兴产业,它的应用对交通管理人员的专业素质提出了更高的要求,进而使交管管理人员的业务素质得到了提升;此外,在全社会普及交通法规和安全常识方面也发挥了积极作用。

因此,ITMS 系统的应用对北京市管理效率的提升具有重要作用。北京市 ITMS 管理效率的影响评价可以从执法效率、队伍建设、交通法规宣传教育和快速反应能力四个方面入手,其中可以将执法效率与快速反应能力的提升作为评价的重点,因为它是缓解城市交通拥堵和增强城市抗风险能力的直接体现。

6.3.2 评价指标

通过 6.2 小节的分析,研究认为北京城市 ITMS 系统的投入使用,有效地减缓了道路交通流量增长对出行速度、交通安全以及路网负载不均衡性的影响,因此,可以认为该系统的使用对改善道路运行效率、缓解交通拥堵以及提升道路服务水平有着明显的效果。同时,考虑到北

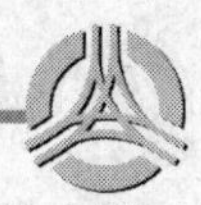

京城市智能交通管理系统由政府投资,属社会公益类工程,确定以系统对交通管理的技术进步为基础,从社会经济、交通安全、能源环境、管理效率四个方面来综合评价其效益和影响。

(1)主要评价指标选取依据

如图 6-15 所示,ITMS 的建设使用能有效缓解出行速度的下降,出行速度下降的减少会带来一系列的社会经济和能源环境效益。因此,社会经济方面的效益包括:①降低出行成本;②减少出行时间效益;③减缓土地资源及交通基础设施投资强度。能源环境方面的效益包括:①减少交通尾气排放;②温室气体减排效益;③降低交通噪声污染;④节约能源;⑤调整能源结构。

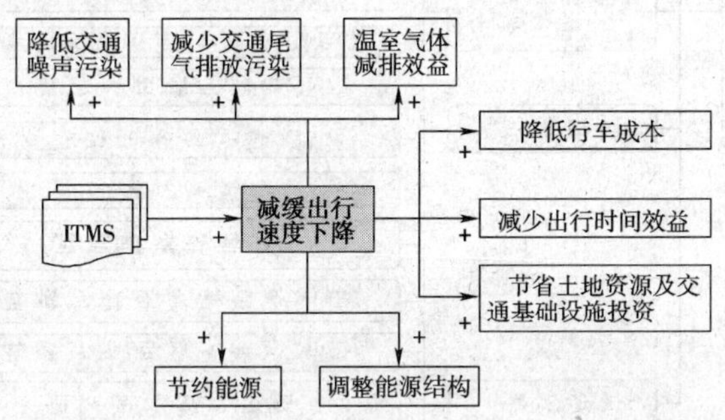

图 6-15　ITMS 在社会经济和能源环境方面的影响指标

此外,ITMS 的建设应用同时在交通安全和管理效率方面带来一系列的效益,如图 6-16 所示。具体包括:①减少人员伤亡损失;②减少车辆损失;③减少社会服务机构消耗损失;④减少车辆盗抢损失;⑤降低接处警响应时间。

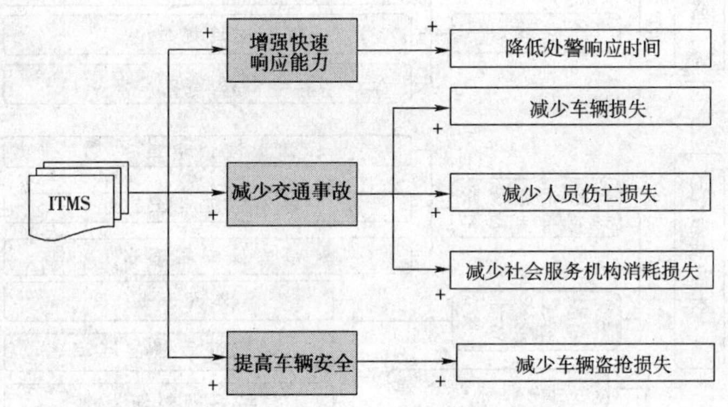

图 6-16　ITMS 在交通安全和管理效率方面的影响指标

(2)评价指标选取原则

对于 ITMS 评价指标的具体选取应当适合实际中各种情况,具备能用、适用、全面等特点。因此,本书主要遵循以下四项原则进行指标选取。

①科学性原则

科学性原则是建立评价指标体系的基本原则。指标体系应能科学、准确地反映城市道路交通管理所涉及的各方面因素,要符合国家交通运输发展战略规划和投资的方针、政策,以及有关法规,内涵应准确、表意应清晰。

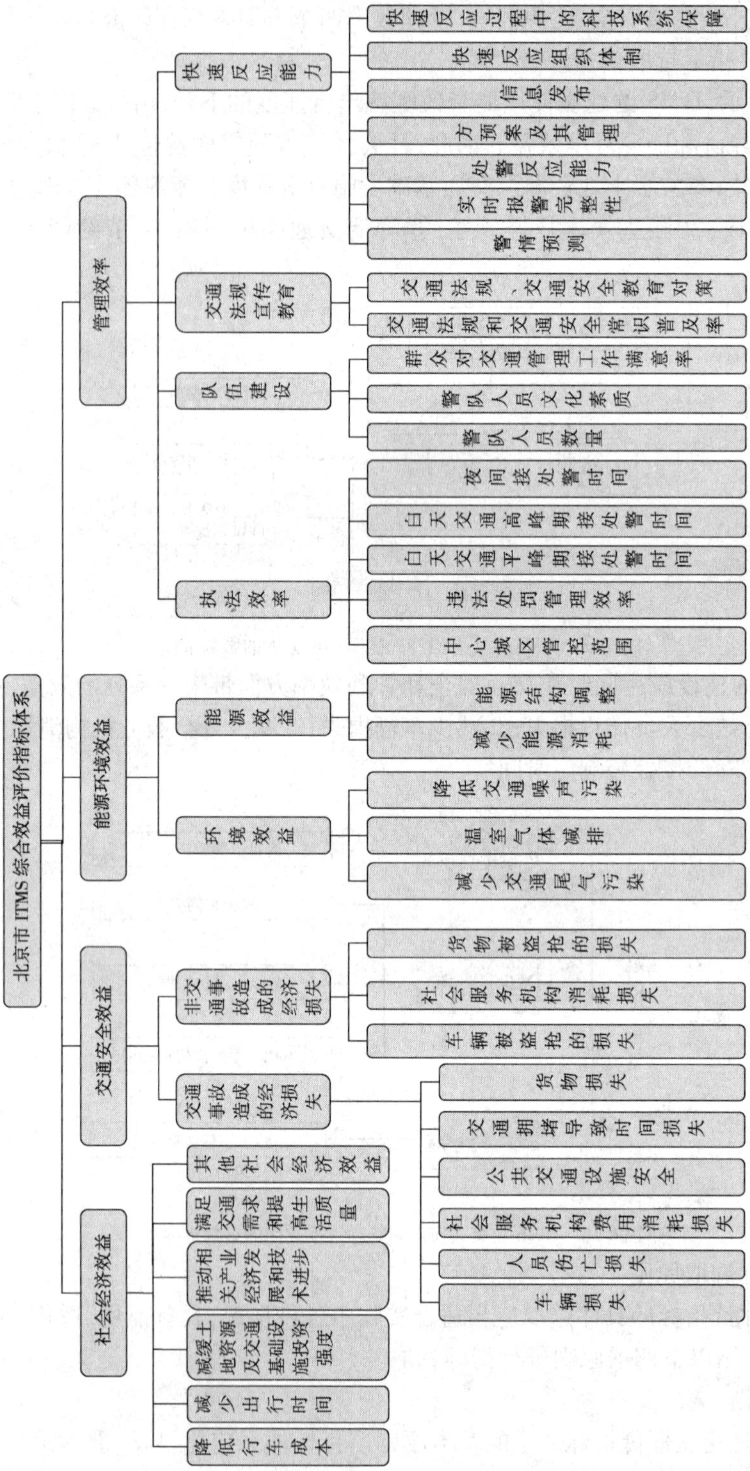

- 北京市 ITMS 综合效益评价指标体系
  - 社会经济效益
    - 降低行车成本
    - 减少出行时间
    - 减缓土地资源及交通基础设施投资强度
    - 推动相关产业经济发展和技术进步
    - 满足交通需求和提高生活质量
    - 其他社会经济效益
  - 交通安全效益
    - 交通事故造成的经济损失
      - 车辆损失
      - 人员伤亡损失
      - 社会服务机构费用消耗损失
      - 公共交通设施安全
      - 交通拥堵导致时间损失
      - 货物损失
    - 非交通事故造成的经济损失
      - 车辆被盗抢的损失
      - 社会服务机构消耗损失
      - 货物被盗抢的损失
  - 能源环境效益
    - 环境效益
      - 减少交通尾气污染
      - 温室气体减排
      - 降低交通噪声污染
    - 能源效益
      - 减少能源消耗
      - 能源结构调整
  - 管理效率
    - 执法效率
      - 中心城区管控范围
      - 违法处罚管理效率
      - 白天交通平峰期接处警时间
      - 白天交通高峰期接处警时间
      - 夜间接处警时间
    - 队伍建设
      - 警队人员数量
      - 警队人员文化素质
      - 群众对交通管理工作满意率
    - 交通法规宣传教育
      - 交通法规和交通安全常识普及率
      - 交通法规、交通安全教育对策
    - 快速反应能力
      - 警情预测
      - 实时报警完整性
      - 处警反应能力
      - 方预案及其管理
      - 信息发布
      - 快速反应组织体制
      - 快速反应过程中的科技系统保障

图 6-17　北京市 ITMS 评价指标体系

②实用性原则

评价指标体系不仅应该条理清楚、层次分明，能准确和全面地反映道路交通管理和城建工作的实际水平，也应该简单明确，使用方便，便于推广和应用。评价指标的测定必须有良好的可操作性，才能保证准确、快速地获取评价指标值。

③综合性原则

评价指标体系应坚持综合效益为主的原则，力求全面反映评价对象的特性和性能，各指标之间需具有相关性、整体性、系统性和目标性。应从系统工程的角度进行评价，既要考虑经济效益，又要考虑社会效益、环境影响和可持续发展，从而进行综合全面的评价。

④可比性原则

拟定的评价指标体系，应能客观地评价同一城市在不同时期的交通状况，也能评价同一时期不同城市的道路交通建设和管理水平。可比性必然要求可测性，因此评价指标应尽量建立在定量分析的基础上，确保项目评价的客观性、科学性、公正性，对 ITMS 这样以知识密集型、技术密集型为特点的高科技项目，还应考察项目对“科技以人为本”这一原则的体现。

(3)评价指标的建立

根据上述 ITMS 的作用机理分析，结合评价指标选取依据及选取原则，建立起北京城市 ITMS 系统综合效益评价体系，如图 6-17 所示。

其中，上述指标及综合效益的评价需要在 ITMS 对道路通行能力影响分析的基础上完成，即首先需要对 ITMS 系统进行技术评价。技术分析和评价将在第 7 章做详细描述。

第7章　北京城市 ITMS 对道路通行能力的影响分析

7.1　相关指标的选取

北京 ITMS 系统的应用对城市道路网络的通行能力产生了极大的影响,要分析评价这种影响,首先需要确定相应的分析指标。对评价指标的选取,主要考虑了以下基本原则:

(1)综合性

城市交通是一个复杂的系统,而 ITMS 系统是这个复杂系统中的一部分。在对其进行评价的过程中,要综合考虑 ITMS 基础设施、ITMS 的各项措施、控制的效果以及交通控制对周边环境所产生的影响。

(2)实用性

评价城市 ITMS 系统影响的目的在于分析目前交通管理系统工作的现状,正确评估系统运行的效果,从而发现问题,有针对性地实施科学管理,提高交通控制水平。因此评价指标的选取应能准确和全面地反映交通管理的实际水平,应简单明确、使用方便、便于统计和量化计算。评价指标的测定须有良好的可操作性,以确保评价工作的正常进行。

(3)可比性

要能客观地评价同一城市在不同时期的交通管理状况,这就要有可比性。因此,指标体系的建立,应考虑到交通控制发展的过程,选取在一段时间内通用的指标,指标尽量选用相对值,以方便比较。

(4)科学性和可靠性

评价必须建立在科学的基础之上,才能反映客观实际,对实践具有指导作用;评价指标必须可靠、实用,才能构成评价标准的基础,如果指标本身很不可靠,那么评价标准就失去了意义。

在一个区域或整个城市范围内,城市道路的拥堵绝大部分都是发生在路口,一个路口交通信号的调整将会影响相邻路口的交通流;而相邻路口交通信号的改变也会影响本路口的交通状况。因此,选择新建信号系统控制区域内具有代表性的部分路口与相关路段,采用以下交通标准对信号系统运行前、后的交通量监测数据进行分析,可得出新建信号系统运行效果评价。按照交通工程领域的通用标准,选取停车次数、延误时间、旅行时间和旅行速度四个参数作为考察实验区域交通状况评价指标,参数的定义分别如下:

定义一　停车次数:在选定区域内的两个交叉路口之间的停车等待次数。

定义二　延误时间:在选定区域内的两个交叉路口之间正常行驶情况下的停车延误时间。

定义三　旅行时间:在选定区域内的两个交叉路口之间正常行驶的情况下通过第一个路口的停止线时开始记时,在通过第二个路口的停止线时截止所测得的时间。

旅行时间是衡量交通信号控制系统控制效果的一个重要指标。旅行时间是指车辆通过既定路口、路段的总时间(包括中间停车时间和延误时间)。因此,旅行时间分析对评价信号交叉口的服务水平、信号控制方案和交通规划、设计有着很大的意义。同时,通过上述几项参数,结合路段距离还可以间接地得出路段的平均旅行速度。

定义四　旅行速度:在选定区域内的两个交叉路口之间正常行驶情况下的交叉路口间距离与旅行时间的比值。

7.2　北京城市 ITMS 综合分布

7.2.1　北京市五环内交通网络构成分析

北京市内道路交通网络由快速路、主干路、次干路和市郊联络线组成。根据建设部颁发的《城市道路交通规划设计规范》(GB 50220—95)和相关参考资料,对上述各种道路类型做出如下定义:

快速路:指城市道路中设有中央分隔带,具有四条以上的车道,全部或部分采用立体交叉控制出入,供车辆以较高的速度行驶的道路。快速路的主要技术要求为:只准汽车行驶,禁止行人和非机动车进入快速路;中央分隔带宽度不小于 1m;控制快速车道出入口,车辆只能在指定地点进出;设计时速为 80km/h。

主干路:是城市道路网的骨架,为连接各主要分区的交通干路,以交通功能为主;自行车流量大时,宜采用机动车与非机动车分流的形式。主干道一般红线宽度为 40m 左右,车行道路面宽 14 ~18m。根据统计年鉴中的定义,快速路辅路里程计入主干道。主干道的主要技术要求为:一般设六条车道,或四条机动车道加有分隔带的非机动车道;不设立体交叉,采用扩大交叉口的办法提高通行能力;设计时速为 60km/h。

次干路:次干道是城市主干路与支路间的车、人流主要交通集散道路。它配合主干路形成城市干道网,起联系各部分和集散交通作用。设计时速为 40km/h。

市郊联络线:市郊联络线是次干路与居住区、工业区、市中心商业区、市政公用设施用地和交通设施用地内部道路的连接线。设计时速为 30km/h。

快速路、主干路、次干路和联络线的示意图如图 7-1 所示。

a)快速路

b)主干路

c)次干路

d)市郊联络线

图 7-1　北京市道路交通网络构成

①快速路

北京的快速路包括城市环路及其之间的联络线。通过道路的承载能力和道路长度之比可以发现,快速路在运载和通行上十分重要,是对高速路的重要补充。因此,快速路对于解决交通拥堵问题起到非常重要的作用。

为缓解越来越大的城市交通压力,既保证北京城区交通顺畅,又保证一定规模的中长距离交通能力与短距离交通进行有效的分离,同时让城市内部道路与城市外围的过境高速公路之间能有一个合理的转接与衔接,应该充分重视城市快速路的规划和建设,同时,通过合理科学的监控手段,提高快速路的监控水平,增加流行性和车流量的运行效率,减少拥堵。

从目前国内外的经验看,城市快速路的建设主要有以下四种方式,而且各有其特点和适用范围。

高架方式:这种方式以高架桥梁在道路上空形成连续快速路,与地面交通互不干扰。特点是立体使用道路空间,增加有效使用面积,尤其是在市中心区,可以少建大型立交桥,减少占地,拆迁;其次,高架桥通行能力大,行车速度快,无平面交叉,安全性好。

立体交叉加封闭道路的方式:这种方式是在主要交叉口修建互通式立交桥,次要道口采取顺向出入的交通管制、路段采取限制穿越和封闭的方式,达到快速形式的目的,特点是出入快速路方便,对城市景观影响小,但立交桥占地拆迁量大,对横向道路切割严重。

自动控制管理方式:这种方式是以先进的线路运动控制系统引导交通,使疏散的车流压密,全线绿灯连续通行,这种方式在城市结构松散、人口密度低、车种单一、经济发达的国家采用的较多。

地下隧道加封闭道路的方式:这种方式在城市道口的交叉口采用隧道形式,其他地段采用全封闭的地面交通组织形式,这种方式的优点是占地少,运行能力大,行车速度快,安全性好,对城市景观影响小,但建设成本和后期的养护费用较高,适用于经济发达的城市。

快速路的布局必然受到很多因素的影响,明确大城市快速路布局的主要影响因素,是进行大城市快速路布局规划的先决条件。快速路布局的主要影响因素包括:

城市形态:城市的形态和空间结构与其道路网的形态是密切相关的,而作为城市交通运输主动脉的快速路更是与城市的布局形态相互影响。从国外城市发展来看,一方面快速路推进了城市土地开发格局的变化,引导城市形态的演进,另一方面城市的布局形态产生适合快速路功能的交通需求,特别是在大城市进行功能疏解,城市形态朝组团式结构演变时,这种需求就更加迫切。

地理条件:快速路在给城市提供快速疏散交通,保护核心区域的同时,一定程度上对城市社会经济产生负面影响,特别是影响两旁建筑物车辆的出入,同时工程拆迁投入比较大。

区域交通网络:城市的道路网系统一般由常规的城市道路系统、城市快速路系统、高速公路系统组成,城市快速路系统一般起着连接城市中心商业区和机场、码头、车站等大型公共设施的作用。快速路系统作为衔接高速公路系统和城市主干道的衔接,特别是作为疏散内部交通压力的放射状快速路,一般都与区域交通网络连接。城市总体规划的道路系统要有远见,做到三个层次道路网络的衔接。

交通主流向的分布:城市快速路布局应当与城市交通主流相一致,快速路提供大容量的快速通过,必须承担其城市交通主流上的长距离交通,从而减轻主流向上大部分的长距离交通,进而减轻主流向上其他道路等级的交通压力,实现长短交通、快慢交通的合理分离,提高路网整体效率。

“十一五”期间，北京市快速路重点建设阜石路、西外大街、京包路、蒲黄榆路、广渠路、姚家园路、园清路和丰北路，按照规划，到 2010 年年底建成的快速路系统如图 7-2 所示。

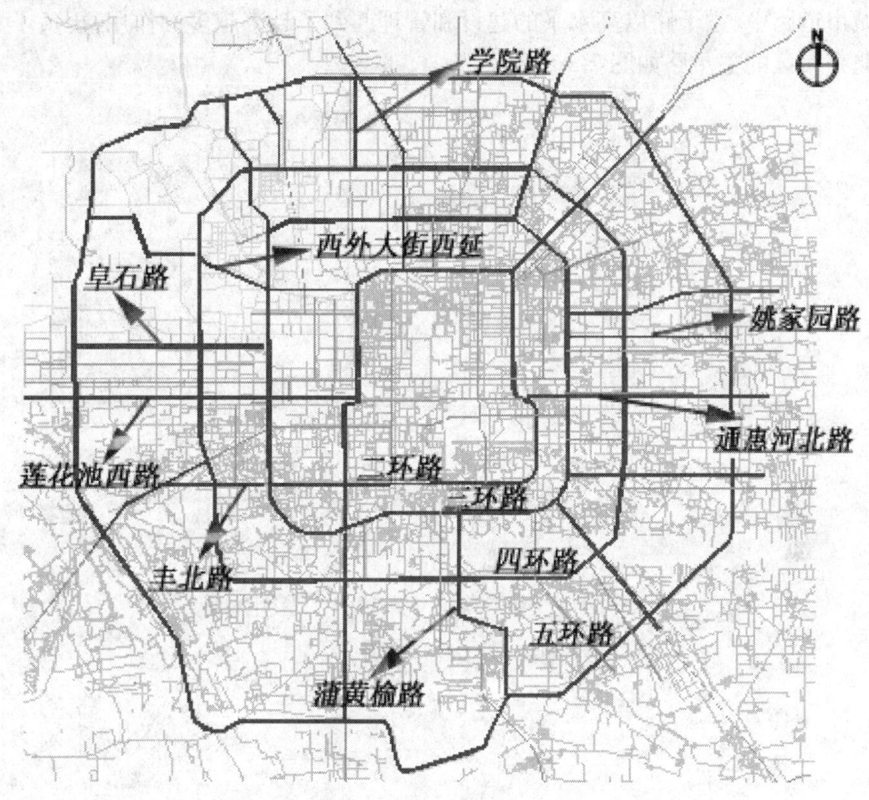

图 7-2　北京市快速路系统规划图

②城市道路

城市道路系统包括中心城、新城及郊区城镇的道路网，由主干路和次干路组成。

城市道路系统的建设目标是：

- 适应未来城市发展的需要，具有高度的畅达性、安全可靠性和应变能力，与城市布局、风貌、环境相协调，为多种交通方式协调运行提供足够的交通承载能力和良好的出行环境。
- 近期在继续扩充中心城路网规模的同时，要特别重视路网结构优化，提高路网整体承载能力和运行效率，充分挖掘既有道路系统潜力。重点抓好两头：加快建设快速道路系统，为进出中心城和中心城内中长距离交通提供通畅的出行条件；加快中心城 10 个边缘集团的道路网络建设，同时要大力扩充支路“微循环”系统，提高路网的集散能力和交通可达性。
- 适应北京经济、社会及城市发展的需要，突出城市功能与特点，满足发展高科技信息产业的要求，继续加大投资力度，加快城市交通基础设施的建设。根据社会主义市场经济的要求，进一步加快投融资体制改革步伐，逐步实现交通基础设施企业化运作，为城市交通基础设施的健康发展创造良好条件。

城市道路系统包括主干道系统和微循环道路系统两部分，具体目标为：主干道建设主要工作是要优化路网的空间布局，增加南北贯通干道，加强东部发展带以及边缘集团与中心城的交通联系。同时，要着重解决中关村科技园区、中央商务区以及奥林匹克公园等重点建设地区的

道路交通拥堵,全面实现这些地区道路交通现代化的目标。加快微循环系统的建设,提高中心城路网的集散能力和可达性。

在城市道路中,主干路以高水平的建设和管理起到了越来越多的作用,担负了大量的交通流量。北京市区的主干路如图7-3所示。

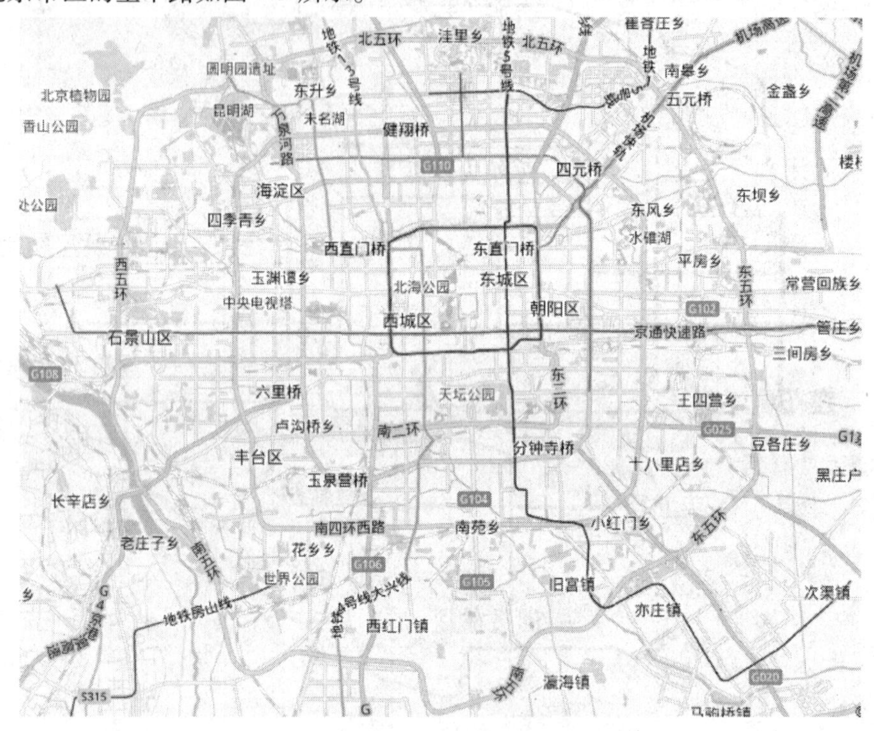

图7-3　北京市区主干路

③市郊联络线

市郊联络线是指连接市区和郊县区的重要交通主干道,完善市郊联络线是疏解中心城拥堵的重要途径之一。

目前,北京市中心区城市功能的过度聚集和土地的超强度开发导致人口与就业岗位的高度集中,由此也带来了交通出行的高度集中,三环以内集中了全市出行量的50%以上。同时,由于交通基础设施建设与城市交通结构的优化调整滞后于城市发展,难以满足城市空间结构和功能布局优化调整的需要,在客观上助长了中心区超强度开发和无序蔓延扩展的趋势,进一步加剧了中心区的交通拥堵。

因此,控制中心城建设和人口规模任务艰巨,新城建设需要一个相当长的过程。按照北京中心城控制性详细规划,中心城规划用地1 088km^{2}中,城市建设用地713km^2,规划建设用地782km^2。现状建筑面积5.8亿m^2,规划建筑面积7.0亿m^2,还要新增1.2亿m^2。中心城功能高度集聚状况短期内难以改变,持续高强度开发还会加剧交通压力。

为了改变北京市这样的单强中心发展模式,缓解中心城功能过度聚集,城市人口与就业岗位高度集中的难题,在城市规划中,应该给予边缘集团和郊区卫星城的开发建设以充分的交通支持,疏解城市中心区功能、就业岗位和人口,从而从根本上解决这种中心城带来的交通压力。而市郊联络线的建设,就能很好地起到疏散城市中心区人口的功能,缓解中心城区交通压力的

作用。

北京市的主要市郊联络线如图7-4所示。

根据《北京统计年鉴》和北京市交通委员会路政局官方网站发布的统计数据,2005~2007年北京市城市道路建设发展统计数据(城八区)如表7-1所示。其中"道路长度"的定义如下:指道路长度和与道路相通的桥梁、隧道的长度,按车行道中心线计算。城市道路由车行道和人行道两部分组成。在统计时只统计路面宽度在3.5m以上(含3.5m)的各种铺装道路,包括开放型工业区和住宅区道路在内。

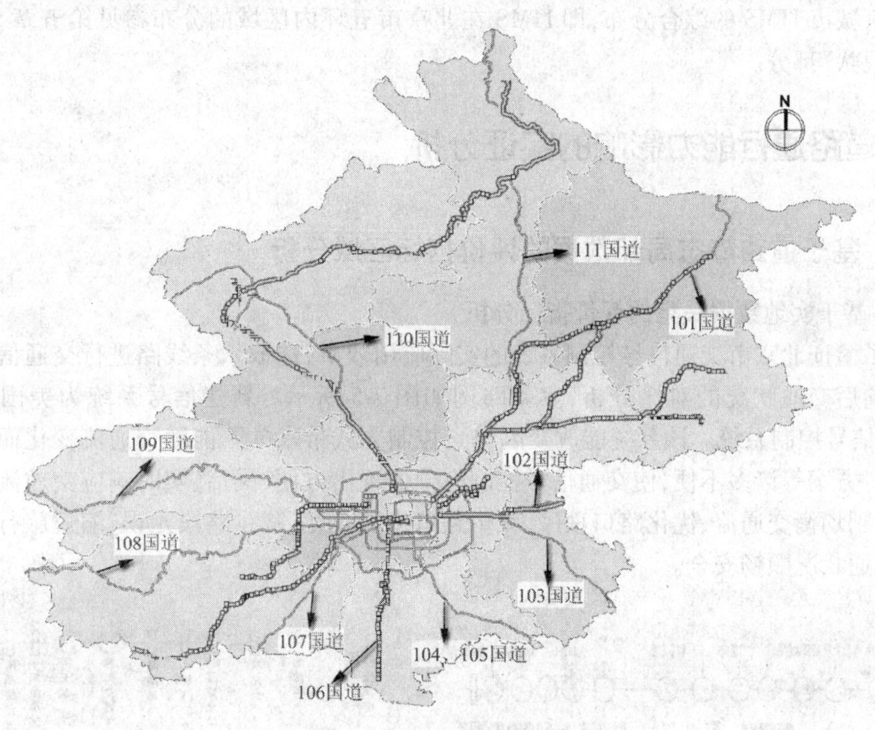

图7-4 北京市的主要市郊联络线

北京市城市道路建设发展统计数据 表7-1

单位:km

	2005年	2006年	2007年
城八区道路总长度	4 073	4 419	4 460
快速路	239	232	236
主干道	922	955	1187
次干道	625	678	684
支路和街坊路	2 287	2 554	2 353

7.2.2 基于道路网络的北京城市ITMS综合分布

根据前述北京城市智能交通管理系统的系统结构分析可知,道路交通监测系统和交通信号控制系统对提高道路通行能力、减少道路交通安全事故发挥了重要作用,而这些系统功能的实现有赖于分布于市区各个路口或路段的检测设备来负责数据采集。由于北京城市和经济的发展程度在不同区域不尽相同,由此所带来的交通压力和交通需求在不同区域具有明显的差别,进而直接影响到智能交通管理系统分布的不均衡。

在进行系统综合效益评价时需要选取具有代表性的典型区域进行研究。区域选定后即可根据系统综合效益评价体系中所确立的相关指标,结合智能交通管理系统中"警情监测平台"、"事故预防分析系统"、"综合查询与统计分析系统"等子系统进行数据挖掘,对于系统应用后给该区域带来的影响做出定性和定量分析。

北京城市 ITMS 的综合分布,即 ITMS 在北京市五环内区域的分布参见第五章 5.4"ITMS 的应用现状"部分。

7.3 道路通行能力影响的实证分析

7.3.1 基于道路静态局部数据的评价指标区域分析

(1)基于实地数据采集的评价指标分析

为了验证北京市交通信号控制系统的实际应用效果,选取六条线路进行交通信号控制系统实施前后交通状况的对比分析,实验路网如图 7-5 所示。新建信号系统为美国西门子的 ACTRA 信号控制系统。该系统能改变因单点控制方式带来的不能随交通流变化而及时改变信号配时方案等诸多不便,使交通信号控制充分体现出方便、灵活、实时响应交通流变化的优势,以达到均衡交通流、优化路口秩序、减少路口排队长度、减少路段延误、缩短旅行时间的目的,使交通状况顺畅安全。

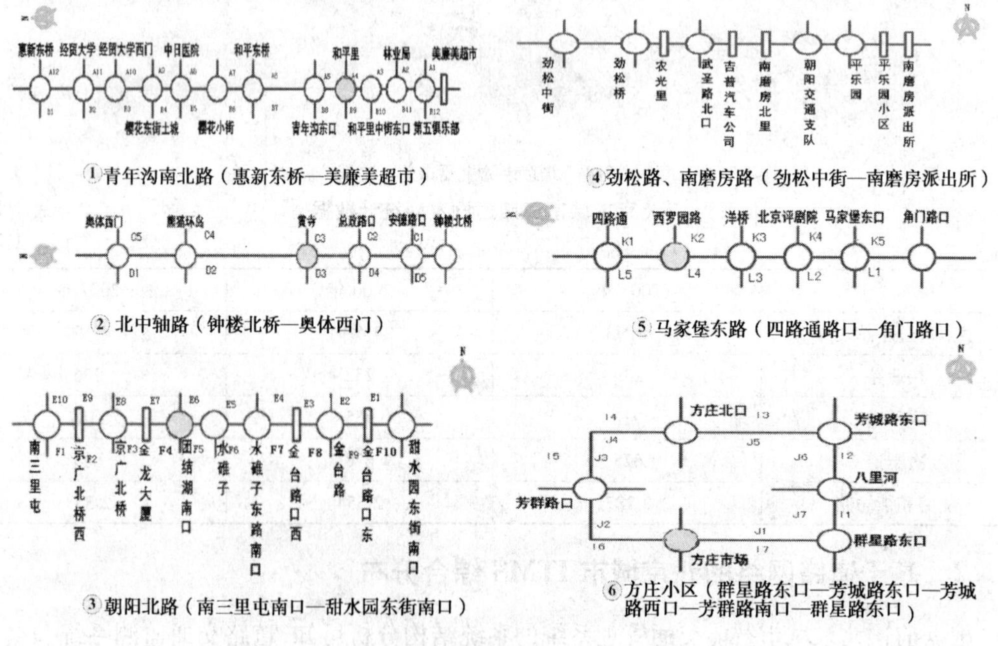

图 7-5 基于实地数据采集的路网结构

试验线路贯穿了南北方向主干线:北中轴路,东西方向主干线:朝阳北路。东西方向次干线:劲松路、南磨房路;南北方向次干线:青年沟南北路;小区道路:方庄小区。方庄小区处于丰台区二三环之间,道路以双向两车道为主。小区内人口稠密,机动车流量较大,路旁用地类型为居住用地和公共设施用地,非机动车流量非常大。马家堡东路:位于北京市丰台区,双向四车道,在洋桥路口与南三环中路立体交叉,该路口机动车流量较大;路旁用地类型为居住用地和公共设施用地,非机动车流量较大。这六条线路涵盖了此次新建系统主要的道路特性,沿途涉及了商业区、政府机关办公区和居民居住区。因为这六条线路横纵贯通,道路类型具有多样性,既有单车道混合交通,又有多车道双向交通流,而且覆盖区域广阔,这些都符合本次系统评价目标选择的条件,故对这六条线路进行了旅行时间、停车次数、延误时间的调查和评价。

试验采用浮动车调查方法,调查机动车的旅行时间、停车次数、延误时间。调查中采用两辆浮动车对开,每辆车一小时往返一次(半个小时换方向)。由人工记录路口进口方向每个信号周期绿灯起始时刻路口进口各行驶方向(左转、直行、右转)的最大排队长度。每条调查线路进行两个断面的机动车流量调查,路段流量由人工按上下行分别统计,以每 15 分钟为一个单位,记录大车、小车和通道车的流量。

对于调查日期的选择,应该本着普遍性、相对稳定性的原则。由于周一和周五作为一周工作日的开始日和结束日,交通流具有明显的方向性差异,流量不均衡、不稳定;周六周日则为双休日,交通流无普遍性;所以选择周二、周三、周四作为本次系统评价的调查日期。根据实验区域的交通特点,本部分将交通调查时间选择在 2008 年 3 月。每日分三个时段进行数据采集:①07:30—08:30 机动车高峰;②12:30—13:30 主辅路均为平峰;③17:30—18:30 机动车高峰。对于前后期交通调查的安排,本部分充分考虑了时间的等同性,时间上选择在交通流比较稳定的周二、周三、周四,而调查时段选择也保持了前后的一致性。

通过对新建交通信号控制系统的调查,可以发现旅行停车次数减少,旅行时间减少,旅行速度提高,交通运行控制效果明显提高,有效地缓解了交通拥堵,提高了路网的运行效益,达到了交通信号控制系统预期的实验目的,有力地证实了北京市交通信号控制系统的有效性与实用性。

①青年沟南北路(惠新东桥—美廉美超市)

停车次数:三天九个时段中,交通信号控制系统建成之后停车次数比之前有明显减少。平均停车次数早高峰时减少了 14.3%;平峰时减少了 10%;晚高峰时减少 10%。

旅行时间:三天九个时段中,交通信号控制系统建成之后旅行时间比之前有明显缩短。平均旅行时间早高峰时减少 12.9%;平峰时减少 14.8%;晚高峰时减少 12.1%。

旅行速度:三天九个时段中,交通信号控制系统建成之后旅行速度比之前有很大提高。平均旅行速度早高峰时提高了 13.3%;平峰时提高了 14.2%;晚高峰时提高了 13.3%。

指标具体统计结果如表 7-2 所示:

②北中轴路(钟楼北桥—奥体西门)

停车次数:三天九个时段中,交通信号控制系统建成之后早高峰、平峰和晚高峰停车次数与之前相比无变化。

旅行时间:三天九个时段中,交通信号控制系统建成之后旅行时间比之前有明显缩短。平均旅行时间早高峰时减少 10.33%;平峰时无变化;晚高峰时减少 9%。

停车次数、旅行时间、旅行速度对比　　表 7-2

时间段（往返平均）	停车次数（次）			旅行时间（分钟）			旅行速度（km/h）		
	前	后	对比	前	后	对比	前	后	对比
07:30－8:30	14	12	－14.3%	00:18:03	00:15:30	－12.9%	10	11	10%
12:30－13:30	10	9	－10%	00:13:29	00:11:35	－14.8%	18	20	11.1%
17:30－18:30	10	9	－10%	00:16:31	00:14:37	－12.1%	14	16	14.3%

旅行速度：三天九个时段中，交通信号控制系统建成之后旅行速度比之前有很大提高。平均旅行速度早高峰时提高了 11.1%；平峰时无变化；晚高峰时提高了 10%。

指标具体统计结果如表 7-3 所示：

停车次数、旅行时间、旅行速度对比　　表 7-3

时间段（往返平均）	停车次数（次）			旅行时间（分钟）			旅行速度（km/h）		
	前	后	对比	前	后	对比	前	后	对比
07:30－8:30	6	6	0%	00:11:40	00:10:28	－10.3%	19	20	11.1%
12:30－13:30	3	3	0%	00:06:27	00:06:27	0%	34	34	0%
17:30－18:30	5	5	0%	00:10:35	00:09:41	－9%	21	23	10%

③朝阳北路（南三里屯南口—甜水园东街南口）

停车次数：三天九个时段中，交通信号控制系统建成之后早高峰和晚高峰停车次数比之前有明显下降。平均停车次数早高峰时减少了 14%；平峰时无变化；晚高峰时减少 14%。

旅行时间：三天九个时段中，交通信号控制系统建成之后旅行时间比之前有明显缩短。平均旅行时间早高峰时减少 11%、平峰时增加 12%、晚高峰时减少 8%。

旅行速度：三天九个时段中，交通信号控制系统建成之后旅行速度比之前有很大提高。平均旅行速度早高峰时提高了 14%；平峰时降低 13%；晚高峰时提高了 14%。

指标具体统计结果如表 7-4 所示：

停车次数、旅行时间、旅行速度对比　　表 7-4

时间段（往返平均）	停车次数（次）			旅行时间（分钟）			旅行速度（km/h）		
	前	后	对比	前	后	对比	前	后	对比
07:30－8:30	7	6	－14%	00:10:35	00:09:28	－11%	14	16	14%
12:30－13:30	4	4	0%	00:06:40	00:07:27	12%	23	20	－13%
17:30－18:30	7	6	－14%	00:10:26	00:09:35	－8%	14	16	14%

④劲松路、南磨房路(劲松中街—南磨房派出所)

停车次数:三天九个时段中,交通信号控制系统建成之后早高峰和晚高峰停车次数比之前有明显下降。平均停车次数早高峰时减少了 12.5%;平峰时无变化;晚高峰时减少 14%。

旅行时间:三天九个时段中,交通信号控制系统建成之后旅行时间比之前有明显缩短。平均旅行时间早高峰时减少 14.8%;平峰时减少 10.6%;晚高峰时减少 9%。

旅行速度:三天九个时段中,交通信号控制系统建成之后旅行速度比之前有很大提高。平均旅行速度早高峰时提高了 15%;平峰时提高 9.5%;晚高峰时提高了 7%。

指标具体统计结果如表 7-5 所示:

停车次数、旅行时间、旅行速度对比　　表 7-5

时间段（往返平均）	停车次数（次）			旅行时间（分钟）			旅行速度（km/h）		
	前	后	对比	前	后	对比	前	后	对比
07:30 - 8:30	8	7	-12.5%	00:13:38	00:11:40	-14.8%	13	15	15%
12:30 - 13:30	4	4	0%	00:07:33	00:06:50	-10.6%	21	23	9.5%
17:30 - 18:30	7	6	-14%	00:11:30	00:10:27	-9%	14	15	7%

⑤马家堡东路(四路通路口—角门路口)

停车次数:三天九个时段中,交通信号控制系统建成之后早高峰和晚高峰停车次数比之前有明显下降。平均停车次数早高峰时减少了 10%;平峰时减少了 10%;晚高峰时减少 11%。

旅行时间:三天九个时段中,交通信号控制系统建成之后旅行时间比之前有明显缩短。平均旅行时间早高峰时减少 11.2%;平峰时减少 12.4%;晚高峰时减少 12.2%。

旅行速度:三天九个时段中,交通信号控制系统建成之后旅行速度比之前有很大提高。平均旅行速度早高峰时提高了 11%;平峰时提高 12.5%;晚高峰时提高了 11%。

指标具体统计结果如表 7-6 所示:

停车次数、旅行时间、旅行速度对比　　表 7-6

时间段（往返平均）	停车次数（次）			旅行时间（分钟）			旅行速度（km/h）		
	前	后	对比	前	后	对比	前	后	对比
07:30 - 8:30	10	9	-10%	00:21:20	00:18:42	-11.2%	9	10	11%
12:30 - 13:30	10	9	-10%	00:19:15	00:16:32	-12.4%	8	9	12.5%
17:30 - 18:30	9	8	-11%	00:21:14	00:18:43	-12.2%	9	10	11%

⑥方庄小区(群星路东口—芳城路东口—芳城路西口—芳群路南口—群星路东口)

停车次数:三天九个时段中,交通信号控制系统建成之后停车次数比之前有明显减少。平均停车次数早高峰时减少了 10%;平峰时减少了 15%;晚高峰时减少 11%。

旅行时间:三天九个时段中,新建二期交通信号控制系统建成之后旅行时间比之前有明显缩短。平均旅行时间早高峰时减少 11.1%;平峰时减少 14.9%;晚高峰时减少 10%。

旅行速度:三天九个时段中,新建二期交通信号控制系统建成之后旅行速度比之前有很大提高。平均旅行速度早高峰时提高了 13.3%;平峰时提高了 14.2%;晚高峰时提高了 13.3%。

指标具体统计结果如表 7-7 所示:

停车次数、旅行时间、旅行速度对比　　表 7-7

时间段（往返平均）	停车次数（次）			旅行时间（分钟）			旅行速度（km/h）		
	前	后	对比	前	后	对比	前	后	对比
07:30－8:30	10	9	－10%	00:17:10	00:15:13	－11.7%	15	17	13.3%
12:30－13:30	13	11	－15%	00:20:11	00:17:16	－14.9%	14	16	14.2%
17:30－18:30	18	16	－11.1%	00:20:18	00:18:20	－10%	15	17	13.3%

综合①～⑥的研究结果,得到系统运行前后所有路段(6 条)高峰和平峰时段的停车次数、旅行时间和旅行速度的汇总对比如表 7-8 所示。进一步考虑除去凌晨 12:00 至早上 6:00 这段共计 6 小时的休息时间,早晚高峰约占一天剩余 18 小时的 1/3(各持续 3 小时),平峰约占一天剩余 18 小时的 2/3,以此作为权重得到通过实地数据采集对于四个评价指标的最终计算结果,如表 7-9 所示:

停车次数、旅行时间、旅行速度汇总对比——高峰和平峰　　表 7-8

时间段（往返平均）	停车次数（次）	旅行时间（分钟）	旅行速度（km/h）
高　峰	－10.08%	－11.02%	12%
平　峰	－4.17%	－6.78%	3.63%

停车次数、旅行时间、旅行速度和延误时间汇总对比——总体结果　　表 7-9

停车次数	旅行时间	旅行速度	延误时间
－6.14%	－8.19%	6.42%	－5.84%

(2)基于历史数据对比的评价指标分析

由前述研究可知,按照 ITMS 设备覆盖率高(大于 50%)和低(低于 20%)两种情况,本书分别选取了两块不同的研究区域。区域选定后即可根据系统综合效益评价体系中所确立的相关指标,结合智能交通管理系统相关子系统进行数据挖掘,对于系统应用后给该区域带来的影响做出定性和定量分析。

表 7-10 是针对所选取两块智能交通管理系统分布较为密集区域的具体描述,包括设备分布情况示意图、区域实景、区域内各等级道路比例和智能交通管理系统设备分布情况描述。

智能交通管理系统分布较为集中区域　　表 7-10

设备分布示意图	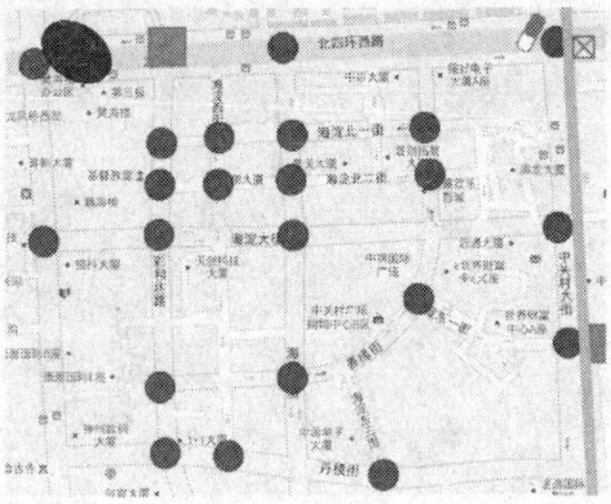		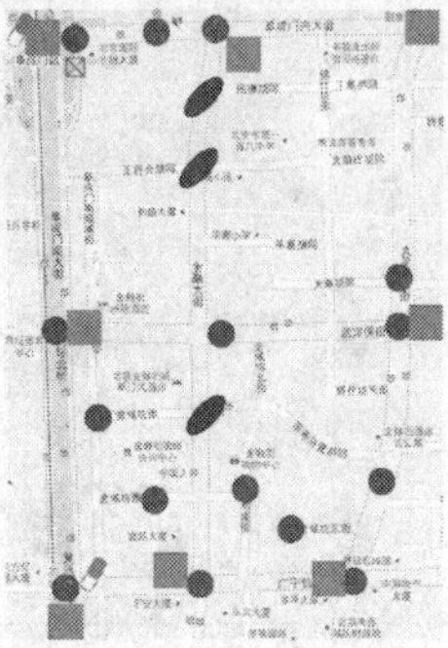
设备分布实景图			
各等级道路比例	快速路	7%	10%
	主干道	60%	50%
	支　路	33%	40%
设备分布情况描述	该区域道路交叉口（十字形和丁字形）共计 45 处，其中设置信号灯路口 22 处，视频监控系统 2 处，快速路信号灯控制系统 1 处，交通流检测系统 1 处，旅行时间检测系统 1 处，包含公交优先线路 1 条		该区域道路交叉口（十字形和丁字形）共计 40 处，其中设置信号灯路口 18 处，视频监控系统 8 处，交通流检测系统 2 处，旅行时间检测系统 1 处

表 7-11 是针对所选取两块智能交通管理系统分布较为分散区域的具体描述，同表 7-10，也包括设备分布情况示意图、区域实景、区域内各等级道路比例和智能交通管理系统设备分布情况描述。

表 7-12 对上述选定的四个区域的实际物理距离进行了描述，并通过北京城市智能交通管理系统中旅行时间子系统获取各个区域在不同交通时段的旅行时间和平均车速。各个指标的具体说明如下：旅行时间是指同一辆机动车通过两个检测点所花费的时间；平均车速是指在该区域内具有旅行时间检测系统的环路或联络线检测点实际物理距离与机动车通过该路段所花费时间的比值。

智能交通管理系统分布较为分散区域　　表 7-11

设备分布示意图	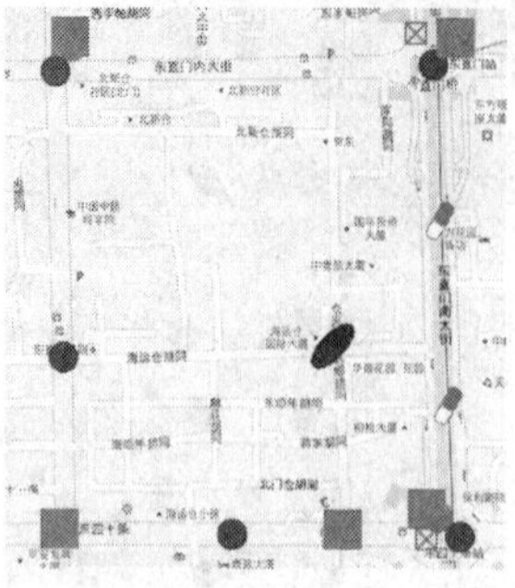		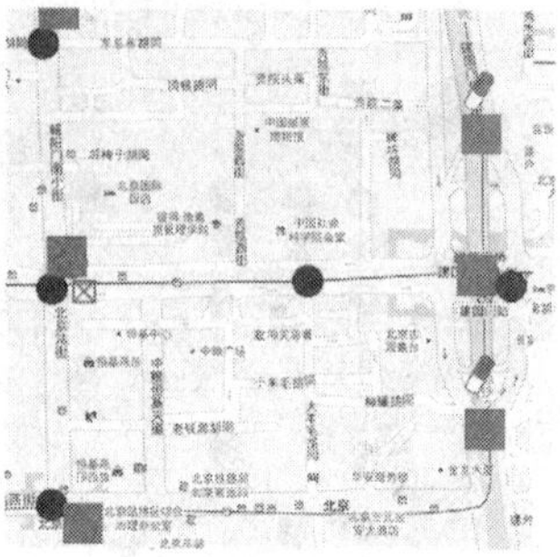
设备分布实景图	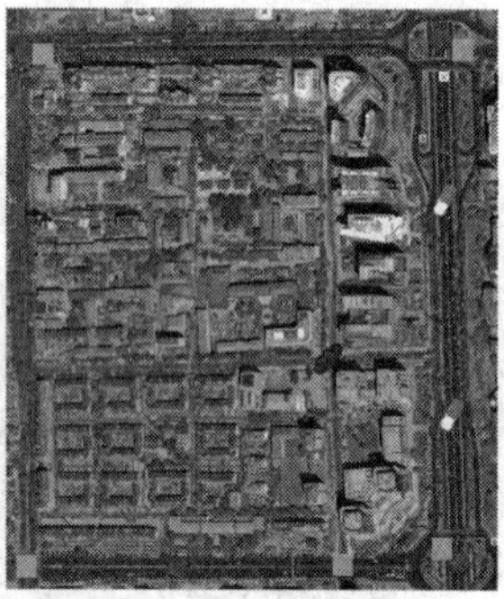		
各等级道路比例	快速路	10%	10%
	主干道	40%	40%
	支　路	50%	50%
设备分布情况描述	该区域道路交叉口(十字形和丁字形)共计 50 处,其中设置信号灯路口仅 6 处,视频监控系统 5 处,交通流检测系统 2 处,旅行时间检测系统 2 处		该区域道路交叉口(十字形和丁字形)共计 43 处,其中设置信号灯路口仅 5 处,视频监控系统 6 处,交通流检测系统 2 处,旅行时间检测系统 1 处

采用历史数据进行对比的出发点如下:虽然旅行时间检测系统并未部署在选定路网中的所有路段,但是由于选定路网中信号控制、违章监控、公交优先等系统的综合作用,在智能交通系统覆盖较为广泛的路网通过合理调配交通流、优化车辆在各个交叉路口的通行效率,使得不同系统覆盖率的区域在主路或联络线上的平均车速体现出差异。

各个区域的交通需求也对旅行时间、平均车速等考核指标具有明显的影响,这里假设选定的四个区域在环路和联络线方面的交通需求具有一致性,通过提取交通流检测系统中的机动车流量数据能够证明。

表 7-13 对上述不同 ITMS 覆盖率路网下各个指标进行对比分析,用于描述 ITMS 应用后各项指标的变化。考虑除去凌晨 12:00 至早上 6:00 这段共计 6 小时的休息时间,早晚高峰约占一天剩余 18 小时的 1/3(各持续 3 小时),平峰约占一天剩余 18 小时的 2/3,以此作为权重得到通过实地数据采集对于三个评价指标的最终计算结果,如表 7-14 所示。

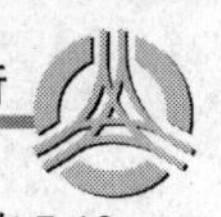

不同 ITS 系统覆盖率区域数据分析　　表 7-12

		设备高覆盖区域		设备低覆盖区域	
区域					
物理范围		923米 728米	617米 1000米	764米 763米	825米 772米
旅行时间	平峰	1.03min	1.10min	0.91min	1.02min
	高峰	2.46min	2.45min	2.24min	2.54min
交通流量	平峰	1 600veh/h	1 500veh/h	1 560veh/h	1 540veh/h
	高峰	1 840veh/h	1 750veh/h	1 790veh/h	1 820veh/h
平均车速	平峰	53.5km/h	54.5km/h	50.5km/h	48.5km/h
	高峰	22.5km/h	24.5km/h	20.5km/h	19.5km/h

不同 ITMS 系统覆盖率区域指标对比分析　　表 7-13

		设备高覆盖区域	设备低覆盖区域	指标变化
单位长度旅行时间	平峰	1.13min	1.23min	缩短 8.13%
	高峰	2.56min	3.00min	缩短 14.70%
平均车速	平峰	54.0km/h	49.0km/h	提升 10.20%
	高峰	23.0km/h	20.0km/h	提升 15.00%

旅行时间、旅行速度和延误时间汇总对比——总体结果　　表 7-14

减少旅行时间	提高旅行速度	降低延误时间
-10.32%	11.80%	-10.55%

(3)基于交通微观仿真的评价指标分析

在完成了前述采用实地数据采集和历史数据对比两种方法对于评价指标的分析后，在北京还有一些非常重要的地区(主要集中于各个环路立交桥)对整个城市的交通状态具有至关重要的影响。由于历史数据的缺失，因此前述两种方法均无法应用于评价指标的计算。基于交通微观仿真能够再现智能交通管理系统投入使用前后各个评价指标的变化，同样也是指标分析的重要手段之一。

开展仿真研究的具体内容如表 7-15 所示。

基于交通微观仿真的评价指标分析内容　　表 7-15

仿真场景	模拟 ITMS 应用	输出评价指标
新兴桥	增加交通信号控制系统	旅行时间 延误时间
学院桥	增加交通信号控制系统	旅行时间 延误时间 停车次数
长虹桥	增加快速路进出口匝道控制	车辆平均延误 车辆总平均延误

①新兴桥交通仿真

新兴桥坐落在原公主坟环岛上，是西三环路与复兴路两条交通动脉的交点，建成于 1994 年，为机动车与非机动车分行的苜蓿叶形三层互通式立交，共由 12 座桥梁、4 条匝道组成，如图 7-6 所示。立交上层为南北方向的西三环主路，中层为基本处在原地面高度的复兴路。辅路系统设置了内外两条环线，供公共交通和非机动车使用。辅路的最高速度限制为每小时 40 公里。

图 7-6　新兴桥卫星实景图

由于新兴桥位处西三环路与复兴路两条交通动脉的交点上，车流量非常大，特别是在早晚高峰时段，车辆拥堵情况甚至蔓延到桥上。新兴桥靠近西客站，每当各大专院校假期来临、春运期间，西客站周边道路交通流量上升，新兴桥也会出现流量上升的情况，加剧了拥堵情况。新兴桥周围购物场所、宾馆比较多，形成一个商业区，桥中心是一个街心花园，有公共汽车停车场和行人休息处，而桥下辅路路口还未设置信号灯，导致桥下辅路机动车、自行车和行人混杂

在一起，交通状况混乱，自行车、行人对机动车的干扰很大，自行车和行人的安全也无法得到保障。道路拥堵和机非混行的场景如图7-7所示。

图7-7 新兴桥交通拥堵和机非混行实景图

A. 现状模拟

- 几何和渠化图

新兴桥的现状几何渠化图如图7-8所示。

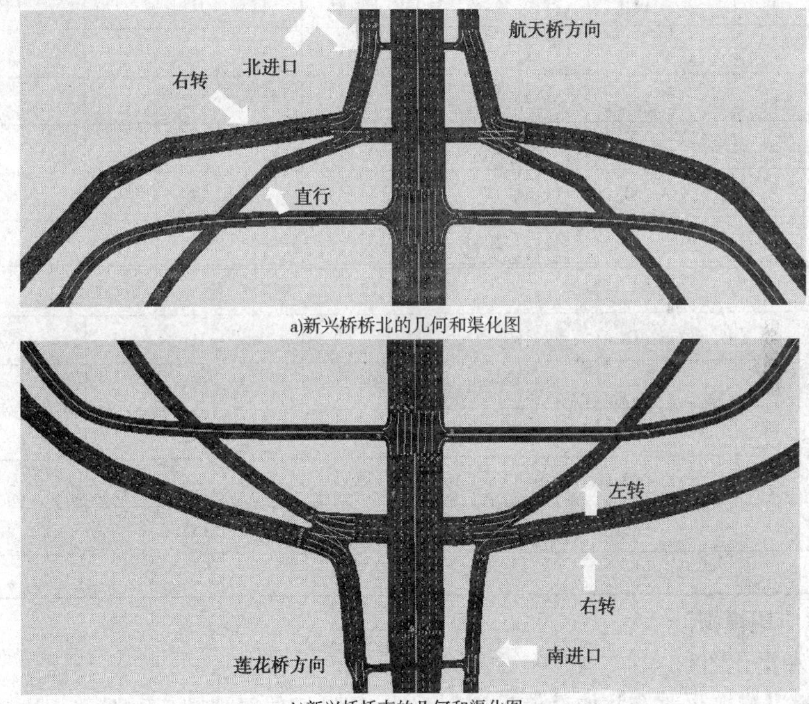

a)新兴桥桥北的几何和渠化图

b)新兴桥桥南的几何和渠化图

图7-8 新兴桥现状几何渠化图

- OD矩阵

关于新兴桥的模拟，考虑具有代表性的高峰时间，因此OD矩阵(高峰)将用于所有其他的模拟方案，如表7-16所示。

假定交通管制措施的变化不影响OD。

OD 矩 阵 表 7-16

		终点			
		D1	D2	D3	D4
起点	O1	0	448	1 426	272
	O2	454	0	330	180
	O3	492	752	0	192
	O4	900	74	112	0

- 信号配时方案

新兴桥现时没有启用信号灯控制。

- 仿真输出

新兴桥现状模拟输出主要为延误时间和旅行时间，模拟的结果如表 7-17 所示。

未设置信号控制系统仿真结果 表 7-17

单位：秒

延误时间				
OD 路线	D1	D2	D3	D4
O1	—	13	53	18
O2	7	—	2	7
O3	8	8	—	7
O4	0	4	21	—
总平均	15			
旅行时间				
OD 路线	D1	D2	D3	D4
O1	—	78	173	132
O2	122	—	68	101
O3	93	134	—	69
O4	49	94	141	—
总平均	104			

B. ITMS 应用模拟

- 几何和渠化图

对新兴桥进行渠化改造并加设信号控制系统，信号灯位置如图 7-9 所示。

- OD 矩阵

同样采用表 7-16 中所示数据进行模拟。

- 信号配时方案

桥北信号灯相位和配时如表 7-18 所示，桥南信号相位和配时同桥北。该方案综合考虑了从城乡出来的自行车和行人横穿桥北辅路，自行车在第一相与直行机动车一起走，行人在第三相过辅路。

a) 新兴桥桥北的信号控制系统设置

b) 新兴桥桥南的信号控制系统设置

图 7-9　新兴桥加设信号控制系统示意图

仿真中信号控制系统配时方案　　表 7-18

		由北向南 （绿灯 40）	由东向西 （绿灯 24）
相位 1 （绿灯 20 秒）			
相位 2 （绿灯 20 秒）			
相位 3 （绿灯 24 秒）			

• 仿真输出

模拟结果输出如表 7-19 所示。

设置信号控制系统后仿真结果　　表 7-19

单位:秒

延误时间				
OD 路线	D1	D2	D3	D4
O1	—	64	20	41
O2	22	—	2	20
O3	10	18	—	14
O4	0	20	14	—
总平均	10			
旅行时间				
OD 路线	D1	D2	D3	D4
O1	—	135	118	175
O2	145	—	69	121
O3	93	151	—	76
O4	49	116	132	—
总平均	96			

C. 仿真结果对比分析输出

通过对比分析,设置信号控制系统后高峰时平均延误时间减少 33.3%,平均旅行时间早高峰时减少 7.7%,结果见图 7-10。

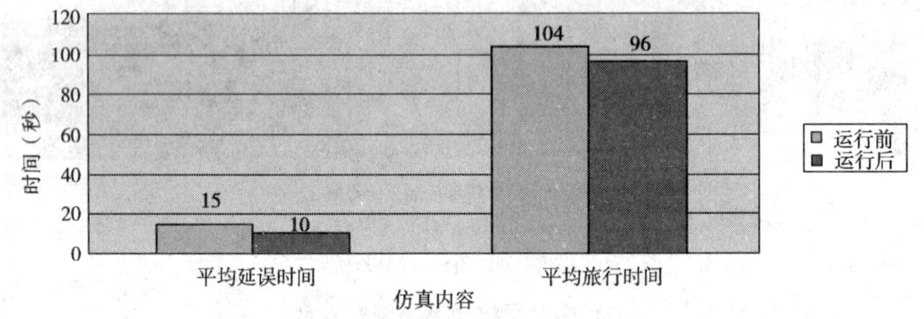

图 7-10　平均延误时间与旅行时间对比分析

②学院桥交通仿真

学院桥位于四环路上,是北四环与学院路的交叉口,参见图 7-11 学院桥卫星实景。其南北方向连接学院路,东边是北四环中路,西边连接北四环西路。学院桥处在四大商圈的交会点,东侧紧临亚运、奥运商圈,西侧是中关村商圈,南侧是西直门商圈,北侧是中关村科技园北园。这使得学院桥处在四大商圈和一大科技园的交会点上,吸引了大量交通流。

学院桥分为上、中、下三层,最上层是东西方向的四环路主路,主要通行四环路方向的直行机动车辆;中层是由四环路方向辅路与学院路方向主路的交叉口,存在着交通通行量比较大,交通冲突严重等问题;底层是下挖的由四环路辅路同学院路辅路相交形成的环岛立交,该部分全天通行车辆都比较多，而且由于处于立交底层，驾驶员视线不良，导致车辆行驶缓慢，机动车、自行车和行人混杂在一起，交通状况混乱，自行车、行人对机动车的干扰很大，自行车和行人的安全也无法得到保障，使得没有交通信号灯控制的该路口交通组织越发混乱，不仅没有能够达到分担主路交通压力的作用，有时候甚至由于交通不畅，而增加主路交通流。南北方向的学院路是从二环路上的西直门桥一直通过三环路上的蓟门桥而延伸过来的，大量车辆从西直门出发基本上没有遇到信号灯，导致车辆快速通过前面路段，但受限于该路口的能力不足，容易造成该方向交通拥堵。在该桥附近，主要是大专院校，西北方向是中国地质大学，东北方向是北京科技大学，西南方向是北京航空航天大学，东南方向是北京大学医学院，并且上路口前都设置了行人过街天桥，有效地减少了通过该路口过街的行人。该交叉口的东西方向主要承担了四环路上的大量车流，由于有最上层主路，基本可以保障直行车辆不受影响。学院路由二环路西直门桥向北至北四环路学院桥，是环路之间的快速联络线，承担了每天进出城及进出四环路车辆的大量交通需求，由于该路口交通需求太大，潮汐交通现象比较明显，而且与四环路方向大量的左转直行车辆存在严重的交通冲突，是学院桥立交最亟须改善的路口。

图 7-11　学院桥卫星实景图

因此，在仿真中主要针对学院桥中间层进行交通组织仿真和优化设计，利用交通仿真软件对交通现状进行模拟仿真，在现状的基础上提出加设信号控制系统的优化方案，并进行系统应用前后的对比分析。

A. 现状模拟

- 几何和渠化图

学院桥的现状几何渠化图如 7-12 所示。

- OD 矩阵

关于学院桥的模拟，考虑具有代表性的高峰时间，因此 OD 矩阵（高峰）将用于所有其他的模拟方案，如表 7-20 所示。

假定交通管制措施的变化不影响 OD。

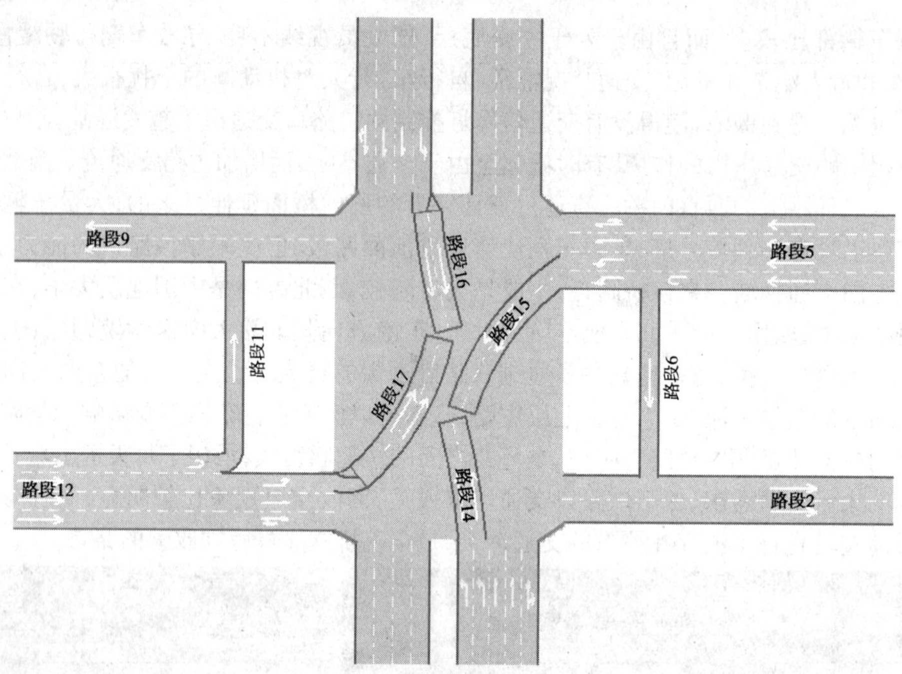

图 7-12　学院桥现状几何渠化图

OD 矩阵

表 7-20

		终点			
		D1	D2	D3	D4
起点	O1	127	920	231	140
	O2	606	0	860	873
	O3	160	436	448	350
	O4	308	988	61	0

- 信号配时方案

学院桥现状信号灯配时方案如表 7-21 所示。

现状信号灯配时方案

表 7-21

单位:秒

第一组信号灯				
阶段编号	1	2	3	4
各阶段相位状态				
绿灯	70	20	31	45
黄灯	3	3	3	3
全红	3	2	2	3

续上表

第二组信号灯				
阶段编号	1	2	3	4
各阶段相位状态				
绿灯	45	45	36	40
黄灯	3	3	3	3
全红	3	2	2	3

- 仿真输出

模拟输出主要为延误时间、旅行时间、停车次数和通行量，现状模拟的结果如表 7-22 所示。

仿 真 输 出 结 果 表 7-22

起点	延误时间（秒）	旅行时间（秒）	停车次数（次）	通行量（车/小时）
O1D1	521	359	2.8	133
O1D2	605	425	3.2	756
O1D3	720	476	3.8	198
O1D4	695	477	3.7	139
O2D1	868	558	4.6	331
O2D3	1 085	682	5.8	430
O2D4	920	624	4.9	509
O3D1	856	581	4.6	131
O3D2	769	515	4.1	363
O3D3	414	324	2.2	397
O3D4	603	446	3.2	268
O4D1	1 446	895	7.7	177
O4D2	1 562	966	8.3	549
O4D3	1 457	880	7.8	42
平均	894.36	586.29	4.8	
合计				4423

B. ITMS 应用模拟

- 几何和渠化图

为配合设置机动车掉头相位的需要，对学院桥目前的几何渠化进行改造，改造后的渠化方案如图 7-13 所示。

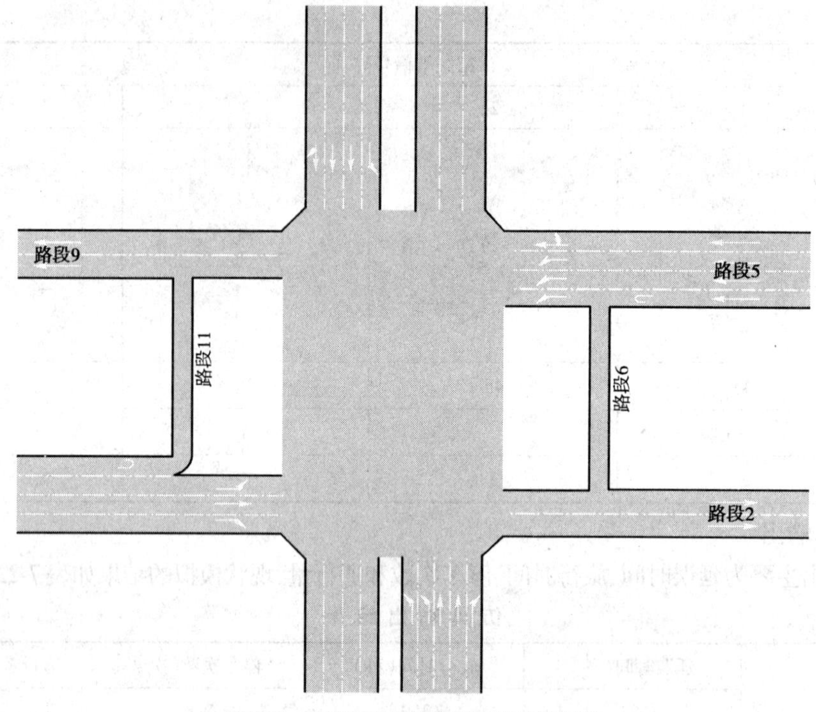

图 7-13 学院桥仿真中应用的几何渠化图

- OD 矩阵

同样采用表 7-20 中所示数据进行模拟。

- 信号配时方案

在渠化方案的基础上，考虑到掉头车辆可能会与直行车辆产生冲突，因此增设掉头信号灯，具体优化方案如表 7-23 所示。

仿真中应用信号配时方案　　表 7-23

单位：秒

阶段编号	各阶段相位状态	绿灯	黄灯	全红
1	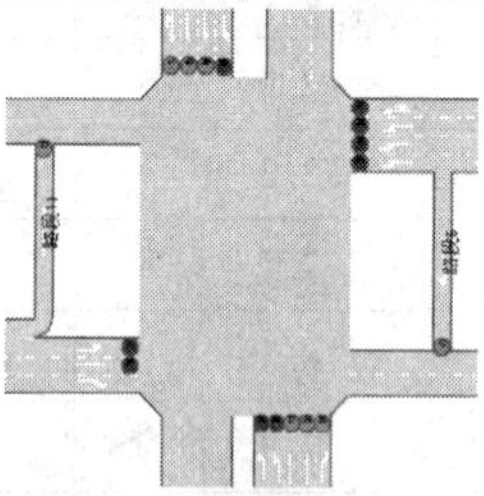	47	2	3
2	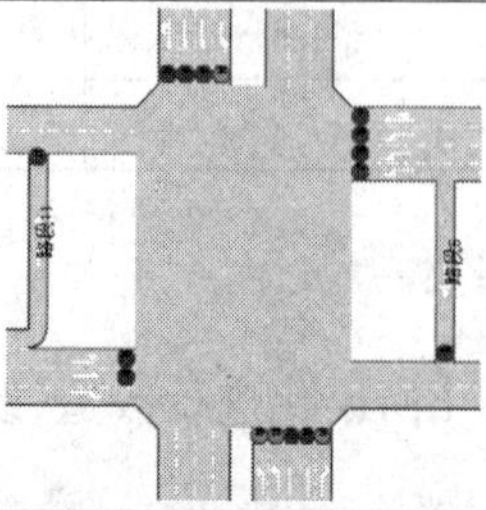	47	2	3

续上表

阶段编号	各阶段相位状态	绿灯	黄灯	全红
3	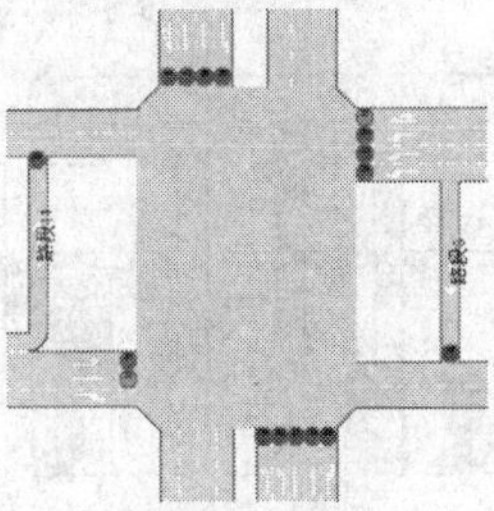	27	0	0
4	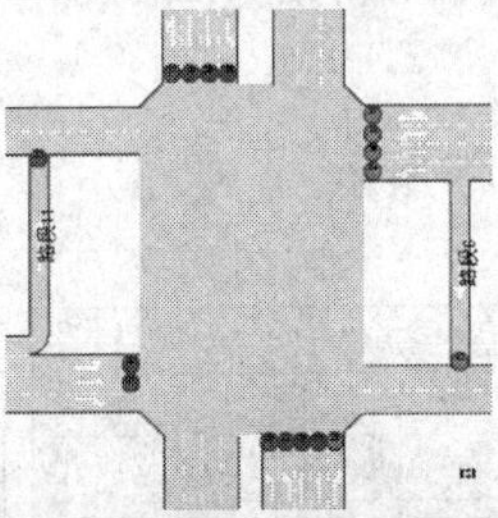	17	2	3
5	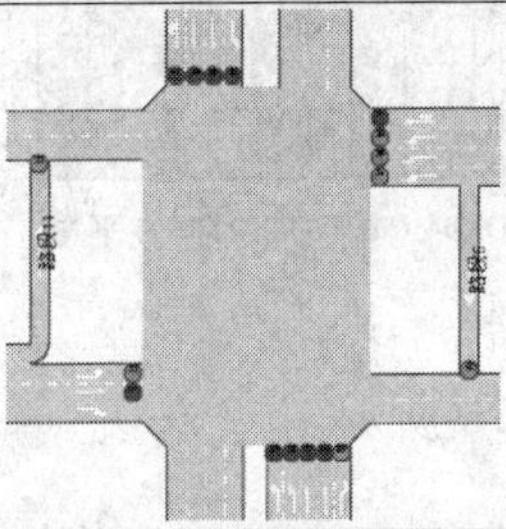	37	2	3

- 仿真输出

模拟输出主要为延误时间、旅行时间、停车次数和通行量，应用信号控制系统后模拟的结果如表7-24所示。

仿真输出结果　　表7-24

起　点	延误时间(秒)	旅行时间(秒)	停车次数(次)	通行量(车/小时)
O1D1	98	134	0.5	117
O1D2	173	202	0.9	888
O1D3	289	249	1.5	240
O1D4	289	270	1.5	124
O2D1	475	362	2.4	489
O2D3	575	433	2.9	671
O2D4	627	472	3.2	642
O3D1	352	294	1.8	161
O3D2	67	156	0.3	412
O3D3	146	183	0.7	426
O3D4	407	340	2.1	319
O4D1	439	369	2.3	300
O4D2	568	454	2.9	838
O4D3	536	412	2.7	49
平均	360.07	309.29	1.8	
合计				5 676

C. 仿真结果对比分析输出

应用信号控制系统前后延误时间的对比分析如图 7-14 所示。

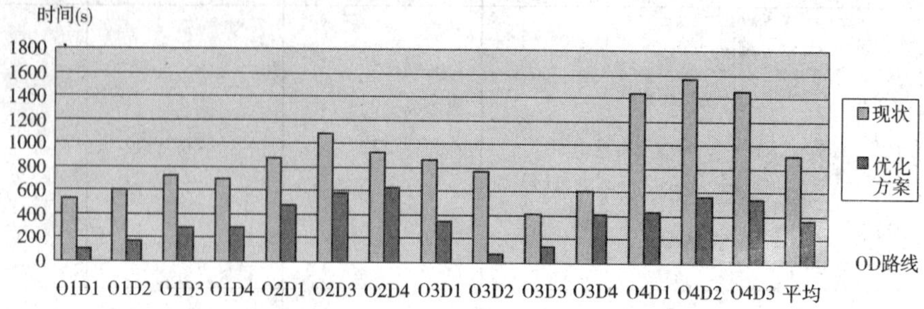

图 7-14 延误时间对比分析

应用信号控制系统前后旅行时间的对比分析如图 7-15 所示。

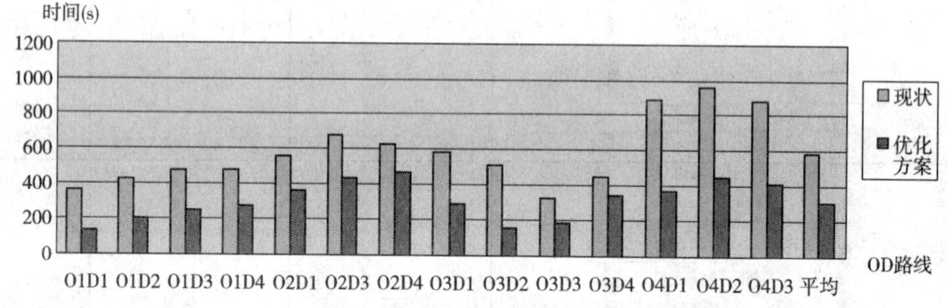

图 7-15 旅行时间对比分析

应用信号控制系统前后停车次数的对比分析如图 7-16 所示。

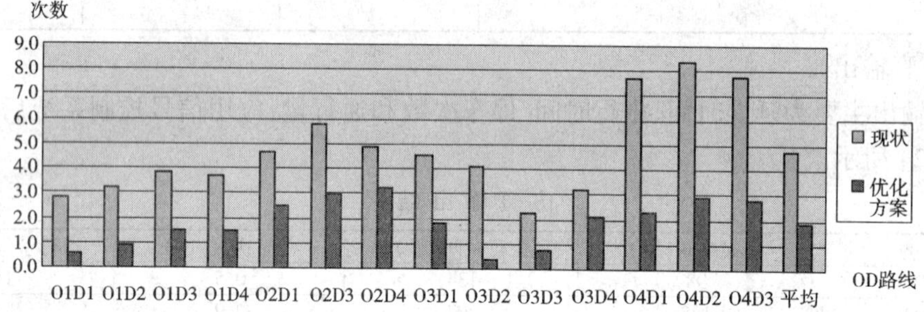

图 7-16 停车次数对比分析

应用信号控制系统前后通行量的对比分析如图 7-17 所示，通行总量的对比分析如图 7-18 所示。

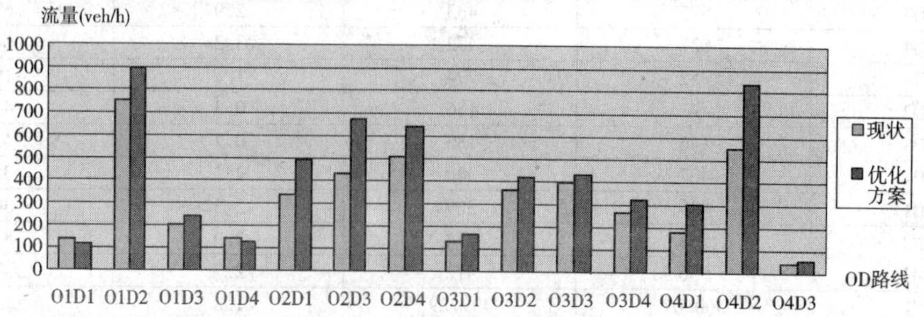

图 7-17 通行量对比分析

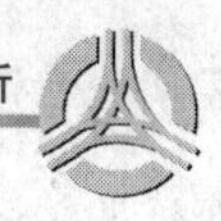

综合上述仿真结果，优化方案与现状相比，其延误时间、旅行时间、停车次数、通行量等指标的优化程度如表 7-25 所示。

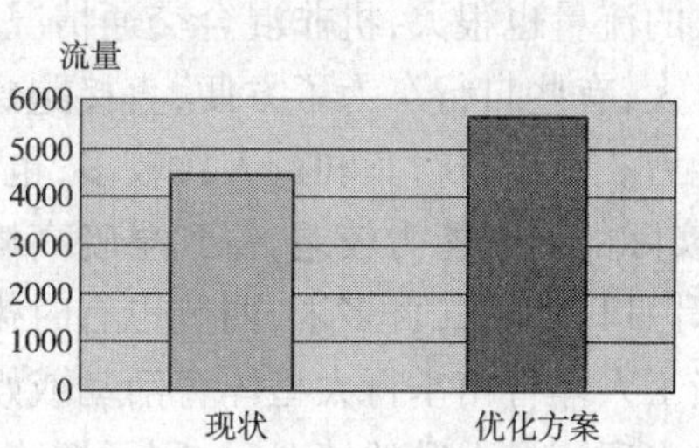

图 7-18　通行总量对比分析

③长虹桥交通仿真

长虹桥位于东三环北路，东连农展馆南路、东四环，西接工人体育场北路、平安大街，北邻使馆区，是连接环路的重要交通枢纽，地理位置十分重要，如图 7-19 所示。长虹桥上层为南北方向的东三环主路，下层为东西方向的农展馆南路、工人体育场北路以及这两条路与东三环连接的辅路。

指标优化程度分析　　表 7-25

	延误时间	旅行时间	停车次数	通行量
现状	1	1	1	1
优化方案	降低 59.7%	降低 47.2%	减少 61.2%	增加 28.3%

图 7-19　长虹桥卫星实景图

长虹桥作为北京东部地区仅次于朝阳路和建国路规模的交通枢纽，却已成为交通瓶颈。因为有立交桥，所以南北向通行比较畅通。但东西方向的交通状况就比较差，农展馆南路、工人体育场北路作为东西方向的主干道，不但机动车流量大，而且非机动车（主要是自行车）和行人的流量也很大，机非混合交通情况严重，自行车、行人对机动车的干扰很大。因为自行车流量大，有些自行车为了方便，直接跑到机动车道上，挤压了机动车道上的车辆，降低了道路通行能力。由于自行车和行人比较多，也影响了桥下信号灯的设置，导致东西向绿灯放行时间较短，实际的通行能力较差，每到早晚高峰时段，东侧的农展南路上车队有时甚至排到了国家农业部门口，拥堵二百多米，西侧也有时排到了太平洋百货门口。而且长虹桥靠近工人体育馆，每当工人体育馆举行大型体育活动或娱乐活动时，工人体育馆周边道路交通流量上升，长虹桥也会出现流量上升的情况，加剧了拥堵情况。

A. 现状模拟

- 几何和渠化图

长虹桥的现状几何渠化图如图 7-20 所示。

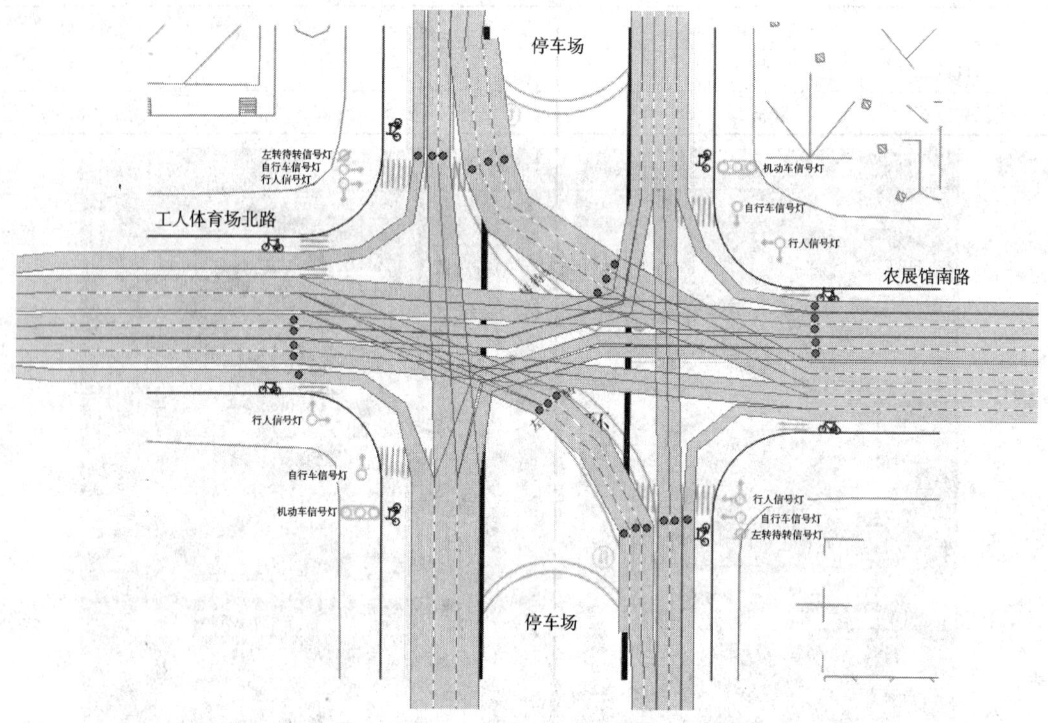

图 7-20　长虹桥现状几何渠化图

- OD 矩阵

关于长虹桥的模拟，考虑具有代表性的高峰时间，因此 OD 矩阵（高峰）将用于所有其他的模拟方案，如表 7-26 所示。

OD 矩　阵　　表 7-26

		终　点			
		北出口	西出口	南出口	东出口
起点	北入口	0	424	606	1 317
	西入口	615	0	543	939
	南入口	456	438	0	546
	东入口	458	408	300	0

假定交通管制措施的变化不影响 OD。

- 信号配时方案

长虹桥现状信号灯配时方案如表 7-27 所示。

现状信号灯配时方案　　表 7-27

阶段编号	各阶段相位状态（绿灯）	总绿灯时间（秒）	绿灯间隔时间（秒）
1	A A E 北 A C F C C	15	9
2	A B A E 北 A C F C D C	40	0
3	A B A E 北 K G A D	18	6
4	B E 北 K H G O F D	40	6
5	B 北 K H M N G P P	15	8

续上表

阶段编号	各阶段相位状态(绿灯)	总绿灯时间(秒)	绿灯间隔时间(秒)
6	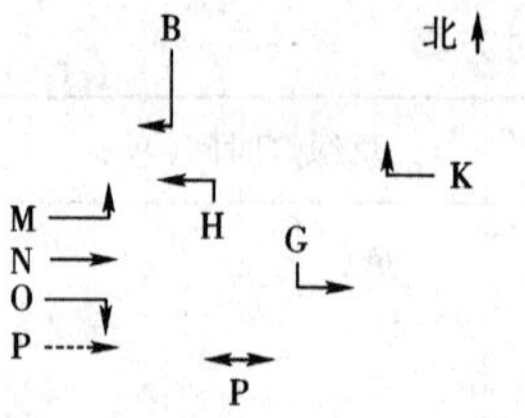 B 北 H K M N O P G P	65	0
7	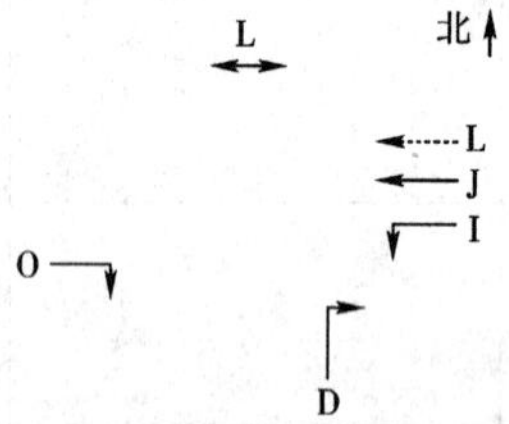 L 北 L J I O D	15	9
8	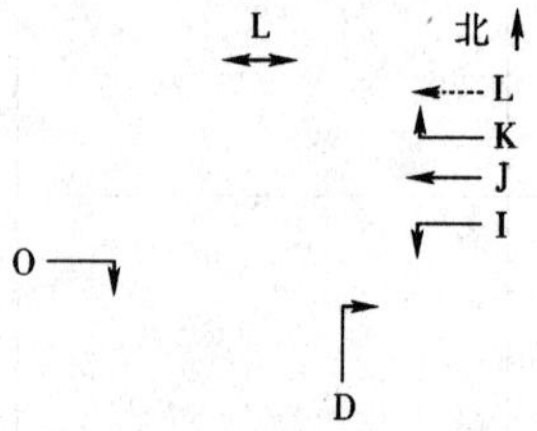 L 北 L K J I O D	40	0

- 仿真输出

模拟输出各方向的平均延误时间和总延误时间,现状模拟的结果如表 7-28 所示。

仿真输出结果 表 7-28

		右转	直行	左转	方向平均延误(秒/车)
北入口	流量(辆/小时)	424	606	1 317	2 347
	平均延误(秒/车)	16.00	202.64	202.81	169.02
西入口	流量(辆/小时)	543	939	615	2 097
	平均延误(秒/车)	24.51	163.38	68.20	99.51
南入口	流量(辆/小时)	546	456	48	1 050
	平均延误(秒/车)	20.70	96.89	91.22	57.0
东入口	流量(辆/小时)	458	408	300	1 166
	平均延误(秒/车)	6.79	84.76	81.67	53.34
总平均延误(秒/车)		101	交叉口总延误(小时)		202

B. ITMS 应用模拟

• 几何和渠化图

优化思路是在高峰时段对三环快速路进行出口匝道控制，减少长虹桥的左转交通流负担，并在此基础上利用微观仿真模型进行信号灯配置优化。改造后的渠化方案如图 7-21 所示。

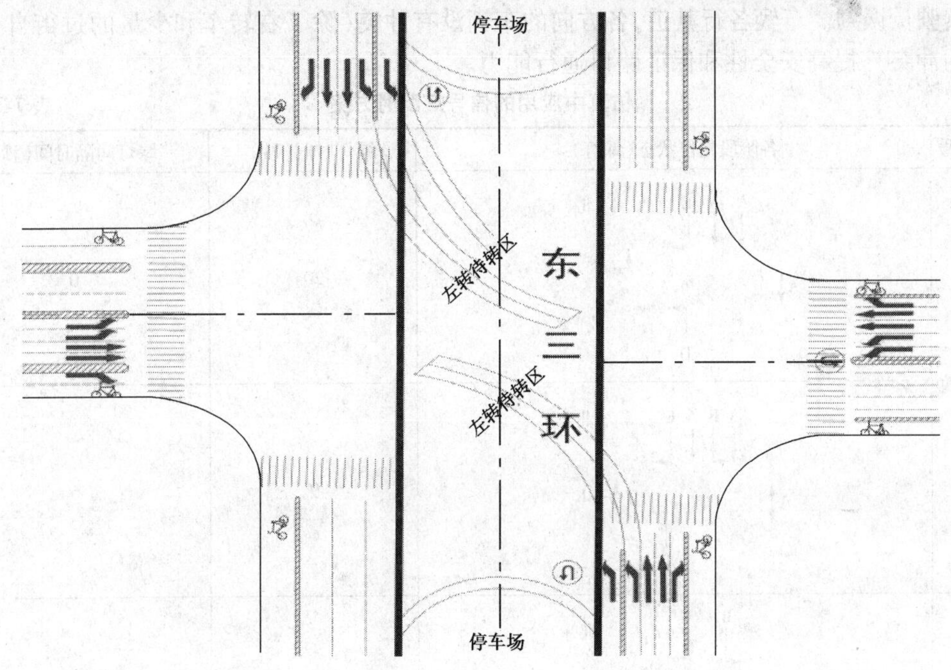

图 7-21　长虹桥仿真几何渠化图

• OD 矩阵

由于长虹桥位于三环快速路立交桥下，南北交叉口入口与三环快速路的出口匝道相连，因而可以推测，从三环快速路匝道下来进入长虹桥交叉口的车流大部分的目的是要进行转弯（如果是直行就不下快速路了），可能有少量的直行车流，由于缺乏实际数据，这里就忽略不计。因此，长虹桥交叉口东西方向交叉口入口车流量与直行机动车流量与现状高峰小时相同，只是南北交叉口入口的左转和右转车流量减少，假定转弯车流量变为原来流量的 60%，具体数值见表 7-29。

优化仿真中应用的 OD 矩阵　　表 7-29

		终点			
		北出口	西出口	南出口	东出口
起点	北入口	0	254	606	790
	西入口	615	0	543	939
	南入口	456	263	0	328
	东入口	458	408	300	0

• 信号配时方案

根据加入匝道信号控制系统的需求，仿真中应用的信号灯配时方案如表 7-30 所示。

该配时方案由 4 相位（8 阶段）组成，每个相位包括一个专门放直行和左行车的阶段（同时放侧面的自行车和行人），以及一个迟放的（第二）阶段放行右转车（少量的自行车和行人继续

放行)。接着是6秒的全红灯以清空路口,然后按逆时针方向开始下一个相位。相位时间和阶段时间按流量优化,逻辑简单。

优化以后的信号周期为177秒,较之原来的239秒,缩短了62秒。信号灯方向清晰,不致产生驾驶员误判。车辆各行其道,各方向的车辆没有冲突(除了右转车和少量的过街自行车、行人的冲突),提高安全性和保证路口通行能力。

仿真中应用的信号灯配时方案 表7-30

阶段编号	各阶段相位状态(绿灯)	绿灯时间(秒)	绿灯间隔时间(秒)
1	A A E 北 K A D	20	0
2	A B A E 北 K A D	9	6
3	B 北 K M N P P	20	0
4	B 北 K M N O P P	23	6
5	B 北 C O F C C	15	0
6	B 北 C O F C D C	8	6

续上表

阶段编号	各阶段相位状态(绿灯)	绿灯时间(秒)	绿灯间隔时间(秒)
7	L 北 L J I O D	15	0
8	L 北 L K J I O D	6	6

• 仿真输出

模拟输出优化后各方向的平均延误时间和总延误时间,现状模拟的结果如表 7-31 所示。

仿 真 输 出 结 果　　表 7-31

		右转	直行	左转	方向平均延误(秒/车)
北入口	流量(辆/小时)	254	606	790	1 650
	延误(秒/车)	10	133	72	84.86
西入口	流量(辆/小时)	543	939	615	2 097
	延误(秒/车)	16	70	37	46.34
南入口	流量(辆/小时)	328	456	263	1 047
	延误(秒/车)	16	180	43	94.21
东入口	流量(辆/小时)	458	408	300	1 166
	延误(秒/车)	9	81	54	45.77
总平均延误 (秒/车)		63	交叉口总延误(小时)		108.11

C. 仿真结果对比分析输出

通过对比分析,设置出入口匝道信号控制系统后高峰时总平均延误时间减少 37.4%,结果见表 7-32。

仿真结果对比分析表　　表 7-32

项　　目		现　　状	优 化 方 案
各方向平均车辆延误(秒/车)	北入口	169.02	84.86
	西入口	99.51	46.34
	南入口	57.01	94.21
	东入口	53.34	45.77
总平均延误(秒/车)		100.56	62.94

综合新兴桥、学院桥和长虹桥交通流仿真的结果，对于高峰时期旅行时间、停车次数和延误时间进行综合分析如表7-33所示。

旅行时间、停车次数和延误时间汇总对比——总体结果 表7-33

减少旅行时间	减少停车次数	降低延误时间
-27.45%	61.20%	-43.47%

7.3.2 基于路网动态全局数据的评价指标整体分析

(1)基于车路不均衡发展的动态仿真计算

北京市城市智能交通管理系统投入使用以来对改善北京市的交通状况起到了很大的作用，在各个方面产生了巨大的综合效益。在综合效益的评估过程中应考虑到各种影响因素对评估可靠性的影响，做到客观、准确。北京市机动车保有量近几年迅速增长，而道路的增长无法达到这种速度，这就导致交通状况受到影响，在评估ITMS系统所带来的道路状况改善时应充分考虑到这一因素。本书根据北京市现有各等级道路信息，采用GreenShield模型推算北京市现有道路速度—密度关系，通过S-Paramics仿真软件对路段上的理论结果在路网上进行了修正，并通过数据得出了2004~2008年间因道路与机动车保有量增长的不平衡对道路状况造成的影响。

①参数取值

• 平均车辆长度

常见车辆长度统计见表7-34。常见车辆的平均长度在4.5m左右，同时考虑北京市货运车辆约占机动车保有量的10%左右，货运车辆的长度约为12m，在后继计算中取平均车长$L=6$m。

常见机动车长度统计 表7-34

车辆类型	长度(mm)	车辆类型	长度(mm)
索纳塔	4 747	高尔夫	4 149
富康	4 071	骐达	4 205
昌河	3 510	凯越HRV	4 308
帕萨特	4 780	福田轻型货车	6 420
福克斯两厢	4 342	宝来	4 376
桑塔纳	4 546	本田CRV	4 470
奥迪A4	4 548	奇瑞QQ	3 550
南京依维柯	5 990	夏利	3 680

• 阻塞状态下车辆间距

根据相关研究结果，阻塞状态下的车辆间距取$S=2$m。

• 阻塞密度

阻塞密度为道路上所有车辆处于停滞状态下的密度，阻塞密度k_j的表达式为：

$$k_j = N \cdot 1\,000 / (S + L) = N \cdot 125(\text{veh/km/Lane}) \tag{7-1}$$

其中N为车道数，每条车道125veh/km的阻塞密度与已有的研究结果能够较好地吻合。

• 自由流速度

自由流速度为 $u_f = u_{limit}$，其中 u_{limit} 为在该等级道路下的限速。不同道路等级的车道数及限速见表7-35。

不同等级道路的车道数及设计时速　表7-35

道路等级	车道数(单向)	设计时速(km/h)
快速路	4	80
主干道	3	60
次干道	2	40
支路和街坊路	1	30

- 平均意义下某时刻道路上的机动车辆数占机动车保有量的比例

假设早6:00至凌晨12:00这18个小时之间平均每辆车在道路上行驶3h，则某一时刻道路上机动车辆数占机动车保有量的比例为1/6。

- 北京市机动车保有量增长趋势

北京市2000～2008年机动车保有量增长情况如图7-22所示。

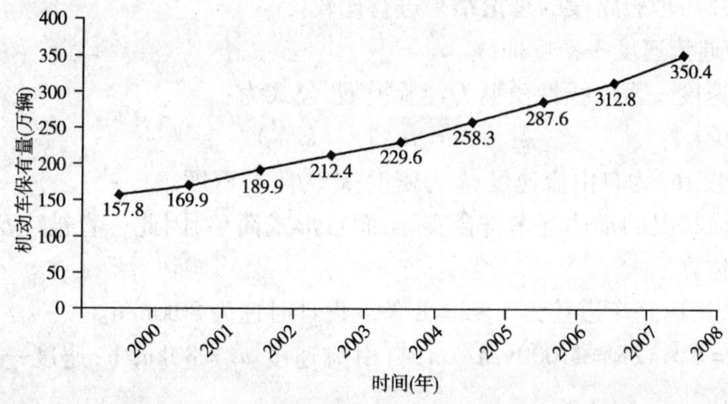

图7-22　2000～2008年北京市机动车保有量增长趋势图

- 北京市道路增长情况

北京市2000～2008年道路增长情况如图7-23所示。

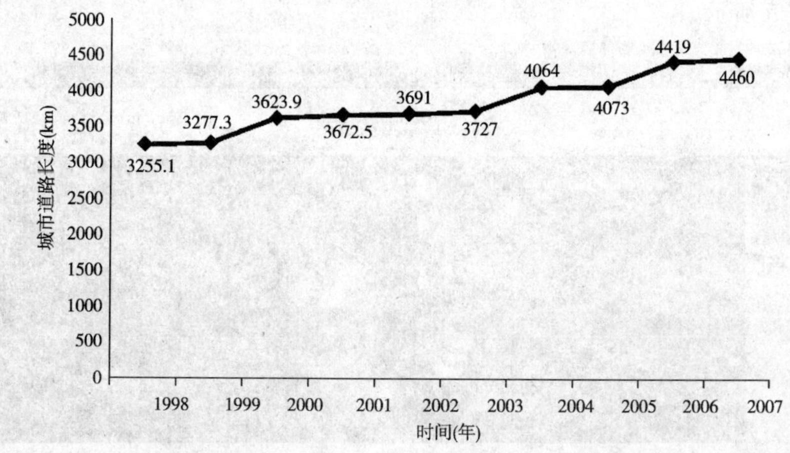

图7-23　1998～2007年北京市城区道路长度变化趋势图

②各个等级道路的速度—密度曲线

城市路网中既有路段，又有交叉口，车辆排队等延误都会因密度的不同而不同，但不考虑红绿灯配置、交通疏导等非道路本质因素而只考虑道路本身这一单一因素，城市路网也可看成同质的均匀道路系统。由于涉及转弯、排队等因素，城市路网系统的道路骨架性质和单纯的路段系统有所不同，故在城市路网上不能直接沿用在路段上的数据和结论。本节通过 S-Paramics 仿真软件对带有信号灯控制的交叉口单元进行了仿真，并将仿真结果与路段上的理论结果进行了对比，给出了在路网上计算机动车保有量与道路不平衡增长对交通状况影响的估算方法和结果。交叉口间的相互影响主要有交通指挥调度、信号灯配时优化等措施决定，在只估算道路本身性质所带来的影响时，可以将城市路网划分为交叉口单元进行独立分析。每个交叉口单元包括含有固定配时信号灯的交叉口和四条延伸出的路段，各个方向的车流量均匀分布，即 OD 矩阵中元素相等。为了与路段上的结论进行对比，定义交叉口单元的平均速度为在一定时间内所有完成旅行的车辆所行驶的路程与时间比值的平均值；密度则为整个交叉口在一定时间内的平均密度。以下内容利用 S-Paramics 仿真软件分别对不同等级的道路形成的交叉口进行建模仿真并与理想路段的理论结果进行比较。

- 快速路交通流速度—密度曲线

GreenShield 速度—密度线性模型为经验模型，公式为：

$$u = u_f(1 - k/k_j) \tag{7-2}$$

其中，u 为速度；u_f 为自由流速度；k 为密度；k_j 为阻塞密度。

此模型对交通状况的描述基本符合实际，而且形式简单，因此一直被广泛使用，可用于本书速度—密度的估算。

根据表 7-35，快速路车道数为 $4\times2=8$ 条。设计时速为 80km/h。

阻塞密度 $k_j=8\times125=1\ 000$veh/km；自由流速度 $u_f=80$km/h；速度—密度关系为 $u=80(1-k/1\ 000)$。

- 路网中主干道交通流速度—密度曲线仿真

主干道的交通流路网仿真界面如图 7-24 所示，仿真结果如表 7-36 所示。在路网中主干道交通流速度—密度变化曲线与理论曲线（由 GreenShield 速度—密度线性模型直接得出）的对比分析如图 7-25 所示。

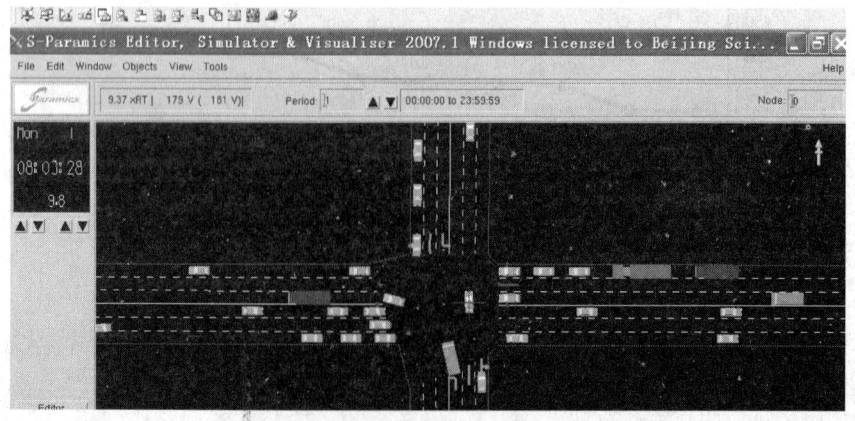

图 7-24　主干道 S-Paramics 仿真界面

主干道仿真数据　　表7-36

平均里程(m)	平均时间(s)	平均速度(km/h)	密度(veh/km)
1950.17	134.78	52.089 419 8	11.000 314 5
1950.22	136.8	51.321 578 95	22.524 638 25
1950.17	137.68	50.992 242 88	34.103 226 33
1950.14	138.75	50.598 227 03	45.317 793 42
1950.15	141.38	49.657 235 82	58.420 489 02
1950.17	143.11	49.057 452 31	70.590 702 06
1950.15	147.11	47.723 064 37	84.466 495 45
1950.15	154.46	45.452 155 9	100.963 307 7
1950.18	210.16	33.406 204 8	169.369 733 4
1950.25	342.79	20.481 635 99	274.392 143 5
1950.2	434.57	16.155 556 07	351.272 341
1950.24	554.42	12.663 439 27	439.533 043 2
1950.17	684.88	10.250 864 39	558.977 251 6
1950.2	884.8	7.934 810 127	693.274 308
1950.16	991.76	7.078 906 187	808.316 97
1950.22	1 101.52	6.373 730 845	913.279 857 9

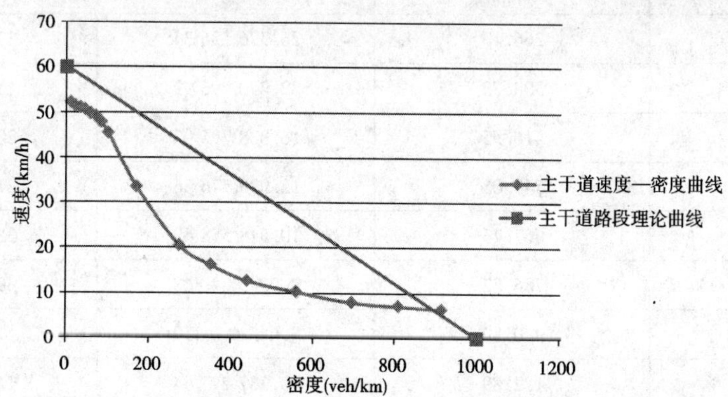

图7-25　主干道仿真密度速度曲线与理论曲线

• 路网中次干道交通流速度—密度曲线仿真

次干道的交通流路网仿真界面如图7-26所示，仿真结果如表7-37所示。在路网中次干道交通流速度—密度变化曲线与理论曲线(由GreenShield速度—密度线性模型直接得出)的对比分析如图7-27所示。

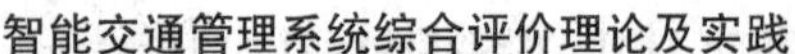

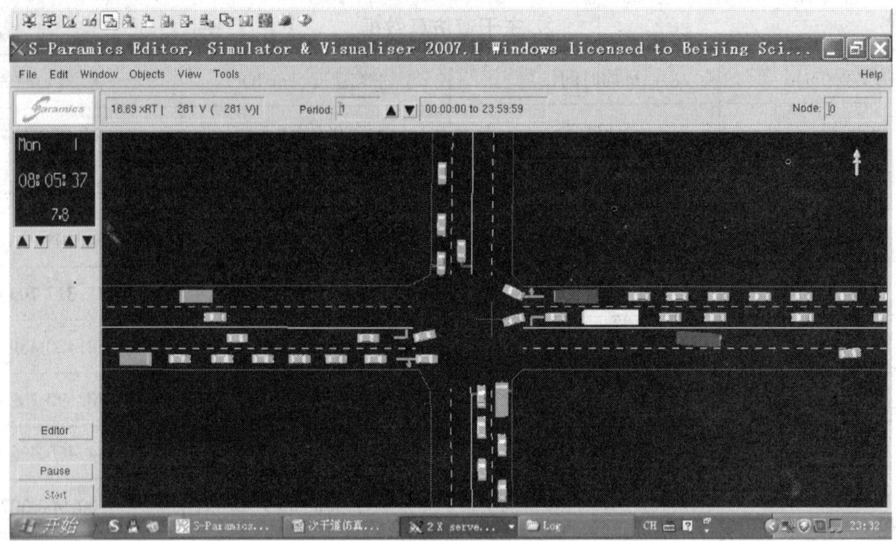

图 7-26　次干道 S-Paramics 仿真界面

次干道仿真数据　　表 7-37

平均里程(m)	平均时间(s)	平均速度(km/h)	密度(veh/km)
1950.18	182.89	38.387 271 04	14.848 672 09
1950.15	184.72	38.006 388 05	30.179 137 22
1950.17	184.57	38.037 665 93	41.958 410 46
1950.19	189.85	36.980 163 29	61.465 385 71
1950.16	202	34.755 326 73	81.311 277 02
1950.15	226.37	31.013 561 87	99.440 367 83
1950.18	266.17	26.376 556 34	125.338 575 6
1950.23	308.73	22.740 996 99	152.763 750 9
1950.26	416.95	16.838 796 02	205.121 553 6
1950.27	543.05	12.928 776 36	271.874 143 6
1950.17	667.45	10.518 558 69	337.498 710 9
1950.21	786.72	8.924 084 808	392.421 192 2
1950.11	920.89	7.623 490 319	458.976 119
1950.18	182.89	38.387 271 04	14.848 672 09
1950.15	184.72	38.006 388 05	30.179 137 22
1950.17	184.57	38.037 665 93	41.958 410 46

- 路网中支路和街坊路交通流速度—密度曲线仿真

支路和街坊路的交通流路网仿真界面如图 7-28 所示，仿真结果如表 7-38 所示。在路网中支路和街坊路交通流速度—密度变化曲线与理论曲线的对比分析如图 7-29 所示。

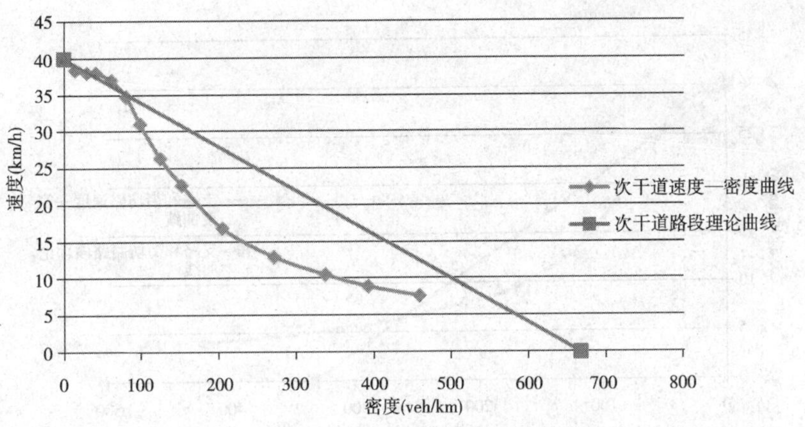

图 7-27　次干道仿真速度—密度曲线与理论曲线

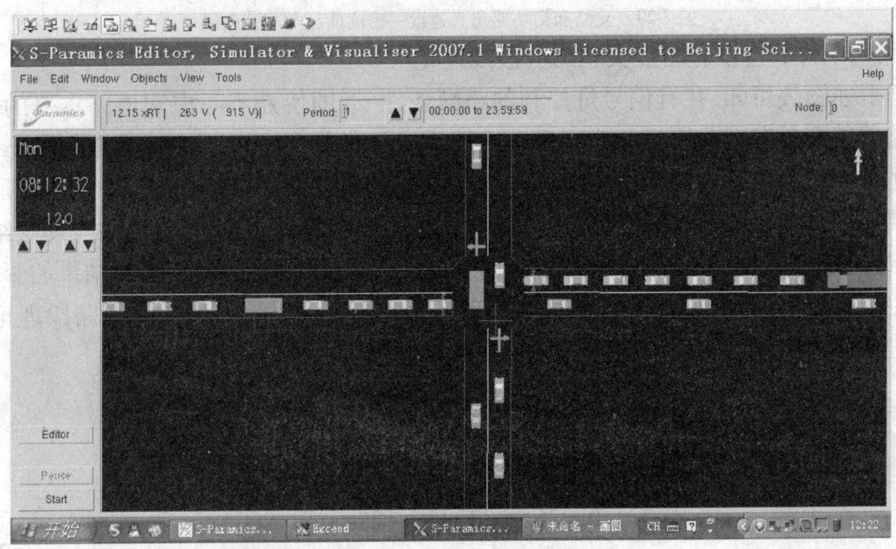

图 7-28　支路和街坊路 S-Paramics 仿真界面

支路和街坊路仿真数据 表 7-38

平均里程(m)	平均时间(s)	平均速度(km/h)	密度(veh/km)
963	117.83	29.422 048 71	19.679 119 07
963	126.65	27.373 075 4	42.158 215 07
963	141.29	24.536 768 35	58.687 435 1
963	240.48	14.416 167 66	112.720 664 6
963	362.97	9.551 202 579	169.612 149 5
963	438.04	7.914 345 722	210.630 171 9
963	613.35	5.652 237 711	295.812 045 7
963	868.47	3.991 847 732	422.360 799 6

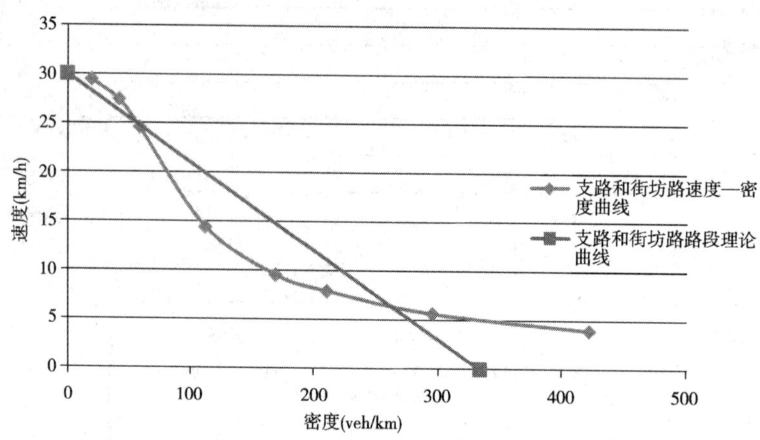

图 7-29 支路和街坊路仿真速度—密度曲线与理论曲线

- 路网条件下速度—密度关系的分段线性化

根据上述图表可知，在有信号灯控制的路网条件下，即使是不考虑非道路本身的因素，各等级道路的速度—密度曲线也并非是完全线性的。在高密度区间，路网过度拥堵，GreenShield 模型和仿真都不能较好地说明道路情况。但在综合效益评估中，本部分所需计算的是平均意义下的结果，所以只需对非拥堵部分进行探讨。在曲线的前中部分，仿真结果与理论结果存在着差异，经过观察，在近似计算中可将仿真曲线的中部进行分段的线性化，对结果的影响不大。

以主干道为例，图 7-30 为分段线性化后的主干道路网速度—密度曲线与路段理论曲线的对比。进而可得出分段的路网速度—密度关系式：

$$\begin{cases} u = -0.074k + 52.81 & (0 < k < 100) \\ u = -0.14k + 59 & (100 < k < 274) \\ u = -0.025k + 27.33 & (274 < k < 800) \end{cases} \tag{7-3}$$

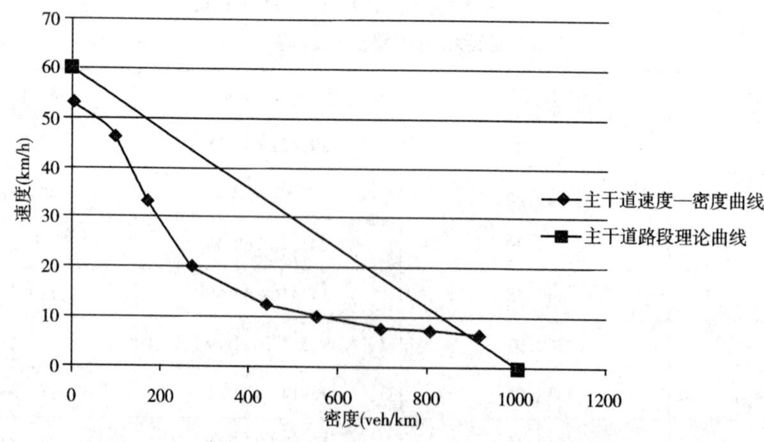

图 7-30 分段线性化后的主干道路网速度—密度曲线与路段理论曲线的对比

类似地，可以得到分段线性化之后的次干道速度—密度关系式为：

$$\begin{cases} u = -0.03k + 38.83 & (0 < k < 61) \\ u = -0.14k + 45.54 & (61 < k < 205) \\ u = -0.04k + 25 & (274 < k < 392) \end{cases} \tag{7-4}$$

分段线性化之后的支路和街坊路速度—密度关系式为：

$$\begin{cases} u = -0.12k + 31.36 & (0 < k < 58) \\ u = -0.13k + 32.04 & (58 < k < 170) \\ u = -0.03k + 8.87 & (170 < k < 295) \end{cases} \tag{7-5}$$

综合上述研究结论，如表 7-39 所示。

不同等级城市道路速度—密度关系研究　　表 7-39

道路等级	主干道	次干道	支路
仿真界面			
信号配时	均采用固定配时方案：绿灯时间 - 20 秒　全红 + 黄闪时间 - 5 秒　红灯时间 - 20 秒		
变化曲线			
模型描述	$\begin{cases} u = -0.074k + 52.81 \\ (0 < k \leqslant 100) \\ u = -0.14k + 59 \\ (100 < k \leqslant 274) \\ u = -0.025k + 27.33 \\ (274 < k \leqslant 800) \end{cases}$	$\begin{cases} u = -0.03k + 38.83 \\ (0 < k \leqslant 61) \\ u = -0.14k + 45.54 \\ (61 < k \leqslant 205) \\ u = -0.04k + 25 \\ (205 < k \leqslant 392) \end{cases}$	$\begin{cases} u = -0.12k + 31.36 \\ (0 < k \leqslant 58) \\ u = -0.13k + 32.04 \\ (58 < k \leqslant 170) \\ u = -0.03k + 8.87 \\ (170 < k \leqslant 295) \end{cases}$

③北京市道路交通流速度—密度曲线

假设车辆在各等级道路上按长度和车道数的乘积均匀分布，按各等级道路长度和车道数乘积加权得到的北京市道路平均速度—密度计算公式如下：

$$\bar{u} = \sum_{i=1}^{4} \rho(i) u_i(k) \tag{7-6}$$

其中，$\rho(i)$ 为第 i 等级道路的权重，计算方法为该等级道路长度与车道数乘积除以道路总长度与总车道数乘积，$u_i(k)$ 为该等级道路的速度—密度函数。

北京市各等级道路权重计算如表 7-40 所示。

北京市城市道路建设发展统计数据以及权重

表 7-40

单位:km

	2005 年	2006 年	2007 年
市区道路长度	4073	4419	4460
快速路	229(5.62%)	232(5.25%)	236(5.29%)
主干道	922(22.64%)	955(21.61%)	960(21.52)
次干道	635(15.59%)	678(15.34%)	694(15.56%)
支路和街坊路	2 287(56.15%)	2 554(57.80%)	2 570(57.62%)

根据前述假设某一时刻道路上机动车辆数占机动车保有量的比例为 1/6,结合 2005 ~ 2007 年北京道路长度计算出 2005 ~ 2007 年路段平均密度分别为:106veh/km、109veh/km 和 117veh/km,机动车密度值都在每个等级道路的分段函数范围中的中间一个,且与前后界相差较大,因此选择用分段函数的中间值去计算各年度北京市道路平均速度—密度曲线是合理的。

2005 年北京市道路平均速度—密度关系式为:

$$u = -0.13k + 42.94 \tag{7-7}$$

2006 年北京市道路平均速度—密度关系式为:

$$u = -0.13k + 42.45 \tag{7-8}$$

2007 年北京市道路平均速度—密度关系式为:

$$u = -0.13k + 42.47 \tag{7-9}$$

将 2005 ~ 2007 年路段平均密度分别代入式(7-7) ~ 式(7-9)计算得出考虑北京市车路不均衡增长情况下 2005 ~ 2007 年路网平均行驶速度分别为 29.16km/h、28.28km/h 和 27.26km/h。

(2)基于浮动车和历史统计数据的全局宏观分析

通过对统计资料和基于浮动车数据相关分析结果的深入研究,得到 2005 ~ 2007 年北京市各个等级道路和整个路网的机动车平均行驶速度统计结果如表 7-41 所示。在对路网平均速度进行计算时并非将快速路、主干道、次干道和支路的平均速度进行简单的加权平均,同样是经过考虑各个等级道路在整个路网中的不同权重后进行计算。

基于浮动车和历史统计数据的全局宏观分析

表 7-41

单位:km/h

	快速路平均速度				主干道平均速度					次干道和支路平均速度	路网平均速度
2005	二环路	三环路	四环路	平均	32.70					30.15	32.20
	49.5	50.8	66.4	55.57							
2006	二环路	三环路	四环路	平均	33.50					30.30	32.30
	47.9	51.2	64.6	54.56							
2007	二环路	三环路	四环路	平均	两广路	长安街	平安大街	前三门街	平均	28.84	29.30
	49.0	52.0	60.8	53.93	25.3	20.7	18.3	20.7	21.25		

2005 年北京市机动车保有量为 258.3 万辆,2006 年北京市机动车保有量为 287.6 万辆,2007 年北京市机动车保有为 312.8 万辆;2005 年北京市城区道路总长度为 4073km,2006 年北京市城区道路总长度为 4 419km,2007 年北京市城区道路总长度为 4 460km;结合 2005 ~ 2007 年北京市机动车保有量和道路长度的增长趋势进行如下分析:2006 年北京市机动车较 2005 年增长 29.3 万辆,同时由于城区道路长度增长 346km,道路长度主要增长于主干道、次干道和支路,因此 2006 年与 2005 年相比快速路平均行驶速度有所下降,主干道平均行驶速度略升,整个城市路网的平均行驶速度与 2005 年基本持平;2007 年虽然机动车较 2006 年增长 25.2 万辆,增幅减缓,但是同期城市道路里程仅增长 41km,因此快速路、主干道、次干道和支路的平均行驶速度均有明显下降,整个路网的平均行驶速度同样明显下降。

(3) 整体结果分析

综上所述,通过"基于车路不均衡发展的动态仿真计算"得到了 2005 ~ 2007 年考虑城市机动车保有量和道路里程增长变化两方面因素的路网机动车平均行驶速度的预测值;通过"基于浮动车和历史统计数据的全局宏观分析"得到了 2005 ~ 2007 年路网机动车平均行驶速度的实际值。将两者进行对比分析,如表 7-42 所示。

路网平均行驶速度理论值与实际值的对比分析　　表 7-42

理论值(未考虑 ITMS 投入使用)(km/h)		实测值(km/h)	提升比例
2005 年	29.16	32.20	10.43%
2006 年	28.28	32.30	14.21%
2007 年	27.26	29.30	7.48%

在表 7-42 中,提升比例是指实测北京市路网平均行驶速度与通过北京市路网交通流速度—密度模型预测结果进行差值后再除以预测值得到的增长幅度。北京市近些年来呈现明显的车路不均衡增长的趋势,如图 7-31 所示,自 2000 年以来,北京市机动车保有量迅猛增长,年平均增长率达到 10.91%;而北京市城区道路长度年平均增长率仅为 3.64%。机动车保有量与道路的不平衡增长对交通流的影响主要体现在:由于城市地理条件所限每年新建道路里程无法满足机动车保有量的迅猛增长,随着城市道路上行驶的机动车越来越多,即路段车辆密度的大幅上升,将导致路段平均行驶速度的下降,车辆延误和旅行时间的增加,最终造成交通拥堵。智能交通管理系统的大规模应用是解决城市交通拥堵、提高道路通行能力的重要方法。通过应用智能交通管理系统,2005 ~ 2007 年北京市路网平均旅行速度虽然呈现下降趋势,但是与按照经典交通流理论模型计算得到的平均速度相比有着一定的提升,2005 ~ 2007 年比理论值的平均增幅约为 10.71%,这就是从宏观分析角度得到的 ITMS 对于旅行速度的贡献率。平均旅行速度的提升对于减少平均旅行时间和降低延误能够起到积极的作用,近似得到减少平均旅行时间和降低延误约为 9.67%。

7.3.3　评价指标最终计算

前述内容从评价指标确定、ITMS 设备分布、基于道路数据的评价指标区域分析和基于路网数据的评价指标整体分析四个方面完成了北京城市智能交通管理系统综合效益评价指标整体分析所需要的理论知识和研究数据。

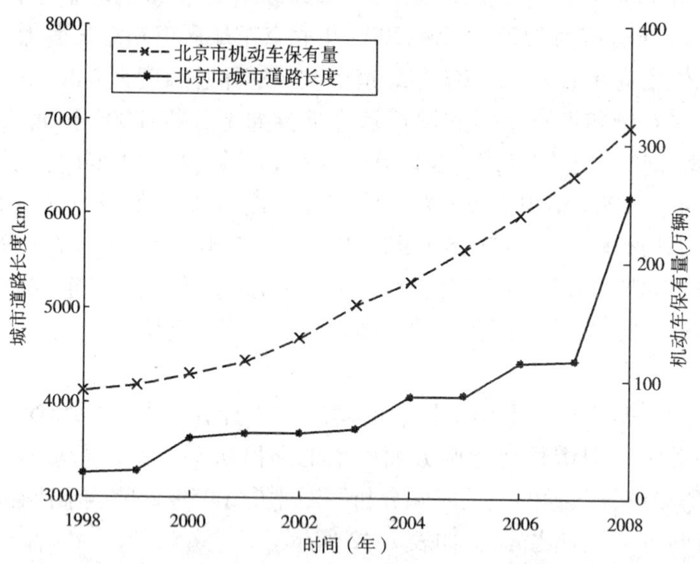

图 7-31　北京市机动车保有量与城市道路长度的发展变化趋势

基于道路数据的评价指标区域分析的研究结果，重点强调 ITMS 对于北京市五环以内局部地区道路通行能力的改善，共涉及 13 个区域，如图 7-32 所示。在基于道路数据的评价指标区域分析的研究中，选取停车次数、延误时间、旅行时间和旅行速度为考核指标，通过实地数据采集、历史数据对比和微观交通仿真三种方法给出了各个指标区域变化的具体数值。在进行基于道路数据的评价指标最终计算时所得结果不是同一评价指标在应用三种不同方法所得到数值的简单平均，需要根据不同的方法设置不同的权重进行处理。在基于实地数据和历史数据的对比分析过程中由于得到的结果均来自实地测量或智能交通管理系统数据库中的真实记录，具有极高的精确性和可信度，因此应该赋予最高的权重；受到仿真软件中建模所需各类信息的限制，目前针对 ITMS 应用前后的仿真效果研究主要集中于单个路口，在最终评价指标确

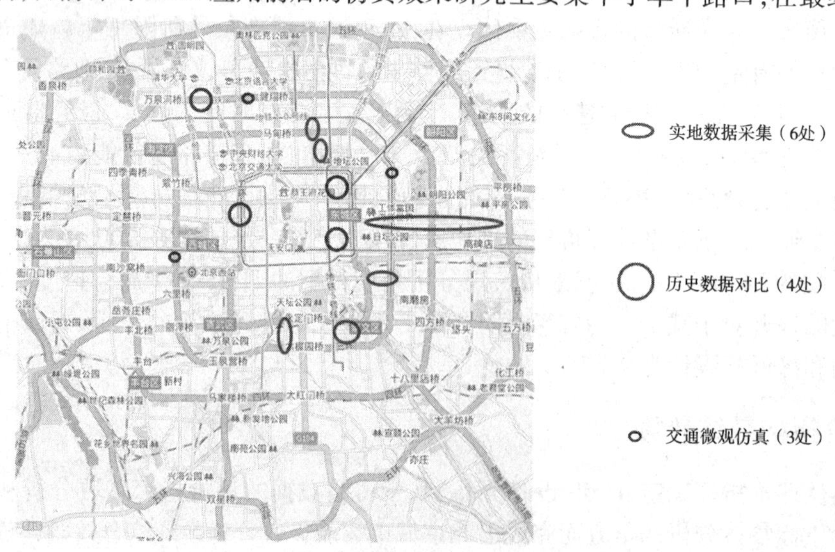

图 7-32　基于北京市城市道路数据的评价区域分布图

立的过程中,交通微观仿真的权重应小于实地数据采集的权重。研究中各种方法在最终指标确立时所对应的权重如表 7-43 所示,基于道路数据评价指标的最终计算结果如表 7-44 所示。

各种分析方法权重表　　表 7-43

		实地数据采集				历史数据对比			交通微观仿真		
评价指标		旅行时间	旅行速度	延误时间	停车次数	旅行时间	旅行速度	延误时间	旅行时间	延误时间	停车次数
权重	高峰	50%	60%	50%	85%	35%	40%	35%	15%	15%	15%
	平峰	60%	60%	60%	100%	40%	40%	40%	0%	0%	0%

基于道路数据的评价指标计算结果　　表 7-44

分析方法		实地数据采集				历史数据对比			交通微观仿真		
评价指标		旅行时间	旅行速度	延误时间	停车次数	旅行时间	旅行速度	延误时间	旅行时间	延误时间	停车次数
时段	高峰	-11.02%	12.00%	-10.71	-10.08%	-14.70%	15.00%	-14.70%	-27.45%	-43.47%	-61.2%
	平峰	-6.78%	3.63%	-3.50%	-4.17%	-8.13%	10.20%	-8.30%			
权重	高峰	50%	60%	50%	85%	35%	40%	35%	15%	15%	15%
	平峰	60%	60%	60%	100%	40%	40%	40%	0%	0%	0%

评价指标		旅行时间	旅行速度	延误时间	停车次数
计算结果	高峰	-14.55%	13.2%	-17.02%	-17.75%
	平峰	-7.32%	6.26%	-5.42%	-4.17%
	综合	-9.73%	8.57%	-9.30%	-8.70%

基于路网数据的评价指标整体分析从 ITMS 投入使用后和不断建设完善期间(2005 ~ 2007 年)北京市机动车保有量和道路长度变化数据入手,通过动态仿真得到城市路网旅行速度的预测值,通过浮动车和历史数据得到同一时期内城市路网旅行速度的实测值,将两者进行对比分析后得到 ITMS 在应对北京市车路不均衡增长所取得的贡献率。

综上所述,关于评价指标计算的最终计算流程如图 7-33 所示,最终计算结果如表 7-45 所示。北京城市智能交通管理系统自 2005 年投入使用后,考虑北京市机动车保有量和道路长度不均衡增长情况下,减缓机动车旅行速度下降比例约为 9.64% ~ 12.00%,减少机动车旅行时间的比例约为 9.70% ~ 10.70%,降低机动车延误的比例约为 9.50% ~ 11.00%,减少机动车停车次数的比例约为 8.70%。

评价指标最终计算结果　　表 7-45

分 析 方 法		基于道路数据的评价指标区域分析			
评价指标		旅行时间	旅行速度	延误时间	停车次数
计算结果	高峰	14.55%	13.2%	-17.02%	-17.75%
	平峰	-7.32%	6.26%	-5.42%	-4.17%
	综合	-9.73%	8.57%	-9.30%	-8.70%
分析方法		基于路网数据的评价指标整体分析			
评价指标		旅行时间	旅行速度	延误时间	停车次数
计算结果		-9.67%	10.71%	-9.67%	
评价指标最终计算结果					
评价指标		旅行时间	旅行速度	延误时间	停车次数
计算结果		-9.70%	9.64%	-9.50%	-8.70%

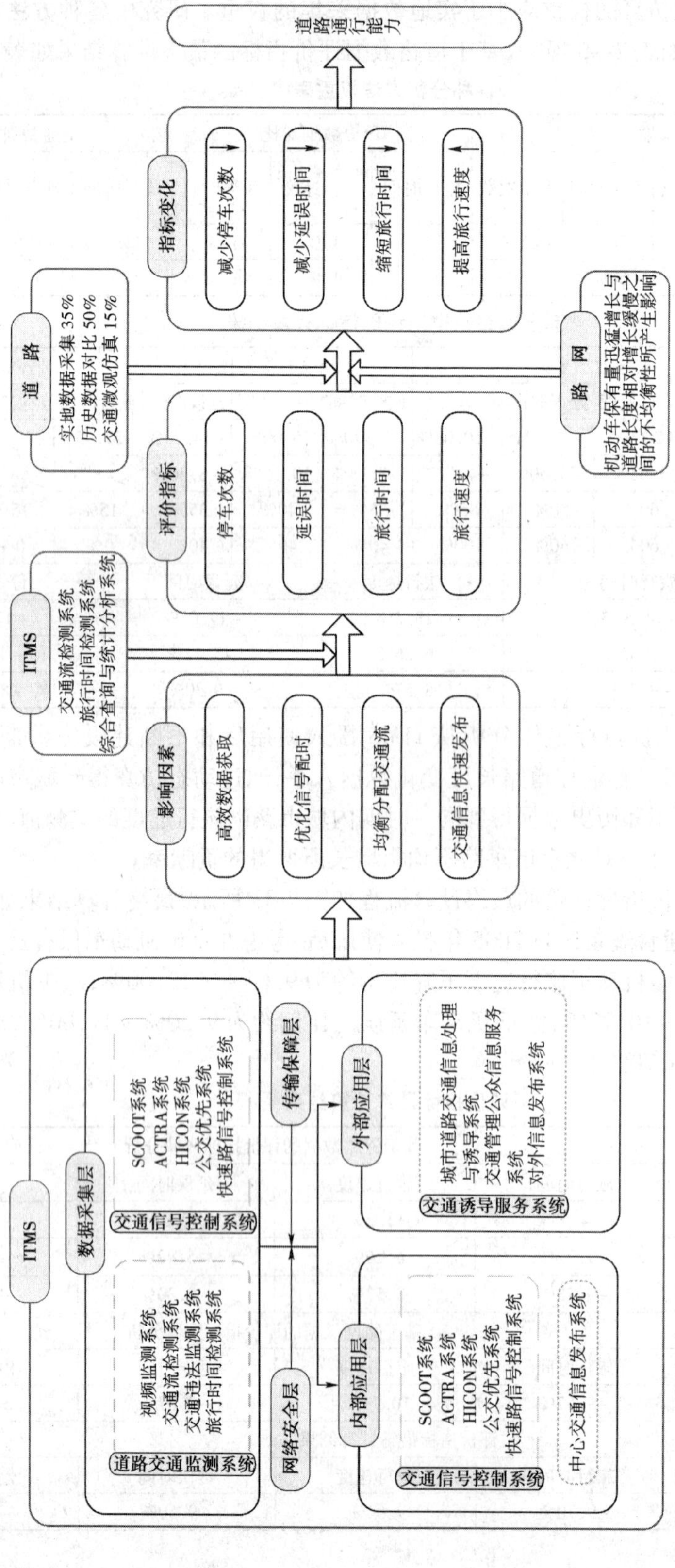

ITMS
数据采集层
道路交通监测系统
视频监测系统
交通流检测系统
交通违法监测系统
旅行时间检测系统
交通信号控制系统
SCOOT系统
ACTRA系统
HICON系统
公交优先系统
快速路信号控制系统
网络安全层
传输保障层
内部应用层
交通信号控制系统
SCOOT系统
ACTRA系统
HICON系统
公交优先系统
快速路信号控制系统
中心交通信息发布系统
外部应用层
交通诱导服务系统
城市道路交通信息处理与诱导系统
交通管理公众信息服务系统
对外信息发布系统

影响因素
高效数据获取
优化信号配时
均衡分配交通流
交通信息快速发布

ITMS
交通流检测系统
旅行时间检测系统
综合查询与统计分析系统

评价指标
停车次数
延误时间
旅行时间
旅行速度

道　路
实地数据采集 35%
历史数据对比 50%
交通微观仿真 15%

路　网
机动车保有量迅猛增长与道路长度相对增长缓慢之间的不均衡性所产生影响

指标变化
减少停车次数↓
减少延误时间↓
缩短旅行时间↓
提高旅行速度↑

道路通行能力

图 7-33　整体评价指标计算流程

7.4　道路通行能力影响的计算结果

通过查阅权威资料《HCM 2000》,即《道路通行能力手册2000》,其中对于道路通行能力的定义如下:指道路上某一点某一车道或某一断面处,单位时间内可能通过的最大交通实体(车辆或行人)数,亦称道路通行能量,用辆/小时或用辆/昼夜或辆/秒表示,车辆多指小汽车,当有其他车辆混入时,均采用等效通行能力的当量标准车辆(小汽车)为单位(pcu)。也有资料将道路通行能力定义为车辆通行能力,是指在通常的道路、交通和管制条件下,在一定时间段内车辆能够通过道路某一点的最大数量。根据道路通行能力的定义,有学者给出相关算法如下:

第一步:计算基本通行能力

在理想的交通条件下,车辆均为单一的标准车型汽车,在一条车道上以相同的速度,连续不断的行驶,各车辆之间保持与车速相适应的最小车头间隔,且无任何方向的干扰。在这样的情况下根据车流计算公式所得出的最大交通量,即基本通行能力 N_{max},其公式如下:

$$N_{max} = \frac{3\ 600}{t_0} = \frac{3\ 600}{l_0/(v/3.6)} = \frac{1\ 000v}{l_0} \quad (辆/h) \tag{7-10}$$

式中:v——行车速度(km/h);

t_0——车头最小时距(s);

l_0——车头最小间隔(m)。

$$l_0 = l_f + l_z + l_a + l_c = \frac{v}{3.6}t + \frac{v^2}{254\phi} + l_a + l_c \quad (m) \tag{7-11}$$

式中:l_f——驾驶员在反应时间内车辆行驶的距离(m);

l_z——车辆的制动距离(m);

l_a——车辆间的安全间距(m);

l_c——车辆平均长度(m);

ϕ——道路附着系数;

t——驾驶员反应时间。

第二步:计算可能通行能力

计算可能通行能力 N_k 是以基本通行能力为基础考虑到实际的道路和交通状况,确定其修正系数,再以此修正系数乘以前述的基本通行能力,即得实际道路、交通与一定环境条件下的可能通行能力。影响通行能力不同因素的修正系数包括:

(1)道路条件

道路条件影响通行能力的因素最多,一般考虑影响大的因素,其修正系数有:①车道宽度修正系数 γ_1;②侧向净空的修正系数 γ_2;③纵坡修正系数 γ_3;④视距不足修正系数 γ_4;⑤沿途条件修正系数 γ_5。

(2)交通条件

交通条件的修正主要是指车辆的组成,特别是混合交通情况下,车辆类型众多,大小不一,占用道路面积不同,性能不同,速度不同,相互干扰大,严重地影响了道路的通行能力。一般交通条件修正系数计为 γ_6。

于是,道路路段的可能通行能力为:

$$N_k = N_{\max}\gamma_1\gamma_2\gamma_3\gamma_4\gamma_5\gamma_6 \qquad (辆/h) \tag{7-12}$$

第三步:计算实际通行能力

实际通行能力 N_s 通常可作为道路规划和设计的依据。只要确定道路的可能通行能力,再乘以给定服务水平的服务交通量与通行能力之比,就得到实际通行能力,即:

$$N_s = N_k \times 服务交通量 \div 通行能力 \qquad (辆/h) \tag{7-13}$$

通过上述研究结果,在基本通行能力的计算过程中如果假设车头最小间隔不变的情况下,基本通行能力与旅行速度成正比;计算可能通行能力和实际通行能力的过程并未涉及 ITMS 的因素,同时由于修正过程较为复杂,且由于数据所限,无法给出精确计算结果。综上所述,北京市 ITMS 投入使用后提高道路基本通行能力与旅行速度成正比关系,根据表 7-45 的计算结果,北京市 ITMS 投入使用后提高道路基本通行能力的综合结果为 10% ~12%,交通高峰期提高道路基本通行能力达到 13% ~15%。

第8章　北京城市 ITMS 社会经济影响评价

8.1　评价思路和评价指标

8.1.1　评价思路

本节将就北京城市 ITMS 社会经济效益各项指标具体的评价方法进行阐述。本书的评价数据均根据评价对比的基准年选取,即 ITMS 应用前后的 2004 年与 2008 年。

(1)降低行车成本

主要采用计量经济学相关理论对降低行车成本指标进行测算。

所谓计量经济,就是在数学模型的基础上,用数学方法根据实际统计资料,为经济理论中阐述的经济关系,计量出实际数值,以便用计量结果验证或改进研究对象的效用现状,并且进一步解释过去、预测未来和规划政策。由于计量经济学的理论核心是"价值完全由效用决定",而本部分评价智能交通管理系统为北京市带来的社会经济效益价值,"降低行车成本"正是 ITMS 的直接效用体现,因此采用计量经济学理论评价该指标具有合理性和适用性。

由于车辆在行驶过程中最主要的行车成本是燃料消耗,因此行车成本的降低可简化为 ITMS 的应用为北京市机动车所节省的燃油量。然而,北京市不仅机动车保有量结构复杂,而且各种车辆在不同条件下运行工况和运行速度也有所区别,难以获得所有车型在不同速度下的具体油耗数据,因此,本指标评价过程中最关键的步骤就是测算各种车型在不同速度下的油耗值。

根据北京市 2008 年交通运行报告显示,截至 2008 年年底,北京市城区和近郊区的机动车保有量中绝大部分均为小客车(其中小客车主要是指出租小轿车、私人机动车及公务车),其次主要为大客车,两者加和比例在城区和近郊区分别达到 90.2% 和 91.9%,而全市范围内的小客车平均比例也已高达 80.9%。根据此现状,本部分选取了具有典型代表性的小客车及大客车两种车型作为评价研究对象。

考虑到数据采集的难度和复杂性,为提高数据分析的可行性,本部分假定 ITMS 在投入运营后对交通环境产生的影响主要体现为车辆行驶速度的变化,即系统应用前后车辆分别以高低两种相对速度行驶。由于实际中车辆在行驶过程中并不以同一速度匀速行驶,为此引进"权重系数"这一概念,表示车辆在相应时速下行驶的路程占其总行驶里程的比重。利用权重系数计算 2008 年路网平均速度可验证其可靠性与正确性。

大小客车在 ITMS 应用前后两种速度下相应的百公里油耗值 $Q_{f \cdot v_{前}}$、$Q_{f \cdot v_{后}}$ 可根据以下公式测算:

$$Q_{f \cdot v_{前}} = \sum_{i=1}^{n} W_{Vi} \cdot C_{Vi} \tag{8-1}$$

$$Q_{f \cdot v后} = \sum_{i=1}^{n} W'_{Vi} \cdot C'_{Vi} \tag{8-2}$$

W_{Vi}、W'_{Vi}:ITMS 应用前与应用后在速度 V_i 下的权重系数;

C_{Vi}、C'_{Vi}:ITMS 应用前与应用后在速度 V_i 下的每百公里油耗量(L/100km)。

再利用下式得出 ITMS 应用后在“降低行车成本”方面所带来的社会经济效益:

$$B_c = (Q_{f \cdot v后} - Q_{f \cdot v前}) \times M \times P_f \times H \tag{8-3}$$

式中: B_c——降低的行车成本(元);

$Q_{f \cdot v后} - Q_{f \cdot v前}$——高低两种速度下车辆的单位里程耗油量差值(L/100km);

M——年行驶里程(km);

P_f——该年平均油价(元/L);

H——该年特定车型保有量(辆)。

(2)减少出行时间效益

本部分在评价该指标时主要采用人力资本法的相关理论进行研究。人力资本(human capital)是一个严格的经济学概念,是“人民作为生产者和消费者的能力”,它是通过人的有效劳动创造的价值体现出来的。人力资本法(Human capital approach)是指针对系统中某个问题用一定方法去估价因其引起的收入损失。根据边际劳动生产力理论,人失去工作时间的价值等于这段时间中个人劳动的价值。由于人力资本创造的经济效益大大高于物质资本投资所带来的收益,因而在进行智能交通管理系统的社会经济效益评价时,ITMS 的应用为出行者节省的出行时间所创造的社会价值不容忽视。

考虑到北京城市交通环境及出行用户的复杂性和不确定性,在评价过程中需注意以下三个问题:

①进行数据处理时只选取 ITMS 覆盖区域内典型的交通路段作为研究对象;

②不考虑因年龄、性别、教育程度等因素对一个人劳动价值所造成的影响,且只考虑北京城市常住居民所创造的社会价值,流动人口不计入其中;

③假定交通参与者节省的出行时间全部用来创造社会价值。

因此,核算该指标量化效益时可按以下步骤进行:

①首先,系统为交通参与者节省的出行时间用有、无 ITMS 系统情况下车辆以高低两种速度行驶相同路程时所产生的时间差值来表示, ITMS 系统每年为每辆车节省的出行时间 T 可用下式计算:

$$T = L/V_{低} - L/V_{高} \tag{8-4}$$

式中:L——机动车年行驶里程(km);

$V_{低}$、$V_{高}$——ITMS 应用前后速度(km/h)。

从而根据大客车与小客车的年行驶里程可得出 ITMS 运营后每年分别为用户节省的出行时间 T_1、T_2。

②其次,获取北京市大、小客车出行的用户总量数据 N_1、N_2。

③最后,根据特征年时期北京市人均地区生产总值(即人均 GDP)数据通过相关折算得出个人单位时间创造的社会价值量,记为 V。

从而得到 ITMS 投入使用后在“减少出行时间”方面带来的社会经济量化效益 B_s:

$$B_s = V \times (N_1 T_1 + N_2 T_2) \tag{8-5}$$

(3)减缓土地资源及交通基础设施投资强度

本部分在评价该指标时主要采用增长率法进行研究。增长率法是指根据一定时期内的历史数据求出相应的增长率,进而以该值为参考预测研究对象未来的增长趋势,此处增长率是指北京市城区道路长度的年平均增长率。通过历史数据得出若 ITMS 未运行时在特定时期内道路本应增长的数量 l,与新建该道路时所需的平均成本 c 相乘,可得出 ITMS 运行后在缓解土地资源及交通基础设施投资强度方面的量化效益 B_R,即:

$$B_R = l \times c \tag{8-6}$$

从北京市公安交通管理局处获取的数据可知,近年北京市机动车保有量一直处于增长的趋势,这对北京市原有的道路网络体系提出了新的要求,要求必须新建或扩建道路,以适应机动车保有量的快速增长。2008 年城市智能交通管理系统投入使用后,市内道路通行能力有了很大程度提高,因此从某种意义上说,北京市所需新建或扩建的道路数量相对得到减少,此部分可以认为是因 ITMS 项目的实施而使北京市缓解的新建道路里程,进而根据单位长度道路建设成本即可得出北京市于智能交通管理系统投入后在“减缓土地资源及交通基础设施投资强度”方面带来的经济量化效益。

(4)推动相关产业经济发展和技术进步

本部分在评价该指标时主要采用价值链相关理论进行研究。

价值链是产业经济学中的一个概念。系统的价值创造是通过一系列活动构成的,可分为基本活动和辅助活动两类,这些互不相同但又相互关联的生产经营活动,构成了一个创造价值的动态过程,即价值链。价值链在经济活动中无处不在,上下游关联的产业与产业之间存在产业价值链,产业内部各业务单元的联系构成了产业的价值链,产业内部各业务单元之间也存在着价值链联结。价值链上的每一项价值活动都会对系统最终能够实现多大的价值造成影响。

由于北京市智能交通管理系统应用后是在特定空间中服务于特定的交通运输领域,不仅交通环境中行驶车辆及出行用户构成复杂,而且所处地理位置为各大产业聚集的城市中心区域,经济活动相当活跃。同时,智能交通相关技术已在城市交通管理系统、公共交通系统、交通运输系统和高速公路的安全、通讯、监控、收费系统等领域得到了开发与应用,其中典型的应用系统包括高速公路不停车收费系统、卫星定位调度系统、地理信息系统等,并开发了车辆的检测器、可变情报板、可变限速板标志、分车型检测仪、监控地图板等多种监控设备。以上均可从相关角度说明北京市 ITMS 涉及了多个行业及产业。从经济学角度看,由于各个产业之间相互联动、相互制约、相互依存,从而这些产业之间形成了一个价值链,通过各部门的有效运转共同为社会创造价值。所以,ITMS 的投入无疑对社会多个产业及部门造成影响;同时,构成该产业价值链的各个组成部分是一个有机的整体,它们通过各种方式的链接共同推动产业的经济发展,并促进产业中相关科学技术的进步,同时通过调整劳动力在不同行业之间的重新分配而影响社会的就业水平。

对于该指标的评价,本书主要对智能交通管理系统的应用所涉及的相关产业以价值链理论为基础进行定性分析。

(5)其他社会经济效益

由于 ITMS 系统应用对城市居民产生的交通需求和生活质量提高以及其他社会效益较难

获得具体的数据报表支持，难以得出量化的评价结果。因而本书将采用社会调查、对比分析等定性分析法对社会效益进行相关评价，在此基础上通过综合指数法进行处理，即主要以调查结果为基础依据，依靠预测人员的丰富实践经验以及主观的判断和分析能力，通过定量化模型，估算社会经济效益评价效果。

8.1.2　评价指标

综上所述，北京城市ITMS社会经济效益评价指标如图8-1所示：

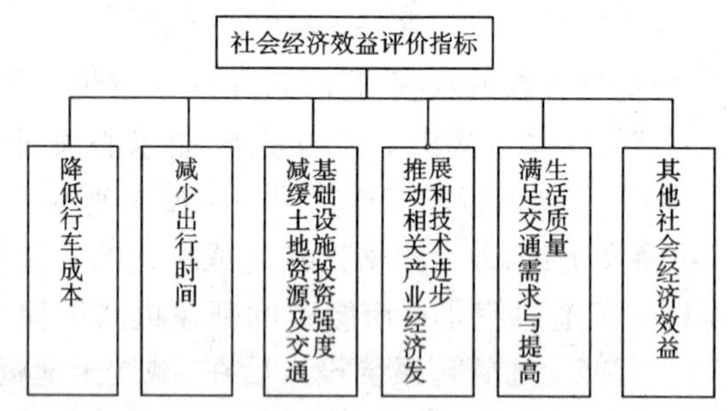

图8-1　北京城市ITMS社会经济效益评价指标

8.2　效益测算和评价结果

8.2.1　北京市ITMS社会经济效益测算

本节主要在前述评价模型与方法研究基础上针对北京市智能交通管理系统的实际应用进行实证分析，由此得出ITMS应用后所涉及的各个指标的量化效益。

在此需要强调的是，由于智能交通管理系统运行时间较短，因此实证分析过程中数据的来源将受到一定程度限制以及数据处理过程将更为繁杂，本章节的计算过程会以不影响评价结果的前提在前述评价模型的基础上稍作改动，以使得以进行评价。评价时，本节所有数据一般情况下均于2004年(ITMS应用前)及2008年(ITMS应用后)这两个特征年份中选取。

实证分析前需处理以下问题：

①机动车车型分类

城市道路中交通流的构成比较复杂，理论上对交通流进行研究时应有统一标准来计量道路上的行驶车辆。目前，诸多课题研究均是采用将交通流数据按《公路工程技术标准》中的车辆折算系数方法处理。车辆折算系数是一种将混合车流中的各种车型转化成标准车的当量值的方法，是道路规划与管理评价中的重要指标之一；但因折算系数的确定是根据车身长度、交通流密度和车间距等参数得来，而本部分中的评价指标需计算燃料成本及折旧程度等相关数值，显然折算系数法在此处不适用；又因目前该领域尚无其他适用于对耗油等进行车型转换的方法，因此，考虑到北京市ITMS覆盖区域下道路交通实际运行的车辆种类，根据北京市交通运行公报中对机动车的分类(见表8-1)，本指标拟针对小客车与大客车两种车型进行降低行车成本方面的经济效益核算，其中，因小货车与大货车在全市机动车总量中所占比例较小，且能进出ITMS系统所覆盖的部分货车还受到通行时间方面的约束，因此，此处的经济效益核算

将不考虑小货车与大货车两种车型。

北京市城八区道路行驶车型比例　表8-1

车型	小客车	大客车	小货车	大货车	其他
全市比例(%)	80.9	4.5	3.5	1.8	9.3

数据来源:北京市2008年交通运行公报

注:ITMS系统覆盖的区域主要为北京市城八区。

②机动车速度处理

智能交通管理系统建设的根本目标是为了减轻道路交通的堵塞程度,使出行者最大限度地通畅出行,因此,本书考虑ITMS投入运营后对交通环境产生的影响主要体现为车辆行驶速度的变化,即有、无ITMS系统车辆分别以高低两种相对速度行驶。其中,因涉及实地数据采集、历史数据对比以及交通仿真的应用,数据的处理过程异常繁杂,所以,为简化计算过程而又不影响评价结果的准确性,实证分析时将采用路网平均速度以表征各机动车车型在道路上行驶的速度值。

对于路网平均速度,考虑到不同时段道路交通阻塞程度不尽相同,首先主要针对工作日的机动车早高峰(07:30—08:30)与午平峰(12:30—13:30)这两个典型时段进行数据采集;根据7.3.3小节的测算结果,在考虑了近年来北京市机动车保有量迅猛增长与道路长度增长相对缓慢所产生的矛盾对车辆行驶速度造成的影响后,经计算,ITMS应用后路网平均速度变化如表8-2所示。

ITMS应用后车辆的速度变化区间　表8-2

	最小值	最大值
速度变化	+9.64%	+12.00%

注:表中符号"+"表示ITMS应用后车辆的行驶速度有所提高。

根据北京市交通运行公报相关数据显示,2008年北京市快速路早高峰平均速度为35.6km/h,晚高峰平均速度为30.4km/h,得到高峰时段快速路平均速度为33km/h;主干路早高峰平均速度为23.1km/h,晚高峰平均速度为19.9km/h,得到高峰时段主干路平均速度为21.5km/h。同时,由北京市统计年鉴显示,2008年年底城市快速路长度为242公里,城市主干道长度为755公里,因此,对快速路与主干道的道路长度进行加权平均后可得高峰时段路网综合平均速度为24.29km/h。

所以,根据表8-2所示数据可得出若无ITMS系统情况下高峰时段路网平均速度的区间值为21.69~22.15km/h。

③机动车油耗测算

为得到小客车与大客车两种车型在ITMS应用前后高低两种速度下相应的油耗值,首先对小客车与大客车选取具体的代表车型以获取相应数据。

小客车包括出租车、私人小轿车及公务车,依据北京亚运村汽车交易市场2008年年度汽车销售排行榜所售车型进行分析,根据上述三种车型销售量及各自排气量,估算平均排气量,由此得出小客车的代表车型。

对于大客车,由于目前北京市城区道路上运行的大客车主要是载客公交车,且通过调查,北京市公交公司投入运营的车辆主要以12米车长的公交车为主,因此,在获取油耗资料时以该种车身长度的载客公交车辆作为代表车型。

在确定了代表车型的基础上经过有关资料的查阅,小客车与大客车各时速下的油耗值如表8-3、表8-4所示。

小客车不同时速下的油耗 表8-3

车速(km/h)	10	20	30	40	50	60	70	80
油耗(L/100km)	10.1	9.4	9.1	8.4	7.5	7.1	7.60	8.1

数据来源:中国汽车网。

大客车不同时速下的油耗 表8-4

车速(km/h)	10	20	30	40	50	60	70	80
油耗(L/100km)	17.90	15.41	14.35	14.47	15.39	16.88	18.80	21.34

数据来源:中国汽车网。

同时,根据相关资料显示ITMS应用前后各车型的权重系数如表8-5和表8-6所示。权重系数表示的是车辆在相应时速下行驶的路程占该车总行驶里程的比例。

ITMS应用前各车型权重系数 表8-5

车速(km/h)	10	20	30	40	50	60	70	80及以上
小客车	0.41	0.34	0.12	0.06	0.03	0.02	0.01	0.01
大客车	0.48	0.36	0.10	0.03	0.02	0.01	—	—

数据来源:中国汽车网。

ITMS应用后各车型权重系数 表8-6

车速(km/h)	10	20	30	40	50	60	70	80及以上
小客车	0.37	0.3	0.12	0.08	0.05	0.04	0.03	0.01
大客车	0.45	0.35	0.15	0.12	0.02	0.01	—	—

数据来源:中国汽车网。

结合表8-3～表8-6中数据,根据公式(8-1)、公式(8-2)得:

ITMS应用前后小客车平均油耗为9.457 L/100km和9.289 L/100km;

ITMS应用前后大客车平均油耗为16.485 L/100km和16.368 L/100km。

因此可以得到,智能交通管理系统的应用为小客车与大客车平均每百公里节省的燃料值分别为0.168L与0.117L。

④其他相关数据

因计算需要,本指标测算还涉及其他相关数据,北京市城八区运营的机动车相关数据如表8-7所示。

2008年北京市城八区运营的机动车相关数据 表8-7

项目 \ 车型		小客车		大客车
		出租车	私人机动车及公务车	
城八区机动车运营总量(万辆)		6.66	169.64	2.15
机动车年行驶里程(km)		109 800	16 200	84 744
燃料价格(元/L)	汽油	5.92		
	柴油	5.40		

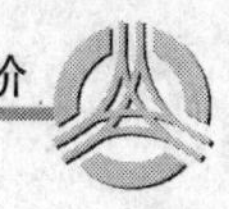

其中表中部分数据需说明以下问题：

• 因小客车中出租车与私人小汽车在年行驶里程方面有较大差距，所以此处需将小客车划分为至少两类，即出租车、私人机动车及公务车。

• 2008年小客车中各车型运营总量数据根据该年北京市城八区机动车保有量（218.71万辆）与城八区内道路中各行驶车型比例（见表8-1）的乘积得来。其中，由于北京市自2008年7月起为缓解城区交通压力而实行了按车牌尾号每周停驶一天的交通限行政策，此处私人机动车及公务车的运营总量亦考虑了该政策对其造成的影响，即只取了该类型车辆总量的五分之四。

• 因道路上行驶的大客车主要为载客公交车，此处大客车运营总量数据为2008年北京市公交车保有量数据。

• 由于工作地点及生活习惯等因素影响，大部分出行者的出行路线常年基本保持不变，因此本部分认为出租车、私人机动车与公务车，以及大客车的年行驶里程每年基本无变化。由于数据来源有限，出租车与私人机动车的年行驶里程数据取自2005年北京市第三次交通综合调查，且认为公务车与私人机动车的年行驶里程相差不大，因而此处选用同一数据；同时，公交车年行驶里程以北京公共交通集团运营数据为依据，采用公交集团2008年公交车的年行驶里程总量（18.22亿公里）与公交车保有量（21 500辆）相比得出。

• 对于燃料消耗价值的核算，此处小客车采用汽油价格，大客车采用柴油价格。

经过相关资料的查阅，北京市近年来机动车保有量以及道路长度的增长情况如表8-8、表8-9所示。

2000～2008年北京市机动车保有量　　表8-8

单位：万辆

项目＼年份	2000	2001	2002	2003	2004	2005	2006	2007	2008
机动车保有量	157.8	169.9	189.9	212.4	229.6	258.3	287.6	312.8	350.4

数据来源：北京市交通运行公报。

1998～2007年北京市城区道路长度　　表8-9

单位：公里

年份	1998	1999	2000	2001	2002	2003	2004	2005	2006	2007
道路长度	3 255	3 277	3 624	3 672	3 691	3 727	4 064	4 073	4 419	4 460

数据来源：北京市统计年鉴。

⑤出租车平均载客人数计算

为得到2008年出租车单位车辆的平均载客人数，本小节做了以下交通调查：选取北京市海淀区交通枢纽之一——西直门为研究对象，于工作日中将其周围交叉口驶过的300辆出租车（不包含未载有乘客的车辆）作为调查样本，通过对车辆的载客人数（不包含驾驶员）进行观察，统计结果如表8-10所示。

出租车载客人数调查统计　　表 8-10

乘坐人数(位)	1	2	3	4	4人以上
车次(辆)	151	93	41	12	3
所占比例(%)	50.3	31	13.67	4	1

数据来源:交通调查。

将上表数据加权平均可得出租车每车的平均载客人数约为 1.694 人次,其中 4 人以上的数据未计入在内。

下面分别就社会经济效益各项评价指标进行实证分析。

(1)降低行车成本

根据上述分析和计算,结合表 8-7 中数据,利用公式(8-3),可得 ITMS 应用后道路上小客车中出租车、私人机动车及公务车与大客车在“降低行车成本”方面每年带来的社会经济效益量化值分别为 0.727 亿元、2.733 亿元、0.115 亿元,因此可得北京市 ITMS 应用后在“降低行车成本”方面所带来的社会经济效益量化值为 3.58 亿元。

(2)减少出行时间效益

根据前文所阐述的评价方法,本节在数据获取过程中按照通行能力分析的思路,首先将北京市按智能交通管理系统设备覆盖率的高低程度进行分区,选取具有代表性的典型区域进行研究,具体数据如表 8-11 所示。

ITMS 应用后单位距离车辆出行时间变化　　表 8-11

		设备高覆盖区域	设备低覆盖区域	指标变化
单位距离出行时间	平峰	1.13min	1.23min	缩短 8.13%
	高峰	2.56min	3.00min	缩短 14.70%

以上各项数据充分说明,北京市 ITMS 投入运营后很大程度上为行驶车辆节省了出行时间,主要体现在车辆行驶的平均速度增加方面,从而使交通参与者在道路上的停留时间大幅减少。

同理,由于以上给出的单位距离出行时间为相对值形式,不能完全满足前述评价模型的输入数据要求,因此,将采用“降低行车成本”经济效益核算中的车辆年行驶里程与速度的比值来获取智能交通管理系统实施后为交通参与者节省的出行时间。

结合前述机动车速度处理和表 8-7 中数据,根据公式(8-4)可得 2008 年 ITMS 为每辆出租车节省的年出行时间为 436.732 ~ 541.862 小时。同理可得 ITMS 为乘载私人机动车与公务车的出行者节省的年个人出行时间为 64.44 ~ 79.95 小时。对于大客车,本评价指标只考虑主要车型即载客公交车,在出行过程中,多数乘客乘坐公交车时并不贯穿始终,根据北京市第三次交通综合调查数据可知,每位乘客的平均出行距离为 9.3 公里/次。因此可得,每条公交线路为乘载公交车出行的用户在单位出行次数中节省的个人出行时间为 0.037 ~ 0.046 小时。

考虑到北京市外来人口较多,且在后续计算过程即人均 GDP 核算时,这部分人群所创造的社会价值未计入北京市统计年鉴的地区生产总值(GDP)数据中,因此,此处计算 ITMS 为北京市出租车用户和公交乘客节省的年出行时间时需避免将出租车乘客中的外来人口包括在

内。根据2008年北京市统计年鉴显示，北京市常住人口比例为78.5%。同时，根据北京市第三次交通综合调查显示，北京市出租车里程利用率为53.8%。根据北京市第三次交通综合调查可知，私人机动车与公务车单位车辆的平均载客人数为1.26人/次。2008年北京市公交车客运量为47.1亿人次。

可得ITMS为北京市出租车用户节省的年出行时间为2 116.54万~2 626.03万小时，为北京市私人机动车与公务车用户节省的年出行时间为17 217.27万~21 361.28万小时，为北京市公交车出行用户节省的年出行时间为13 680万~17 008万小时。因此各机动车为出行用户减少的出行时间总量为33 013.81万~40 995.31万小时。

由统计年鉴可知，2008年北京市人均GDP为63 029元，除去双休日及法定节假日后按平均每人一年工作237天、每天工作8小时的工作制度计算，则每人一年共工作1 896小时，由此可得2008年单位时间人均创造社会价值量为33.34元/小时。

综上所述，在假设交通参与者所节省的出行时间全部用来创造社会价值的前提下，根据北京市个人单位时间人均创造的社会价值量，由公式(8-5)可得ITMS因减少道路使用者出行时间而带来的年社会经济量化效益为1 100 680.425万~1 366 783.635万元，平均效益值为123.38亿元。

(3)减缓土地资源及交通基础设施投资强度

自智能交通管理系统建成并投入使用后，北京市ITMS覆盖区域下的道路通行能力有了很大程度提高，这在一定程度上缓解了新建道路的压力，也减缓了部分土地资源以及交通基础设施建设的投资强度。

①减缓的土地资源及新建道路里程测算

ITMS投入使用前，北京市每年均需修建一批新的道路以满足交通通行的需要，同时，由于北京市机动车保有量每年均在大幅攀升，若新建道路的增长跟不上机动车保有量的增长，势必给市内交通带来更大的压力，但从ITMS建成后来看，尽管北京市的道路修建工程每年仍在继续，但新建道路里程方面已存在递减的趋势。

通过对比不难看出，北京市机动车保有量的增长速度远远大于城市道路长度的增长。经过计算易得1998年至2004年北京市城八区道路长度年平均增长率为3.8%，而2004年北京市城八区道路长度为4 064公里，若按上述比例即3.8%的速度增长，至2007年北京市城八区道路长度本应达到4 545公里，而实际中2007年北京市城八区道路长度为4 460公里，因此可以认为，ITMS项目的实施使北京市避免了85公里的新建道路建设。

②减缓土地资源及交通基础设施投资强度效益估算

需要说明的是，由于2008年北京市调整了城市道路统计口径，因此统计年鉴中该年的道路长度数据与之前的年份缺乏可比性，所以此处只能选用2008年之前的数据进行对比分析。同时，受北京市相关政策的影响，为使北京的奥运会以及2009年的国庆大阅兵顺利进行，2008年北京市在交通基础设施建设方面投入的成本大幅提高，路网增长数据具有突变性，不适于同历史数据对比。因此，在上述评价过程中本部分只选取2008年以前的相关数据进行计算。

根据相关资料显示，北京市城区道路主要由中心城快速路、中心城主干道和城市次干道组成，各种道路的成本建设费用如表8-12所示。

北京市道路建设成本

表 8-12

单位:万元

	快速路	主干道	次干道
征地拆迁	2 000	1 000	550
道路建设	5 000	2 500	1 350
配套设施	3 000	1 500	800
合计	10 000	5 000	2 700

因此,根据第五章所阐述的相应模型,北京市道路修建的平均成本为 5 900 万元/公里,综合前述内容,根据公式(8-6)可以得到 ITMS 自投入建设至 2008 年年初以来,在"减缓土地资源及交通基础设施投资强度"这一方面带来的社会经济量化效益为 50.15 亿元。

(4)推动相关产业经济发展和技术进步

北京市 ITMS 应用后直接或间接地给相关产业带来了一定程度影响。由于 ITMS 的研究、开发和建设涉及多个行业和部门,因而其应用不仅能促进与智能交通有关的科学技术进步,还能推动相关产业的经济发展,更能调整产业链上相关劳动人员的就业分配,所带来的影响意义深远。

根据价值链思想相关理论,产业要生存和发展,就必须为产业自身以及与其所在地区利益有关联的相关行业包括员工、顾客等创造价值。把所有产业创造价值的过程分解为一系列互不相同但又相互关联的经济活动,其总和即构成产业之间的"价值链"。从理论上讲,智能交通管理系统由多种因素集成,包括技术的集成、管理的集成和系统的集成:①在技术上,它需要综合利用先进的信息技术、数据通信传输技术、通信技术、现代控制技术与遥感(RS)技术、地理信息系统(GIS),全球定位系统(GPS)、视频传感技术、系统工程技术和人工智能技术等技术,通过有效地集成,从而应用于地面运输系统。②在管理上,它需要将交通者、交通工具、交通管理者与运营者、交通服务设施等有机地结合起来,使原来分散独立的各种交通运输行为形成一个协调运转、良性循环的整体,从而大大提高交通运输系统效率和效益。③系统的集成不仅包括各运用子系统之间的集成,也包括未来不同城市、不同地区智能交通管理系统之间的集成。正是由于智能交通产业实现了集成化,才能促进各项要素、功能和优势之间的互补与匹配,从而最终促进整个产业的发展。

同时由于智能交通管理系统的集成化发展,其应用必然直接或间接影响着多个产业及部门,例如,在 ITMS 的应用过程中,需要一定的硬件设备和软件产品作为基础,如需要汽车行业及其相关机电行业提供交通信息采集传输设备、通信设备、发布设备等硬件;在智能交通信息的生成、加工、传送等环节,需要通信技术、信息技术来建立完善的信息网络;其信息的处理需要借助微电子、计算机及软件产品来完成。但不管这些受影响的产业及部门从事什么生产活动,都可归结为两大类,这也是价值链理论中对生产活动的划分,即基本增值活动和辅助性增值活动两部分。这里产业的基本增值活动,即一般意义上的"生产经营环节",如材料供应、成品开发、生产运行、成品储运、市场营销和售后服务;产业的辅助性增值活动,包括组织建设、人事管理、技术开发和采购管理。通过以上分析,从智能交通管理系统所形成的价值链来看,它

的每个环节之间都是相互关联、相互影响的。由于价值链是各个产业部门之间基于一定的技术经济关联,并依据特定的逻辑关系和时空布局关系客观形成的链条式关联关系形态,因此,该价值链中每个环节都是由大量的相关产业或部门构成。通过从ITMS系统应用形成的这条价值链来看,它是一条具有复杂性、交叉性和集成性的高新技术价值链。其中,该价值链中ITMS产业内部构成包括智能交通技术研究中心、信息采集设备制造商、信息服务集成商与提供商、通信网络运营商、服务和管理终端设备制造商及其软件系统开发商、交通工具生产商和政府管理部门等,由于设备前装市场的发展,如今许多汽车生产商也加入了该价值链;价值链中以ITMS系统为中心的上游或下游产业(环节)包括交通运输业、仓储和邮政业、科学研究与技术服务行业及计算机服务和软件业等,这些都属于智能交通系统应用后受直接影响的行业或部门,同时,尽管金融业与房地产业等行业的发展受ITMS系统的影响相对较小,但也属于受间接影响的行列范围,因此也应纳入该价值链中。

以上所提到的以ITMS为中心的任何企业或部门都是其产品在设计、生产、销售、交货和售后服务方面所进行的各项活动的聚合体,每一项经营管理活动就是这一价值链条上的一个环节。智能交通的行业内部及行业之间均存在着大量的信息、物质、资金及人才方面的交换关系。随着社会经济的快速发展,各行业的分工越来越细,产业所涉及的技术及其专业化程度越来越高,产业链条也随着被越拉越长,因而产业价值链之间相互交织,呈现出多层次的网络结构;同时,由于产业价值链具有循环性的特点,对于参与价值链的、持续经营的产业,其价值增值实现的过程是一个不断循环的过程,尽管一个环节能在多大程度上影响其他环节的价值活动与其在该价值链条上的位置有关,但价值链中任何一个环节经营管理的好坏均可影响到其他环节的成本和效益。

综上所述,ITMS系统的应用对相关产业的发展起到了较大的推动作用。但是,由于ITMS投入运行的时间还不是很长,对有关产业及部门所产生的影响尚未明显体现出来,即使对一部分产业已经产生了较大的促进作用,但因无法确定所涉及的行业及行业的具体边界,且各行业部门对有关数据的统计标准不尽相同,造成评价数据难以获取,因此本书对“推动相关产业经济发展与技术进步”这一指标的社会经济效益量化评价研究没有展开;同时,由于许多相关产业其长期化价值的最大实现比起短期价值的实现有更重要的意义,所以现阶段对该指标进行定量分析的时机还不够成熟,只有待北京市ITMS系统随着时间的发展与社会及各大产业部门充分融合之后,才能进一步展开对该指标系统、全面的评价研究。

(5)满足交通需求与提高生活质量

ITMS系统的根本目标是更大程度上满足出行者的交通需求。通过公众社会调查表明,由于ITMS可以改善交通拥堵状况、提高交通安全水平、减少能源消耗、降低污染程度,因此系统的实施使用户出行的经济性、便利性、机动性、可达性、舒适度、满意度、安全性都得到了明显地提升。

通过ITMS系统的应用,道路安全水平得到显著提高,提高了城市居民出行的生活质量。北京市交通事故死、伤人数连续3年下降,交通事故万车死亡率由2005年的5.87降低到2008年的2.81,下降幅度达52.1%。

此外,智能交通管理系统的使用,也极大增强了城市应急处突和抗风险能力。交通意外事件系统自动检测比人工发现早5分钟。例如,2009年2月9日央视新址发生大火,系统第一

时间检测到因火情导致的京广桥车辆行驶缓慢的拥堵警情,第一时间通报有关部门,并为消防救援赢得宝贵时间。由于及时地采取了交通管制措施,保证了周边道路的有序和应急车辆的畅通。

(6)其他社会经济效益

①提高社会就业水平

由于智能交通管理系统的开发和建设涉及到交通运输、信息传输、计算机服务和软件业、科学研究与技术服务、先进制造业等多个产业领域,实施和应用涉及诸多相关部门,并且实施内容也与城市居民的切身利益直接相关,因此 ITMS 的投资与运营对整个社会的就业结构产生了较大影响,不管是直接方面还是间接方面,系统的实施可推动行业的发展,实现劳动力在不同行业之间的重新分配,对社会的就业结构和就业水平产生了积极的影响。

②土地增值

ITMS 的投入运行优化了交通体系的运行,提高了公众通勤的效率,城市居民出行具有更大的能动性及灵活性,减少了人口布局所受的制约因素,打破了经济因素和环境因素对人口分布的制约,促进了城市内部及城市间路网布局合理化和现代化,由此提升了系统覆盖区域的土地利用价值。

ITMS 项目的应用使城市交通建设向着快速、智能化、节约化的方向发展,提高了土地的利用价值;反过来,通过沿线土地的合理规划、调整属性、优化结构、集约利用,将产生的土地增值通过市场和政策的手段合理分配,又成为解决城市交通建设资金筹措的有效办法,使 ITMS 项目得到持续的资金支持。

③提高国民素质

ITMS 是一种综合性交叉学科,集信息技术、数据通讯传输技术、电子传感技术、电子控制技术以及计算机处理技术等各方面人才为一体。ITMS 系统的研发和实施,促进了各学科高水平人才的培养。

此外,为实施和应用 ITMS 系统而开展的社会调研过程中,通过调查问卷题目的设置及引导,交通参与者进一步了解了 ITMS 这一新兴的科技手段,提高了人们对高新技术的认知水平,同时加深了对交通法规的认识,提高了交通守法意识。

④ITMS 项目与国家、地区发展重点相适应

ITMS 适合国家战略发展要求,有助于解决国家发展中在交通运输领域的重点、难点问题。契合《中华人民共和国交通部指导性文件》中相关要求,ITMS 使交通阻塞和交通事故有所减少,提高路网的通行能力,提高交通运输的生产效益和经济效益,从而满足国民经济和社会发展对交通运输的需求。而减少能耗、降低污染,更是解决了我国能源供给的结构性矛盾。

ITMS 的实施,也促进了首都“宜居城市”与和谐社会建设,有效打击了交通违法行为,增强了公众交通文明和守法意识;保证了交通限行政策的实施,实现了交通需求的科学管理。

8.2.2 北京市 ITMS 社会经济效益评价结果

北京市智能交通管理系统社会经济效益的评价结论充分说明,ITMS 的应用为北京市的社会、经济发展起到了极大的促进作用。

ITMS 投入运营后,在很大程度上缓解了交通堵塞,提高了道路的通行能力。其中,在课题

选取的特征年份即 2008 年，ITMS 每年为道路上机动车降低的行车成本量化效益为 3.58 亿元；为出行用户节省出行时间 33 013.81 万～40 995.31 万小时，避免了人们将更多精力耗费在道路交通方面，从而有更多时间与机会为社会创造价值，2008 年北京市智能交通管理系统投入后在“减少出行时间”方面带来的社会经济平均量化效益共 123.38 亿元；正因为 ITMS 覆盖区域下道路通行能力有了很大程度提高，这在一定程度上缓解了新建以及扩建道路的必要性，节省了部分土地资源及交通基础设施建设的投资费用，经核算，ITMS 的实施使北京市在 2005 年至 2008 年年初这段时期共节省了 85 公里的新建道路建设费用，为社会带来的年经济量化效益为 16.72 亿元；同时，ITMS 项目的应用也能带动相关产业经济的发展，促进科学技术进步，并在一定程度上提升社会的就业水平。

第9章　北京城市 ITMS 交通安全影响评价

9.1　评价思路和评价指标

9.1.1　评价思路

北京市交通安全效益的产生是多方面因素共同作用的结果,ITMS 是其中最重要的一部分,因此在对 ITMS 的安全效益进行评价前,应首先对影响北京市交通安全的各个因素进行分析,确定哪些效益是由 ITMS 的实施带来的;其次,在明确了 ITMS 的效益范围后,再利用成本效益分析法及灰色聚类评估法分别对北京市 ITMS 实施后的经济效益及效果进行评价。

本节在充分掌握 ITMS 安全作用机理的基础上,从宏观角度出发,应用成本效益理论,结合 ITMS 的特点对 ITMS 项目的评价方法进行深入研究,给出 ITMS 安全效益定量评价的方法体系。

(1)成本效益分析法

成本效益分析法目前被广泛应用于 ITS 评价的研究工作中。在对 ITMS 的安全作用进行成本/效益分析时,有以下几项基本原则必须遵守:

①对 ITMS 安全性的成本和安全效益的估算要客观,既不能夸大,也不能缩小。国外 ITS 项目建设的经验表明,在估算过程中常常出现成本估计过低而收益估计过高的现象。

②对 ITMS 成本和安全效益的分析要全面完整。ITMS 的成本有内部成本和外部成本,直接成本和间接成本;有可见的成本,也有无形的成本。对于这些因素应综合起来考虑。

③对 ITMS 安全效益的分析,要做到近期效益与远期效益相结合,全局效益与局部效益相统一。ITMS 的安全效益具有明显的滞后性和递进性以及投资领域和获益领域的不一致性特征。因此,整个 ITMS 系统的效益也将在一个较长的时期内逐步实现,呈现出递进的一个过程。另外,一个新的 ITMS 子系统投入运行,需要有一个适应过程,其安全效益要经过一段时间的系统试运行后才能逐步体现,因此,在进行 ITMS 的安全效益分析时,要做到近期和远期相结合,全局与局部相统一。

因此,北京市 ITMS 系统安全效益定量计算可从以下几步切入:

①北京市交通安全影响因素分析

影响北京市交通安全的因素众多,主要包括 ITMS 自身安全作用的影响,机动车保有量对安全作用的影响、道路条件对安全作用的影响、天气情况及交通管制情况对安全作用的影响。为了计算 ITMS 的安全效益,必须排除其他影响因素的安全作用,因此需要通过分析每一种影响因素的特点,确定如何排除其他影响因素的安全作用。

A.机动车保有量变化对交通安全的影响

机动车是对交通总量产生影响的最直接因素，而交通量对交通安全的影响是最直接的，并且非常明显。因此，机动车保有量和交通量是影响交通安全的因素之一。

B. 道路条件的变化对交通安全的影响

国内外大量交通事故的统计分析结果表明，随着车辆动力性及道路等级的提高，汽车行驶车速不断上升，但由于道路条件（线形设计、路面施工不合理）、交通诱导标志不足造成交通事故增加，特别是交通事故死伤人数增多。从事故在道路上的分布来看，它并非平均分布于整个路网或整个路段，而是往往集中发生在某些地点或者某些特殊路段，这反映了在这些地点或者路段存在着不安全的道路条件因素，这些因素是直接引发车祸的道路先天性缺陷，它对道路使用者有着负面影响和误导作用。因此，道路条件及交通基础设施的改善能够有效地减少交通事故发生的数量、降低交通事故的严重程度。

C. 天气条件的变化对交通安全的影响

雨、雪、风、雾等自然气候条件是交通安全的大敌，在交通事故统计中，具有在恶劣气候条件下事故率较高的特点。恶劣的气候条件会影响驾驶员的视线，从而干扰驾驶员的判断；恶劣的气候条件会使得路面摩擦减少，使得刹车距离增加，从而增加驾驶员的驾驶风险；恶劣的气候条件也会更易使非机动车和行人发生意外，增加行人和非机动车的出行风险。因此，天气条件是影响交通安全的重要因素之一。

D. 交通管制条件的变化对交通安全的影响

交通管理中把人们事先具体规划的但对道路交通产生重大影响的事件称为计划性事件，如：大型集会和会展、体育竞赛、大型文娱活动等。这些事件的发生有可能会改变原有的交通条件，或者在特定时间内产生大量的额外交通需求，这都将阻碍或限制道路网中原有交通流的正常运行，容易引起交通拥挤和阻塞。

交通管制的目的在于：(a)进行交通预测：进行包括多种出行方式在内的交通出行预测；确定事件影响的区域和交通系统组成；开展停车需求分析；进行道路通行能力评价等。(b)保证交通安全：给行人提供安全的通道信息；最小化人车冲突；设置安全通道；防止产生拥挤事故。(c)效率最大化：充分挖掘利用道路和交通系统资源；提高交通系统的运行效率；制定事故管理策略以响应与清除事故。通过交通管制的目的可以明确看出，交通管制可以为车辆和旅客提供交通安全保证，是影响交通安全的重要因素之一。

E. 人口与教育、文化等因素

人是产生交通需求的最基本因素。在考虑一个地区的交通总量时，人的因素是必不可少的。一般情况下，当个人的交通需求普遍一致时，则人口越多，总的交通需求就越大，交通总量也就越大，从而交通事故也会越多。一个国家的教育水平可以反映人口交通安全素质（涉及具体个人的问题在下面微观因素中讨论），教育水平越高，交通主要参与者的整体素质就越高，这个国家的安全水平就相对越高。这在美国和欧洲的发达国家以及亚洲的韩国、新加坡等国家已经得到了体现，这些国家绝大部分国民受教育年限在 8 年以上，相应的万车事故死亡率都比较低，一般在 20 人以下；而像印度、巴基斯坦等发展中国家，人均受教育年限普遍偏低（一般不到 4 年），他们的万车事故死亡率大大高于其他国家。一个国家的人口结构也与交通安全存在一定的关系，几乎在所有国家，年轻人的交通事故率至少是中老年人的 3 倍。另外，一个国家失业人口的比例、城乡人口的比例，等等，都影响着交通出行的变化，从而也影响着交

通安全。国内外的统计研究表明，一个驾驶员每天行车中所遇到的危险情况在国外是100次，在国内是150次，在这些危险情况中，约95%是由于交通参与者违章造成的。在各种交通参与者的各种违章中，真正由交通警察当面纠正的只占百万分之五。由此可见，绝大多数的违章要依靠交通参与者的自觉性来解决，这也是提倡交通道德的原因。此外，值得注意的是目前我国正处于城市化快速发展时期，流动人口在城市中占有很大比重，而统计资料显示，流动人口的道路交通安全违法率更高，其影响因素是多方面的，如流动人口对城市交通安全法规不熟悉、流动人口的交通素质较低等。

F. 经济发展程度

经济越发达，社会分工越细，每个人在为他人服务的同时，也会有他人在为自己服务。人与人之间的沟通与交流随经济的发展而增加，随之而来人员与物资之间的流动也会增加，必然引起交通总量的增长；经济发达地区不仅吸引大量的外来车辆，使得其交通总量大大增加。因而经济发展程度是一项重要的因素，而前面评价方法中提到的公式都没有考虑该因素。

②北京市ITMS系统的安全效益计算方法

北京市交通安全影响因素众多，为了明确计算北京市ITMS的交通安全效益，可以采用数据预测法和效益损失比法两种方法来排除其他影响因素带来的交通安全效益，从而计算ITMS的安全效益。这两种方法都是通过北京市ITMS系统实施前后北京市交通安全经济损失对比得到北京市ITMS的交通安全效益。

A. 数据预测法

数据预测法是以北京市安全经济效益或安全数据指标作为评价对象，采用相应的预测方法，通过分析北京市ITMS实施前若干年(2000~2004年)的交通安全相关数据(总体经济损失、死亡人数，受伤人数、车辆损毁数量等)建立预测模型，预测得到之后几年的北京市交通安全数据，然后通过对比预测的数据与安装ITMS后的实际损失数据对比可得ITMS的安全经济效益。由于ITMS的主体系统是在2004年开始建设，于2008年基本完成，因此由2000~2004年预测的经济损失模型可以认为是在无ITMS作用影响下的预测模型，其2008年的预测值也是在无ITMS情况下的预测值，其他交通安全相关因素(如道路里程增加、人口增加、政策法规变化、汽车保有量增加、人口素质提高)的发展趋势在预测模型中都有所考虑，故通过对比2008年的实际经济损失与预测经济损失之间的区别可以得到ITMS作用于交通安全的经济效益。数据预测法根据具体预测对象的不同可以分为北京市交通安全经济损失预测和交通安全单项指标的预测。

- 北京市交通安全经济损失预测

北京市交通安全经济损失预测法以北京市整体的交通安全经济损失作为预测对象，通过分析北京市ITMS实施前若干年(如2000~2004年)的安全经济损失数据建立预测模型，预测得到2008年北京市交通安全经济损失数据，然后通过对比预测的数据与安装ITMS后的实际损失数据对比可得ITMS的安全经济效益，评价思路如图9-1所示。

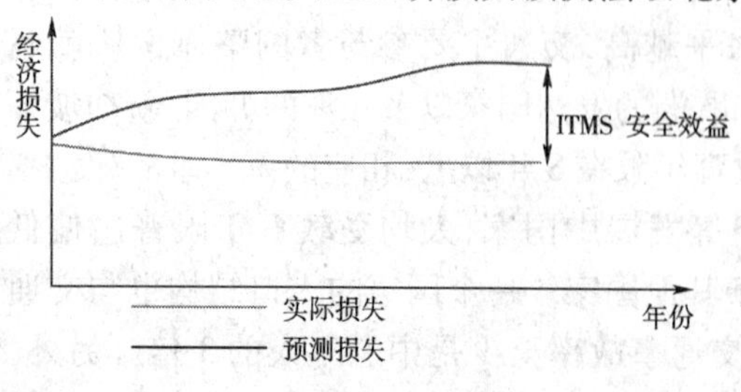

图9-1 北京市交通安全经济损失预测法

假设北京市2000~2004年的交通安全经济

损失值分别为 $S_{00}, S_{01}, S_{02}, S_{03}, S_{04}$，依据这五个值建立预测模型，预测得到北京市 2008 年的经济损失值为 S'_{08}，而北京市 2008 年的实际交通安全经济损失值为 S_{08}，则北京市 ITMS 的交通安全效益为：

$$BITMS = S'_{08} - S_{08} \tag{9-1}$$

- 单项指标预测

单项指标预测法以北京市总体经济损失计算所需的各项指标(如死亡人数、事故数)为预测对象，分别建立预测模型，得到各指标在 2008 年的预测值，通过对比各项指标在 2008 年的实际值与预测值可得到各指标的 ITMS 安全作用效果，折合成货币形式的经济值，可得到 2008 年的经济损失预测值，从而得到 ITMS 的安全效益，评价思路如图 9-2 所示。以下以死亡人数为例说明：

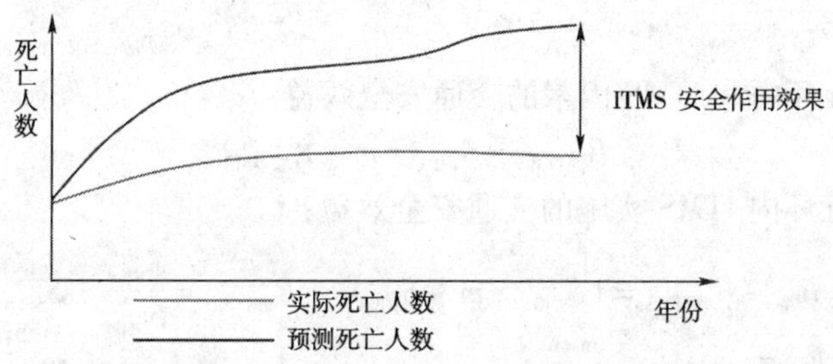

图 9-2　北京市交通安全经济损失单项指标预测法

假设北京市 2000 ~ 2004 年的交通事故死亡人数分别为 $D_{00}, D_{01}, D_{02}, D_{03}, D_{04}$，依据这五个值建立预测模型，预测得到北京市 2008 年的经济损失值为 D'_{08}，而北京市 2008 年的实际交通安全经济损失值为 D_{08}，可以计算在 ITMS 的安全作用下，北京市的交通事故死亡人数减少为：$D_1 = D'_{08} - D_{08}$，以此类推，设由于 ITMS 的作用，各项交通安全数据指标分别减少了 $D_2, D_3, \cdots, D_n$，各指标的经济损失估值分别为 $S_1, S_2, \cdots, S_n$，得到北京市 ITMS 的交通安全效益为：

$$B_{ITMS} = \sum_{i=1}^{n} S_i \cdot D_i \tag{9-2}$$

- 预测方法分析

对可能发生的道路交通事故产生的经济损失进行预测，是道路安全评价、决策以及交通事故管理的重要组成部分。精确的经济损失预测可以为决策层提供一个科学依据，使做出的决策更切合实际，从而有效减少交通事故的数量，保证道路交通系统的安全运行。

目前在各个领域常用的预测方法有统计趋势预测、马尔可夫模型预测、回归分析预测等，但是这些预测方法的共同特点是需要大量的数据及先验知识进行分析。灰色系统理论是近年来被逐渐采用的新型理论，其特点是在数据较少且不确定的背景下，可对数据进行处理、分析，由此建立模型，对其发展趋势进行预测、进行决策以及对系统评估。本节将采用灰色系统理论进行 ITMS 的交通安全影响研究。

B. 效益损失比法

本部分通过比较 ITMS 实施前后(2004 年、2008 年)北京市年交通安全经济损失的数据来计算 ITMS 的经济效益。北京市 ITMS 的实施明确以五环为界，故本部分可以以五环为边界将北京市划分为两部分，其中，五环内区域产生的交通安全效益是由 ITMS 和其他因素共同作用的结果，而五环外区域产生的交通安全效益是除去 ITMS 外所有因素共同作用的结果。在具体计算时,可以近似认为,北京市五环内外区域的经济发展速度、机动车数量变化率等因素的比率保持稳定,所以可由五环外区域交通安全效益的变化情况来表征五环内区域的变化情况,即可以采用五环外区域的交通安全数据作为非 ITMS 作用的安全效果进行分析,计算得到北京市 ITMS 实施的交通安全效益。具体的计算步骤如下:

a. 计算北京市五环内外区域 2004 年和 2008 年的交通安全经济损失,分别为 $S_{内04}$、$S_{外04}$、$S_{内08}$、$S_{外08}$;

b. 计算北京市五环外区域的交通安全效益损失比,即非 ITMS 因素对交通安全效益的贡献:

$$K_{非ITMS} = (S_{外04} \cdot m - S_{外08}) / S_{外04} \cdot m \tag{9-3}$$

其中,m 为折现率,即在考虑通货膨胀等因素的情况下,2004 年的货币在 2008 年的实际购买力。

c. 计算北京市五环内非 ITMS 因素的交通安全效益:

$$B_{非ITMS} = S_{内04} \cdot m \cdot K_{非ITMS} \tag{9-4}$$

d. 计算北京市五环内 ITMS 实施的交通安全效益:

$$B_{ITMS} = B_{总} - B_{非ITMS} = (S_{内04} \cdot m - S_{内08}) - B_{非ITMS} = \frac{S_{内04}}{S_{外04}} \cdot S_{外08} - S_{内08} \tag{9-5}$$

(2)交通事故损失评价方法

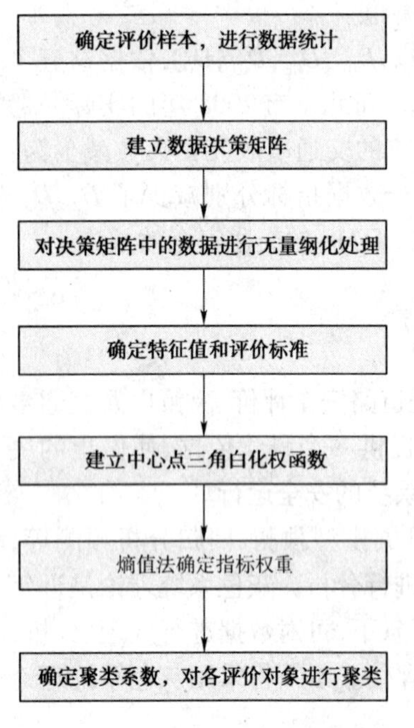

图 9-3　灰色聚类评价计算步骤

在进行交通事故损失评价时,有代表性的方法是总产量法(Gross Output)和愿付费法(Willingness-to-pay Approach)。本部分以愿付费法为理论基础进行交通安全经济损失的计算,并在此基础上测算北京市交通安全经济效益值。

除了经济效益评价方法,本部分还将研究北京市实施 ITMS 前后的道路交通安全态势变化。在 ITMS 安装前后的道路结构、管理控制、车辆事故等数据的基础上,对北京市实施 ITMS 前后的交通安全状况进行评估,给出交通安全等级变化,为最终的评价结果提供有力支持。

交通安全态势评价体系中所列各项指标分别从不同方面反映了 ITMS 对安全作用的影响,为评估 ITMS 的安全性能提供了支持,如何充分利用这些不同方面指标的信息并使之综合为一体就显得非常重要。本小节将采用灰色聚类评价方法对 ITMS 安装前后的安全态势做出评价。交通安全态势评价是一个典型的多指标、多属性问题,应用灰色综合评价分析法可以对 ITMS 安装前后的安全态势进行有效地分析。

根据研究的实际情况,可以选用中心点三角权函数聚类法对北京市的交通安全状态进行评估,具体计算步骤如图 9-3 所示。

9.1.2　评价指标

综上所述,北京城市 ITMS 安全效益评价指标如图 9-4 所示。

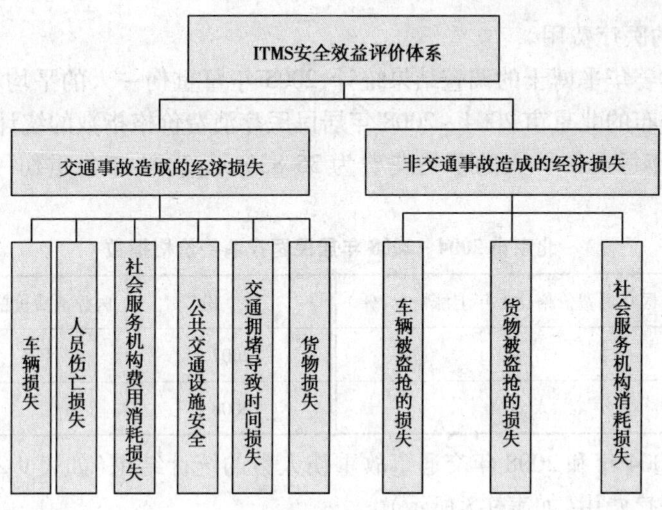

图 9-4　北京城市 ITMS 安全效益评价指标

9.2　效益测算和评价结果

9.2.1　交通安全效益测算及评价结果

通过对可获得的交通安全数据的分析,本部分确定使用效益损失比法作为 ITMS 交通安全评价的方法。

根据对交通安全相关数据的详细分析,由于某些数据的缺乏,此处对设计的评价指标体系稍作调整,实际可用于计算的各项损失在图 9-5 中以灰色表明,然后再根据式(9-6)和图 9-5 的评价指标测算方法计算道路交通事故经济损失。

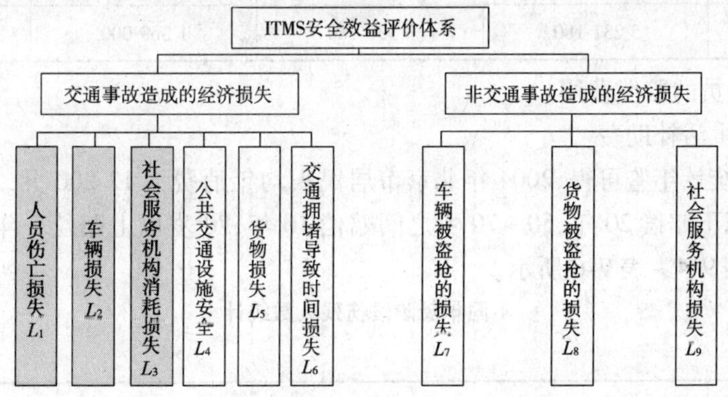

图 9-5　ITMS 安全效益评价体系

(1)交通事故经济损失计算

①人员伤亡经济损失

人员伤亡经济损失包括伤亡人员的医疗费用、对伤亡人员的赔偿费用、死亡者生命(劳动)价值损失及受伤者劳动价值损失,其中对伤亡人员的赔偿费用包括残疾者的生活补助费、死亡者丧葬费用及死亡者死亡补偿费。

• 伤亡人员的医疗费用

根据吉林大学姜华平博士的调查结果统计,2005 年每重伤一人的平均花费为 35 800 元,根据国家统计局公布的北京市 2004～2008 年居民医疗消费价格指数的统计结果(如表 9-1 所示),可得到 2004 年每重伤一人的平均花费为 35 830 元,2008 年每重伤一人的平均花费为 37 000元。

北京市 2004～2008 年居民医疗消费价格指数 表 9-1

年　份	医疗消费价格比上年上涨情况(%)	年　份	医疗消费价格比上年上涨情况(%)
2005	-0.1	2007	0.3
2006	1.1	2008	2

通过北京市 2004 年和 2008 年交通事故重伤人数的统计结果(如表 9-2 所示),可以计算得到伤亡人员的医疗费用(如表 9-3 所示)。

北京市 2004 年和 2008 年五环内外重伤人数统计 表 9-2

单位:人

年　份	2004 年		2008 年	
区域	五环内	五环外	五环内	五环外
重伤人数	146	266	37	198

北京市 2004 年和 2008 年五环内外受伤者医疗损失 表 9-3

单位:元

年　份	2004 年		2008 年	
区域	五环内	五环外	五环内	五环外
伤者医疗损失	5 231 180	9 530 780	1 369 000	7 326 000

• 对伤亡人员的赔偿费用

a. 残疾者的生活补助费

根据北京市统计年鉴可得,2004 年北京市居民人均年消费为 12 200 元,2008 年为16 460 元。依据 50 岁以下赔偿 20 年,50～70 岁之间赔偿 10 年,70 岁以上赔偿 5 年的赔偿标准,得到以下结论,如表 9-4～表 9-6 所示。

不同年龄阶段伤残人数统计 表 9-4

单位:人

伤残人数	2004 年		2008 年	
	五环内	五环外	五环内	五环外
50 岁以下	103	210	22	141
50～70 岁	30	39	12	45
70 岁以上	13	17	3	12

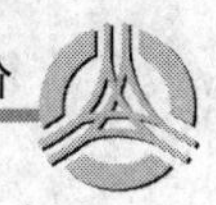

不同年龄段伤残赔偿费用　　表 9-5

单位:元

伤残赔偿	2004 年		2008 年	
	五环内	五环外	五环内	五环外
50 岁以下	25 132 000	51 240 000	7 242 400	46 417 200
50 ~ 70 岁	3 660 000	4 758 000	1 975 200	7 407 000
70 岁以上	793 000	1 037 000	246 900	987 600

北京市 2004 年和 2008 年不同区域伤残赔偿费用　　表 9-6

单位:元

年份	2004 年		2008 年	
区域	五环内	五环外	五环内	五环外
伤残者赔偿费用	29 585 000	57 035 000	9 464 500	54 811 800

b. 死亡者丧葬费用

根据北京市有关规定,北京市 1994 ~ 2008 年对死亡人员的丧葬补助标准为 800 元/人,根据北京市按区域划分的 2004 年和 2008 年死亡人数统计(如表 9-7 所示),得出 2004 年和 2008 年死亡者丧葬费用如表 9-8 所示。

北京市 2004 年和 2008 年死亡者人数统计　　表 9-7

单位:人

年份	2004 年		2008 年	
区域	五环内	五环外	五环内	五环外
死亡者人数	421	787	170	567

北京市 2004 年和 2008 年死亡者丧葬费用　　表 9-8

单位:元

年份	2004 年		2008 年	
区域	五环内	五环外	五环内	五环外
丧葬费用	336 800	629 600	136 000	453 600

c. 死亡者死亡补偿费

据统计,北京市 2004 年和 2008 年不同年龄的死亡者人数如表 9-9 所示,而据北京市统计年鉴可得,2004 年北京市居民人均年消费为 12 200 元,2008 年为 16 460 元。依据 16 岁以下赔偿 5 年,16 ~ 70 岁之间赔偿 10 年,70 岁以上赔偿 5 年的赔偿标准,得到以下结论,如表 9-10 所示。

北京市 2004 年和 2008 年不同年龄的死亡者人数　　表 9-9

单位:人

死亡者人数	2004 年		2008 年	
	五环内	五环外	五环内	五环外
16 岁以下	25	35	6	18
16 ~ 70 岁	332	677	135	515
70 岁以上	64	75	29	34

北京市2004年和2008年五环内外的死亡者赔偿损失　表9-10

单位:元

死亡者赔偿费用	2004年		2008年	
	五环内	五环外	五环内	五环外
16岁以下	1 525 000	2 135 000	493 800	1 481 400
16～70岁	40 504 000	82 594 000	22 221 000	84 769 000
70岁以上	3 904 000	4 575 000	2 386 700	2 798 200
合计	45 933 000	89 304 000	25 101 500	89 048 600

- 死亡者生命(劳动)价值损失

据统计,死亡者生命(劳动)价值损失如表9-11所示,北京市2004年和2008年不同年龄死亡人数如表9-12所示。

北京市2004年和2008年不同年龄段单个死亡者生命价值损失　表9-11

单位:元

年龄段	不同年龄死亡者生命价值损失的单位量		年龄段	不同年龄死亡者生命价值损失的单位量	
	2004年	2008年		2004年	2008年
0～6	731 836	1 235 093	35～40	630 801	1 060 353
7～9	809 624	1 366 373	40～45	535 762	898 706
10～12	860 211	1 451 747	45～50	430 620	719 877
13～15	913 959	1 542 457	50～55	314 303	522 040
16～20	928 005	1 565 851	55～60	185 623	303 175
21～25	864 556	1 457 934	60～65	109 048	174 986
26～30	794 363	1 338 547	65～70	70 457	113 060
31～35	716 709	1 206 469	>70	27764	44552

北京市2004年和2008年不同年龄死亡人数统计结果　表9-12

单位:人

死亡人数 / 年龄段(岁)	2004年		2008年	
	五环内	五环外	五环内	五环外
0～6	7	11	4	9
7～9	3	4	0	2
10～12	4	7	1	3
13～15	11	13	1	4
16～20	29	46	11	36
21～25	28	75	10	44
26～30	32	58	7	50
31～35	49	91	7	68
36～40	36	91	18	66
41～45	41	79	16	66

续上表

年龄段（岁） \ 死亡人数	2004 年		2008 年	
	五环内	五环外	五环内	五环外
46 ~ 50	40	79	23	52
51 ~ 55	28	61	14	52
56 ~ 60	13	38	8	35
61 ~ 65	12	29	5	22
66 ~ 70	24	30	16	24
>70	64	75	29	34
总人数	421	787	170	567

从而，根据以上数据，可得到北京市 2004 年和 2008 年五环内外死亡者生命价值损失，其结果如表 9-13 所示。

北京市 2004 年和 2008 年五环内外死亡者生命价值损失　　表 9-13

单位：元

年龄段（岁） \ 死亡者生命价值损失	2004 年		2008 年	
	五环内	五环外	五环内	五环外
0 ~ 6	5 122 852	8 050 196	4 940 372	11 115 837
7 ~ 9	2 428 872	3 238 496	0	2 732 746
10 ~ 12	3 440 844	6 021 477	1 451 747	4 355 241
13 ~ 15	10 053 549	11 881 467	1 542 457	6 169 828
16 ~ 20	26 912 145	42 688 230	17 224 361	56 370 636
21 ~ 25	24 207 568	64 841 700	14 579 340	64 149 096
26 ~ 30	25 419 616	46 073 054	9 369 829	66 927 350
31 ~ 35	35 118 741	65 220 519	8 445 283	82 039 892
36 ~ 40	22 708 836	57 402 891	19 086 354	69 983 298
41 ~ 45	21 966 242	42 325 198	14 379 296	59 314 596
46 ~ 50	17 224 800	34 018 980	16 557 171	37 433 604
51 ~ 55	8 800 484	19 172 483	7 308 560	27 146 080
56 ~ 60	2 413 099	7 053 674	2 425 400	10 611 125
61 ~ 65	1 308 576	3 162 392	874 930	3 849 692
66 ~ 70	1 690 968	2 113 710	1 808 960	2 713 440
>70	1 776 896	2 082 300	1 292 008	1 514 768
合计	210 594 088	415 346 767	121 286 068	506 427 229

- 受伤者劳动价值损失

经相关资料的查阅,北京市 2004 年和 2008 年不同年龄段单个受伤者劳动价值损失如表 9-14 所示,该时间段内的人员受伤情况如表 9-15 所示。

北京市 2004 年和 2008 年不同年龄段单个受伤者劳动价值损失　　表 9-14

年龄段	受伤者生命价值损失单位量(元)($L_{141}+L_{142}$)		年龄段	受伤者生命价值损失单位量(元)($L_{141}+L_{142}$)	
	2004 年	2008 年		2004 年	2008 年
0~6	329 326	555 792	36~40	283 860	477 159
7~9	364 331	614 868	41~45	241 093	404 418
10~12	387 095	653 286	46~50	193 779	323 945
13~15	411 282	694 105	51~55	141 437	234 918
16~20	417 602	704 633	56~60	83 530	136 429
21~25	389 050	656 070	61~65	49 072	78 744
26~30	357 463	602 346	66~70	31 706	50 877
31~35	322 519	542 911	>70	12 494	20 049

北京市 2004 年和 2008 年人员受伤情况　　表 9-15

单位:人

重伤人数 / 年龄段(岁)	2004 年		2008 年	
	五环内	五环外	五环内	五环外
0~6	2	1	1	2
7~9	0	3	1	1
10~12	0	1	0	1
13~15	1	2	1	4
16~20	13	17	4	11
21~25	22	36	1	13
26~30	15	27	3	17
31~35	15	41	2	18
36~40	8	37	0	31
41~45	8	21	2	22
46~50	19	24	7	21
51~55	10	15	4	24
56~60	6	8	3	10
61~65	7	4	2	7
66~70	7	12	3	4
>70	13	17	3	12

结合以上数据,得到北京市 2004 年和 2008 年五环内外受伤者劳动价值损失,如表 9-16

所示。

北京市 2004 年和 2008 年五环内外受伤者劳动价值损失　　表 9-16

单位:元

年龄段	2004 年		2008 年	
	五环内	五环外	五环内	五环外
0 ~ 6	658 652	329 326	555 792	1 111 584
7 ~ 9	0	1 092 993	614 868	614 868
10 ~ 12	0	387 095	0	653 286
13 ~ 15	411 282	822 564	694 105	2 776 420
16 ~ 20	5 428 826	7 099 234	2 818 532	7 750 963
21 ~ 25	8 559 100	14 005 800	656 070	8 528 910
26 ~ 30	5 361 945	9 651 501	1 807 038	10 239 882
31 ~ 35	4 837 785	13 223 279	1 085 822	9 772 398
36 ~ 40	2 270 880	10 502 820	0	14 791 929
41 ~ 45	1 928 744	5 062 953	808 836	8 897 196
46 ~ 50	3 681 801	4 650 696	2 267 615	6 802 845
51 ~ 55	1 414 370	2 121 555	939 672	5 638 032
56 ~ 60	501 180	668 240	409 287	1 364 290
61 ~ 65	343 504	196 288	157 488	551 208
66 ~ 70	221 942	380 472	152 631	203 508
>70	162 422	212 398	60 147	240 588
合计	35 782 433	70 407 214	13 027 903	79 937 907

- 人员伤亡经济损失

通过对表 9-3、表 9-6、表 9-8、表 9-10、表 9-13、表 9-16 的五环内外受伤者劳动价值损失汇总,得出北京市 2004 年和 2008 年五环内外交通事故造成的人员伤亡经济损失如表 9-17 所示。

北京市 2004 年和 2008 年五环内外交通事故造成的人员伤亡经济损失　　表 9-17

年份	2004 年		2008 年	
区域	五环内	五环外	五环内	五环外
人员伤亡损失(元)	327 462 501	642 253 361	170 384 971	738 005 136

根据表 9-17 和 9.1.1 小节提到的效益损失比法,计算可得 2008 年北京市 ITMS 的人员伤亡经济效益为 205 898 007 元,约为 2.06 亿元。

②车辆损失

由于交管部门的数据只统计了车辆是否损坏,没有统计车辆损坏程度,因此,本部分用行驶车辆中驾乘人的损伤情况近似反应车辆损坏程度。

车体是驾乘人员最外层的保护,往往车辆的损坏程度比驾乘人员的受伤程度更严重。也就是说,当车辆受到轻微损坏的时候,往往驾乘人员并没有任何损伤,这起事故仅仅造成财产损失;而当驾乘人员之一重伤或死亡时,也就是说车辆已经完全丧失了保护能力,这时车辆往往已经报废。当然,相同撞击的情况下,车辆的安全性能越好,驾乘人的损伤越小,这里考虑到大部分车辆的情况,近似估计车辆损坏程度比车内受伤最重的驾乘人员的损伤程度略大一个等级。即某类损坏等级的车辆数目由低一等级的损伤人数(若车内有多位驾乘人,只计算伤势最重的一位)近似代替,如表 9-18 所示。

车辆损坏数和损伤的驾乘人数对照表 表 9-18

序　号	损坏车辆台数	对应的驾乘人的损伤人数
1	轻微损坏台数	仅财产损失的车辆数目
2	一般损坏台数	轻微伤人数
3	严重损坏台数	轻伤人数
4	报废台数	重伤和死亡人数

经相关资料的查阅,北京市 2004 年和 2008 年五环内外损坏的车辆数如表 9-19 所示。

北京市 2004 年和 2008 年五环内外损坏的车辆数 表 9-19

单位:辆

损坏的车辆台数	2004 年		2008 年	
	五环内	五环外	五环内	五环外
轻微损坏	1325	1550	581	1331
一般损坏	75	101	25	71
严重损坏	159	352	71	393
报废	133	378	61	278

根据北京市历年机动车辆的损坏程度和人员伤亡情况统计,可估算 2004 年和 2008 年车辆轻微损坏所造成的损失约为 2 000 元/辆,一般损坏所造成的损失分别为 8 000 元/辆和 10 000元/辆,严重损坏造成的损失分别为 16 000 元/辆和 20 000 元/辆,报废造成的损失分别为 120 000 元/辆和 150 000 元/辆,据此可测算出北京市 2004 年五环内外不同损坏类型的车辆损失如表 9-20 所示。

北京市 2004 年和 2008 年五环内外不同损坏类型的车辆损失 表 9-20

单位:元

车 辆 损 失	2004 年		2008 年	
	五环内	五环外	五环内	五环外
轻微损坏	2 650 000	3 100 000	1 162 000	2 662 000
一般损坏	600 000	808 000	250 000	710 000
严重损坏	2 544 000	5 632 000	1 420 000	7 860 000
报废	15 960 000	45 360 000	9 150 000	41 700 000
合计	21 754 000	54 900 000	11 982 000	52 932 000

综上所述,根据前文提到的效益损失比法,计算可得2008 年北京市 ITMS 的车辆损失经济效益为 8 992 184 元,约为 900 万元。

③社会服务机构费用消耗损失

社会服务机构费用消耗损失包括警务机构费用消耗损失与医疗机构费用消耗损失，其中警务机构费用消耗损失包括交通警察社会劳动价值损失与警车油耗损失，医疗机构费用消耗损失包括医务人员社会劳动价值损失与救护车油耗损失。

- 警务机构费用消耗损失

a. 交通警察社会劳动价值损失

北京市 2004 年和 2008 年五环内外不同类型的事故数如表 9-21 所示。事故类型不同需要的警务人员数量也不相同，轻微事故、一般事故、重大事故和特大事故分别需要 1 名、2 名、4 名和 6 名警务人员到场处理。根据估算，每起事故花费每名警务人员的时间大概是 4 个小时。2004 年警察人均年劳动价值 $G_{(04)}=6$ 万元，2008 年 $G_{(08)}=8$ 万元。根据以上数据，交通警察社会劳动价值损失计算结果如表 9-22 所示。

北京市 2004 年和 2008 年五环内外不同类型的事故数　表 9-21

单位：起

事故数量	2004 年		2008 年	
	五环内	五环外	五环内	五环外
轻微事故	171	105	23	35
一般事故	1 552	1 481	337	902
重大事故	677	1 413	121	536
特大事故	14	12	0	6

北京市 2004 年和 2008 年五环内外交通警察社会劳动价值损失　表 9-22

单位：元

年份	2004		2008	
区域	五环内	五环外	五环内	五环外
交通警察社会劳动价值损失	755 228	1 094 315	196 017	667 054

b. 警车油耗损失

事故类型不同需要的警车数量也不相同，轻微事故、一般事故、重大事故和特大事故分别需要 1 辆、1 辆、2 辆和 3 辆警车到场处理。根据估算，平均每起事故警车出警里程数为 30km。2004 年每千米油耗费用 $S_{(04)}=0.52$ 元，2008 年 $S_{(08)}=0.84$ 元。根据以上数据，警车油耗损失结果计算如表 9-23 所示。

北京市 2004 年和 2008 年事故导致的警车油耗损失　表 9-23

单位：元

年份	2004		2008	
区域	五环内	五环外	五环内	五环外
警车油耗损失	48 656	69 389	15 170	51 080

c. 警务机构费用消耗损失汇总

对上述交通警察社会劳动价值损失、警车油耗损失汇总，得出北京市 2004 年和 2008 年警务机构费用消耗损失，如表 9-24 所示。

北京市 2004 年和 2008 年警务机构费用消耗损失　　表 9-24

单位:元

年份	2004		2008	
区域	五环内	五环外	五环内	五环外
警务机构费用消耗损失	803 885	1 163 704	211 187	718 134

- 医疗机构费用消耗损失

a. 医务人员社会劳动价值损失

一般在出现重伤或者死亡人员的时候才需要救护车到场。一辆救护车由 1 名医生,2 名护士和 1 名司机构成。根据估算,每起事故大约消耗每名医务工作者 4 个小时。2004 年医务人员人均年劳动价值 $G_{(04)}=6$ 万元,2008 年 $G_{(08)}=8$ 万元。根据以上数据,医疗机构费用消耗损失计算如表 9-25、表 9-26 所示。

北京市 2004 年和 2008 年五环内外死伤人数及需要救护车到场的人数　　表 9-25

年份	2004		2008	
区域	五环内	五环外	五环内	五环外
重伤者人数(人)	132	262	32	196
死亡者人数(人)	417	783	171	552
需救护车的人数(人)	549	1045	203	748

北京市 2004 年和 2008 年五环内外医务人员社会劳动价值损失　　表 9-26

单位:元

年份	2004		2008	
区域	五环内	五环外	五环内	五环外
医务人员社会劳动价值损失	205 021	390 249	101 079	372 448

b. 救护车油耗损失

根据估算,平均每起事故救护车行驶里程数为 30 公里。2004 年每千米油耗费用 $S_{(04)}=0.52$ 元,2008 年 $S_{(08)}=0.84$ 元。根据以上数据,救护车油耗损失计算如表 9-27 所示。

北京市 2004 年和 2008 年事故导致的救护车油耗损失　　表 9-27

单位:元

年份	2004		2008	
区域	五环内	五环外	五环内	五环外
救护车油耗损失	8 564	16 302	5 116	18 850

c. 医疗机构费用消耗损失汇总

对由事故导致的医务人员社会劳动价值损失和救护车油耗损失进行汇总,得到北京市 2004 年和 2008 年事故导致的医疗机构费用消耗损失如表 9-28 所示。

北京市 2004 年和 2008 年事故导致的医疗机构费用消耗损失　　表 9-28

年份	2004		2008	
区域	五环内	五环外	五环内	五环外
医疗机构费用消耗损失(元)	213 585	406 551	106 194	391 298

d. 社会服务机构费用消耗损失汇总

对表 9-24 和表 9-28 中的数据进行汇总，得到北京市 2004 年和 2008 年五环内外社会服务机构费用消耗损失结果，如表 9-29 所示。

北京市 2004 年和 2008 年五环内外社会服务机构费用消耗损失　　表 9-29

年份	2004		2008	
区域	五环内	五环外	五环内	五环外
社会服务机构消耗损失(元)	1 017 470	1 570 255	317 381	1 109 432

根据前文中提到的效益损失比法，计算可得 2008 年北京市 ITMS 的社会服务机构经济效益为 401 491 元，约为 40 万元。

④交通事故致经济安全损失

根据交通事故损失总产量计算法的评价指标体系（图 9-1），总产量法计算的交通安全损失（简称为总产量损失）是人员伤亡损失（表 9-17）、车辆损失（表 9-20）、社会服务机构消耗损失（表 9-29）之和，结果如表 9-30 所示。用 2004 年到 2007 年北京市居民消费价格上涨情况进行修正，得到修正后的总产量损失，如表 9-30 所示。

总产量法得到的北京市 2004 年和 2008 年五环内外交通安全损失　　表 9-30

年份	2004		2008	
区域	五环内	五环外	五环内	五环外
总产量损失(元)	350 233 971	698 723 616	182 684 352	792 046 568
修正后总产量损失(元)	389 460 175	776 980 661	182 684 352	792 046 568

根据统计研究，主观精神损失是总产量损失的 1.9 倍，将表 9-35 中修正后的总产量损失乘以 1.9，即为主观精神损失，如表 9-31 所示。

北京市 2004 年和 2008 年五环内外的主观精神损失　　表 9-31

年份	2004		2008	
区域	五环内	五环外	五环内	五环外
主观精神损失(元)	739 974 333	1 476 263 256	347 100 270	1 504 888 479

依据表 9-31 和前文提到的效益损失比法，可得 2008 年北京市 ITMS 的主观精神损失经济效益为 407 222 406 元，约为 4.07 亿元。

根据前文所述内容，愿付费法计算的交通事故经济损失（简称愿付费交通安全损失）应为总产量损失与主观精神损失之和，即表 9-30 中修正后的总产量损失和表 9-31 之和，结果如表 9-32 所示。

愿付费法得到的北京市 2004 年和 2008 年五环内外交通安全损失　　表 9-32

年份	2004		2008	
区域	五环内	五环外	五环内	五环外
愿付费交通安全损失(元)	1 129 434 509	2 253 243 917	529 784 622	2 296 935 047

在愿付费损失计算方法的基础上，根据表 9-32 和前文提到的效益损失比法，2008 年北京市 ITMS 交通事故经济安全效益为 621 549 988 元，约为 6.22 亿元。

(2)非交通事故经济损失计算

由于历史数据有限,本部分只考虑车辆偷窃导致的非交通事故经济安全损失 L_7。

根据交管部门提供的数据,2004 年和 2008 年北京市五环内外被盗窃的车辆数目如表9-33所示。

北京市 2004 年和 2008 年五环内外被盗窃的车辆数目 表 9-33

单位:辆

年份	2004		2008	
区域	五环内	五环外	五环内	五环外
被盗窃的车辆数目(原始数据)	3 835	1 777	1 352	788

一个盗窃团伙作案不可能只局限在五环内或五环外某一个范围之内,应该是全市范围内的作案。事实上,2008 年在 ITMS 应用后,公安部门利用 ITMS 系统辅助支持破获了至少两个盗窃团伙,这些团伙也确实是全市范围内的作案。案件告破之后,五环内外的被盗窃车辆数目都有大幅度降低。由此可见,在车辆盗窃方面 ITMS 的作用范围不仅局限在五环内而且延伸至了五环外,也就是说 2008 年五环外的被盗窃车辆数目大幅度减少是有 ITMS 作用的。综合考虑汽车保有量、社会环境、交通政策和车辆技术进步等因素,本部分假设若没有 ITMS 作用的影响,2008 年五环外被盗窃车辆的数目是现在的两倍,修正后数据见表 9-34。

北京市 2004 年和 2008 年五环内外被盗窃的车辆数目 表 9-34

单位:辆

年份	2004		2008	
区域	五环内	五环外	五环内	五环外
被盗窃的车辆数目(修正数据)	3 835	1 777	1 352	1 576

鉴于被盗车辆一般为中高档轿车,取平均每辆车的单价为 20 万元,由表 9-34 可得到北京市 2004 年和 2008 年五环内外被盗窃的车辆损失,如表 9-35 所示。

北京市 2004 年和 2008 年五环内外的被盗窃的车辆损失 表 9-35

年份	2004		2008	
区域	五环内	五环外	五环内	五环外
被盗窃的车辆损失(元)	767 000 000	355 400 000	270 400 000	315 200 000

根据表 9-35 和前文提到的效益损失比法,计算可得 2008 年北京市五环内车辆盗窃损失经济效益为 409 843 106 元,约为 4.1 亿元。根据上文估计,在 ITMS 的作用下,2008 年五环外被盗窃车辆减少了 788 辆,产生的效益为 157 600 000 元,约为 1.58 亿元。综上所述,2008 年北京市 ITMS 的非交通事故损失经济效益为 567 443 106 元,约为 5.67 亿元。

(3) ITMS 交通安全经济效益

根据 ITMS 交通安全损失指标体系,ITMS 交通安全经济效益由交通事故损失经济效益和非交通事故损失经济效益两部分组成,根据前文计算结果,ITMS 交通安全经济效益为两者之和,即 1 188 993 094 元,约为 11.89 亿元人民币。

9.2.2 交通安全效果定性评价

通过前述对北京市 ITMS 实施带来的交通安全效益的评价,可以明显看出 ITMS 的实施对

北京市交通安全产生了巨大的效益,但是交通安全评价是一个十分复杂的研究课题,评价时具有定性和定量两方面的特性,因此,本节通过定性的角度分析 ITMS 的实施对交通安全产生的效果。

(1)评价样本的选取

近年来,随着交通安全越来越受到政府和广大市民的重视,北京市的道路基础设施有了明显的改善,ITMS 的实施更是大大增强了道路的安全性、加快了应急反应能力,但是由于经济发展、道路状况以及 ITMS 分布的不均衡性,北京市的交通安全状况还是会随着地域的不同而呈现不同的特点。因此在选取评价样本时,应综合考虑北京市 ITMS 分布情况、经济发展水平等多方面因素。

为了更好地判断 ITMS 对北京市交通安全产生的作用效果,选取的样本应覆盖北京市五环内外的区域,既应包含北京市二环内的城市中心区域,也应覆盖东南西北各个方向的近郊区域;既有经济发达、人口众多、ITMS 分布密集的城市中心地带和奥运场馆区域,也有经济发展相对滞后、人口与 ITMS 分布相对较为稀疏的五环外区域。通过深入分析,最终确定了以下 10 个区域作为定性评价的评价区域,如表 9-36 所示。

评价样本区域选取表　　表 9-36

编号	区　域	区域所包含的具体道路
1	西二环附近区域	西二环路、阜成路、车公庄大街、三里河路、三里河东路、车公庄西路
2	南三环附近区域	南三环路、方庄路、蒲黄榆路、马家堡东路、开阳路、右安门外大街
3	奥运中心区域	北辰东路、北辰西路、大屯路、慧忠路、北苑路
4	二环内中心区域	地安门西大街、德胜门内大街、西四北大街、交道路南大街、西什库大街、西皇城根北街
5	西北五环外区域	圆明园西路、马连洼北路、农大南路、上地西路、信息路
6	南五环外区域	北兴路、西旺路、兴华大街、双高路、金星西路、兴丰大街、兴业大街
7	西四环外区域	莲石东路、鲁谷大街、鲁谷东街、鲁谷路、上庄大街
8	朝阳公园附近区域	农展馆南路、朝阳公园南路、朝阳公园路、甜水园街
9	苹果园附近区域	杨庄东街、苹果园南路、苹果园大街、苹果园路
10	北五环外区域	双营路、红军营南路、春华路、红军营东路

上述各评价样本都是由若干条道路组成的区域,在实际的评价过程中,分别根据上述样本区域 2004 年和 2008 年的交通安全相关数据对各样本的交通安全态势进行定性评价,以 8 个样本的 20 组交通安全数据作为评价对象,针对这 20 组数据建立评价模型。

(2)数据分析与评价指标的确定

①交通安全数据分析

为了进一步分析数据及评价方法的可操作性,可以根据上述选定的 10 个样本区域的交通安全数据做进一步分析,统计分析出这 8 个区域 2004 年、2008 年的死亡人数、事故总数、重伤人数、事故后责任人逃逸事件发生的数量、样本区域道路的总里程数。各区域的交通安全统计数据如表 9-37 所示。

各区域的交通安全统计数据 表 9-37

区域编号	区域	事故总数		死亡人数		重伤人数		事故后责任人逃逸案件数量		道路总里程数（km）
		2004 年	2008 年	2004 年	2008 年	2004 年	2008 年	2004 年	2008 年	
1	西二环附近区域	36	7	6	2	12	0	4	2	23.18
2	南三环附近区域	10	8	6	1	4	1	0	1	15.26
3	奥运中心区域	5	1	2	0	0	1	0	0	11.23
4	二环内中心区域	7	2	0	0	0	0	0	0	7.66
5	西北五环外区域	21	17	6	4	3	1	7	0	15.29
6	南五环外区域	6	1	2	0	0	0	0	0	20.28
7	西四环外区域	21	6	3	3	4	0	3	2	7.43
8	朝阳公园附近区域	2	0	1	0	0	0	0	0	6.43
9	苹果园附近区域	14	6	0	2	5	2	2	0	6.61
10	北五环外区域	2	3	0	1	0	1	0	0	6.86

②评价指标确定

通过对目前可获取的交通安全相关数据进行详细分析，理论评价体系中的部分评价指标不能够得到相应数据的完全支持，因此在实际的评价过程中，具体选用了以下指标作为定性评价的评价指标。

- 公里道路事故率 I_1
- 公里道路死亡率 I_2
- 事故致死率 I_3
- 事故致重伤率 I_4
- 事故后责任人逃逸率 I_5

(3)评价实施

本研究通过对北京市五环内外 10 个区域、20 组样本数据进行分析，确定各样本区域在不同年份的交通安全等级，通过比较各个样本的交通安全等级状况来辅助分析北京市 ITMS 实施产生的交通安全效果，采用灰色聚类评估法对以上 20 组数据进行分析得到的结果如表 9-38 所示。

各样本区域的交通安全等级评价结果表 表 9-38

样本	安全等级		样本	安全等级	
	2004 年	2008 年		2004 年	2008 年
区域 1	3	5	区域 6	5	5
区域 2	1	4	区域 7	3	1
区域 3	5	5	区域 8	4	5
区域 4	5	5	区域 9	5	2
区域 5	1	3	区域 10	5	3

其中，区域 1、2、3、4、7、8 为五环内区域，区域 5、6、9、10 为五环外区域。

为了辅助分析 ITMS 的安全作用效果，可以采取对比分析法对五环内外各区域的交通安全状况和 ITMS 的作用效果进行评估，评估结果如表 9-39 所示。

五环内外样本区域安全等级统计表　　表 9-39

样本	年份	5(优)	4(良)	3(中)	2(差)	1(劣)
五环外样本区域个数	2004	3	0	0	0	1
	2008	1	0	2	1	0
五环内样本区域个数	2004	2	1	2	0	1
	2008	4	1	0	0	1

从图 9-6 和图 9-7 中可以看出，所选北京市五环外的 4 个样本区域在 2008 年的交通安全水平有所下降，安全水平为优的样本数由 3 个下降为 1 个，所占比例由 75% 下降至 25%，而五环内的 6 个样本区域在 2008 年的交通安全水平有所提升，安全水平为优的样本数由 2 个上升为 4 个，所占比例由 28% 上升到 57%。

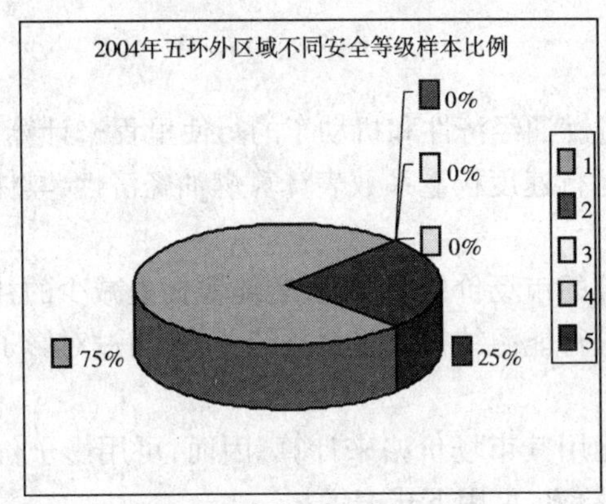

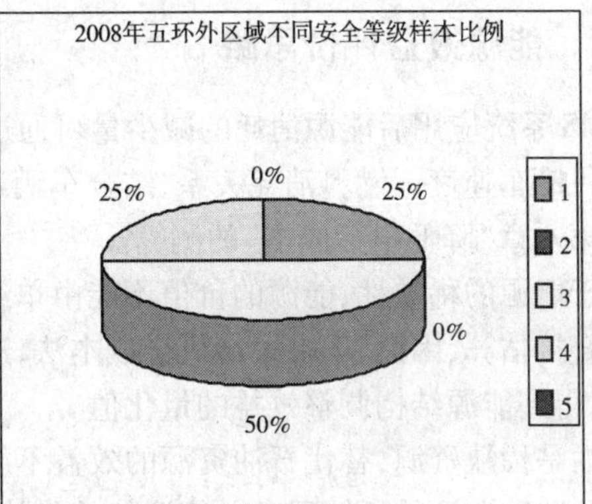

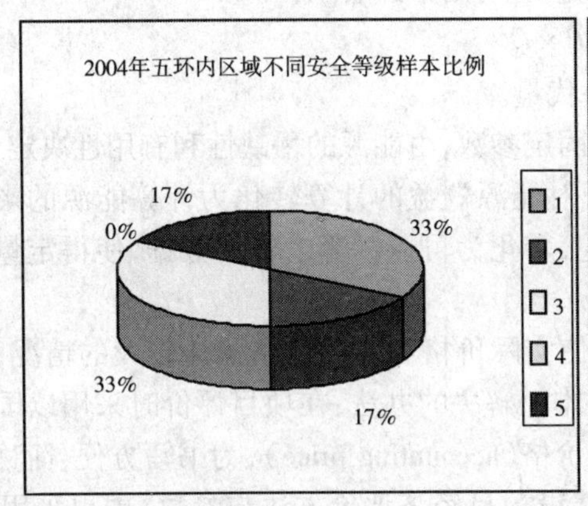

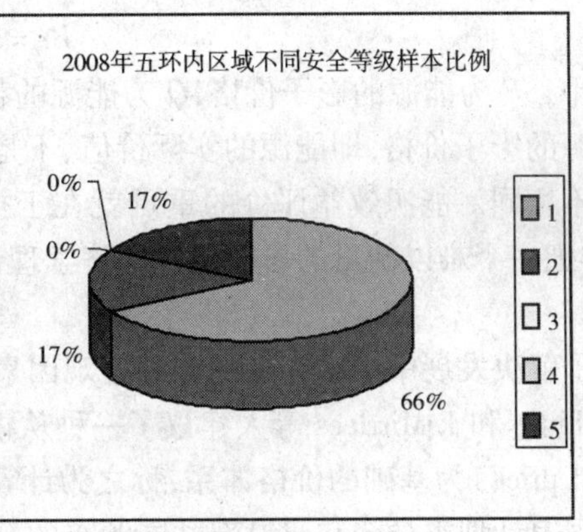

图 9-6　五环内外区域各类安全等级样本比例图

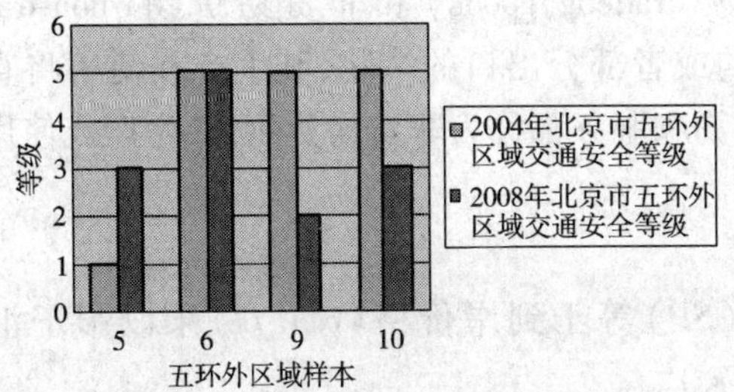

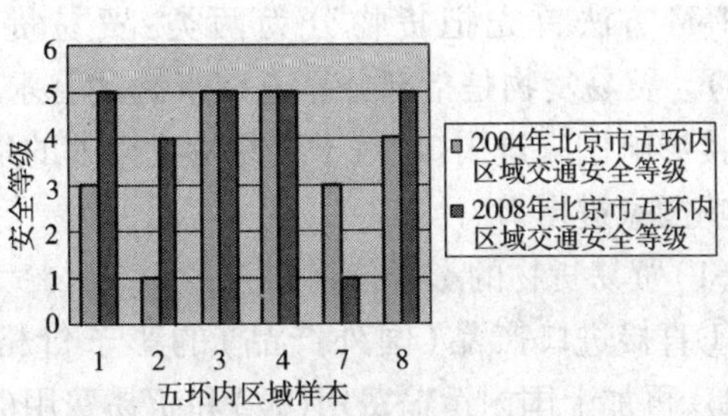

图 9-7　北京市五环内外区域交通安全状态等级变化分析图

第 10 章　北京城市 ITMS 能源环境影响评价

10.1　评价思路和评价指标

10.1.1　能源效益评价思路

ITMS 系统应用后能源消耗的减少量可通过燃油经济性和机动车的行使里程来计算，基于北京市机动车速度—燃料消耗关系，结合车辆运行速度权重系数表计算燃油经济性，具体计算方法同第八章“降低出行成本”的测算。

由于能源的稀缺性，能源的价值不能由单纯的市场价值来体现，且能源损失减少的社会效益不能直接估算，因此，本书采用机会成本法，进行能源结构调整效益的分析，通过对影子价格的估算，得到能源结构调整效益的量化值。

石油是稀缺资源，替代石油资源的效益不能用其市场价格来计算，因而，可用影子价格来反映石油这种资源的稀缺程度。能源的替代效益 Br 可用下式表示：

$$Br = SP \times Q \tag{10-1}$$

其中，SP 为能源的影子价格，Q 为能源的替代量。

能源的影子价格，即能源的实际价值，不是固定参数，由能源的稀缺性和有用性决定，各个时期也不相同。能源效益评价的重点就在于把对能源效益的计算转化为计算能源的影子价格，这样把一个难以衡量的参数通过经济学理论，转化为可以计算求得的数据，使得定量化有了依据。

为了解决发展中国家存在的种种客观因素使实际价格和影子价格偏离较大的情况，学者 I. M. D. Little 和 J. Mirrlees 等人建议了一种从根本上解决的办法：在项目评价时采用以国际价格（world price）为基础的价格体系，称之为计算价格（accounting price），为书写方便，简称 L-M 方法。国家计划委员会和建设部共同颁布的《建设项目经济评价方法与参数》中也采用了 L-M 方法计算项目投入产出物的影子价格。

L-M 方法首先把货物分为两类：贸易货物（tradedg goods）和非贸易货物（non-traded goods）。贸易货物是指部分靠进口来满足需求的或者部分出口的货物，其生产或使用将直接或间接影响国家进出口；对于贸易货物以外的货物和服务都称为非贸易货物，其生产或使用将不影响国家进出口。

（1）贸易货物的影子价格

①直接进口产品（国外产品）的影子价格（SP）等于到岸价格（*c. i. f.*）乘以影子汇率（SER），再加上国内运输费用（T_1）和贸易费用（Tr_1）。

其表达式为：

$$SP = c.i.f. \times SER + (T_1 + Tr_1) \tag{10-2}$$

②间接进口产品(国内产品,如木材、钢材、铁矿、铬矿等,以前进口过,现在也大量进口)的影子价格(SP)等于到岸价格($c.i.f.$)乘以影子汇率,加上口岸到原用户的运输费用(T_2)及贸易费用(Tr_2),减去供应厂到用户的运输费用(T_3)及贸易费用(Tr_3),再加上供应厂到拟建项目的运输费用(T_4)及贸易费用(Tr_4)。

其表达式为:

$$SP = c.i.f. \times SER + (T_2 + Tr_2) - (T_3 + Tr_3) + (T_4 + Tr_4) \tag{10-3}$$

原供应厂和用户难以确定时,可按直接进口考虑。

③减少出口产品(国内产品,如石油、可出口的煤炭和有色金属等,以前出口过,现在也能出口)的影子价格(SP)等于离岸价格($f.o.b.$) 乘以影子汇率,减去供应厂到口岸的运输费用(T_5)及贸易费用(Tr_5),再加上供应厂到拟建项目的运输费用(T_4)及贸易费用(Tr_4)。其表达式为:

$$SP = f.o.b. \times SER - (T_5 + Tr_5) + (T_4 + Tr_4) \tag{10-4}$$

其中,当供应厂难以确定时可按直接离岸价格计算。

(2)非贸易货物的影子价格

非贸易货物的影子价格按下述原则和方法确定。

■ 产出物

①增加供应数量满足国内消费的产出物。供求均衡的,按财务价格定价;供不应求的,参照国内市场价格并考虑价格变化的趋势定价,但不应高于相同质量产品的进出口价格;无法判断供求情况的,取上述价格中较低者。

②不增加国内供应数量,只是替代其他相同或类似企业的产出物,致使被替代企业停产或减产的。质量与被替代产品相同的,应按被替代企业相应的产品可变成本分解定价;提高产品质量的,原则上应按被替代产品的可变成本加上提高产品质量而带来的国民经济效益定价,其中,提高产品质量带来的效益,可近似的按国际市场价格与被替代产品的价格之差确定。

③产出物按上述原则定价后,再计算为出厂价格。

■ 投入物

①能通过原有企业挖潜(不增加投资)增加供应的,按可变成本分解定价。

②在拟建项目计算期内需通过增加投资扩大生产规模来满足拟建项目需要的,按全部成本(包括可变成本和固定成本)分解定价。当难以获得分解成本所需要的资料时,可参照国内市场价格定价。

③项目计算期内无法通过扩大生产规模增加供应的(减少原用户的供应量),参照国内市场价格、国家统一价格加补贴(如有补贴时)中较高者定价。

④投入物按上述原则定价后,再计算为到厂价格。

10.1.2　北京市 ITMS 与车辆排放相互作用机理分析

目前机动车各种污染物排放总量的估算和预测基本上是通过对不同类型机动车的各种污染物排放因子与该类型机动车的行驶里程的乘积求和的方法获得的。机动车排放因子是指单辆机动车行驶单位里程排放的污染物量,一般以 g/km 为单位来表示。它是反映机动车排放状况的最基本参数，也是确定机动车污染物排放总量及其环境影响的重要依据。用排放模型计算排放因子进而可直接为决策者提供近似精确的排放清单，不必对各类机动车进行大量的在路排放测试，因而具有一定的优势，比较适用于城市层次机动车污染物排放特征的分析和研究，是目前国际上机动车尾气排放污染研究的热点。

机动车污染排放模型研究的主旨是建立机动车污染排放与其影响因素之间的数学关系或物理关系。首先，根据机动车污染物排放的物理化学原理，借助各种测试手段，对影响机动车污染排放的主要因素进行判断和识别。其次，针对所识别的主要影响因素，设计机动车污染排放测试方案，对各影响因素作用下机动车的排放进行测试。在获取样本足够的测试数据之后，通过数学统计和物理分析等方法描述机动车在各影响因素作用下的排放特征和规律，并据此构建机动车污染排放模型。目前应用比较广泛的机动车污染排放模型有 MOBILE 模型、CMEM 模型和 IVE 模型。

(1) MOBILE 模式

MOBILE 是美国环保局开发并推荐使用的机动车综合排放因子计算模型，该模型以联邦测试方法（FTP）测得的实验结果和美国环保署组织的有关在用车机构测得的结果为基础而建立。模型首先对车型、行驶里程的平均基本排放因子进行了研究，在计算出基本排放水平后，MOBILE 考虑环境因素、运行状况、燃油状况以及检查维修（I/M）制度等影响机动车实际排放的各种因素，并对排放因子进行修正，从而得到实际排放因子。由于这类基于平均速度的模型的数据要求相对较低，模拟宏观尺度的机动车排放具有很强优势，因此该类模型得到广泛应用。

在一定的测试条件下，机动车的基本排放因子与其行驶里程呈线性关系：

$$C = C_0 + DR \cdot (L_m - L_0) \tag{10-5}$$

式中：C——实际行驶里程的排放因子，g/km；

C_0——0 公里里程时机动车的排放因子，g/km；

DR——劣化系数，无量纲；

L_m——机动车实际行驶里程，km；

L_0——机动车起始劣化里程，km。

由于基本排放因子和机动车实际行驶里程呈线性相关，要得到某类机动车的平均基本排放因子，需要综合考虑不同行驶里程机动车的排放因子权重。具体计算时，以不同车龄机动车保有量得到机动车的登记分布比例，作为基本排放因子中的权重系数，从而得到平均基本排放因子，如式(10-6)所示。

$$\overline{C} = \sum (C \cdot V) \tag{10-6}$$

式中：$\overline{C}$——某类型机动车的平均基本排放因子，g/km；

V——机动车登记分布比例，无量纲。

计算出平均基本排放因子后，考虑各种影响因素进行修正，得到综合排放因子 E 如式10-7所示。

$$E = CS \cdot CA \cdot CL \cdot CU \cdot CH \cdot CO(\overline{C} - CM) \tag{10-7}$$

式中：E——综合排放因子，g/km；

CS——平均速度的修正系数，无量纲；

CA——空调负荷的修正系数，无量纲；

CL——机动车负荷的修正系数,无量纲;

CU——拖车的修正系数,无量纲;

CH——湿度修正系数,无量纲;

CO——车用燃料修正系数,无量纲;

CM——机动车检查保养(I/M)减少的排放,g/km。

以上各种修正参数均根据当地实际调查情况确定,进行模式计算后就可以得到实际运行条件下机动车的平均综合排放因子。

该计算模式综合考虑了机动车排放控制水平、运行的工况条件、使用年限、累积行驶里程、车辆的维护保养状况、油料特征以及运行的环境条件等各种因素对实际排放的影响,能较全面地反映机动车的排放水平,因此被广泛应用于大中城市机动车的污染控制对策研究中。

(2)CMEM模型

MOBILE模型是以机动车平均速度为基础,对于估算宏观大范围地区的尾气排放具有较好的适用性,但是却不适合估算微观的机动车尾气管排放,因为机动车排放在很大程度上会受到行驶过程中微观的每秒机动车行驶状况的影响。为了测算与机动车运行瞬态工况密切相关的排放因子,1995年8月,由美国国家合作公路研究项目(NCHP)资助,加州大学Riverside分校工程学院环境研究与技术中心(CE－CERT)、密歇根大学及劳伦斯·贝克利国家实验室(Lawrence Berkeley National Laboratory)经过4年时间合作开发了综合模式排放模型(Comprehensive Modal Emission Model,CMEM)。该模型能够计算大量不同类型轻型机动车在不同行驶条件(如加速、减速、怠速和匀速)下每秒的尾气管排放值和油耗量。

由于技术水平不同的机动车会造成程度不同的尾气污染,因此CMEM模型根据发动机类型、燃料配送系统、排放控制措施、催化剂的使用状况、排放认证标准、功率质量比及汽车总行驶里程等将机动车分为26类,其中正常排放的轻型机动车占12类,正常排放的卡车占9类,高排放机动车占5类。正常排放的轻型机动车排放因子分类如表10-1所示。

轻型机动车排放因子分类 表10-1

技术类型	机动车技术参数
1	无催化剂
2	二元催化剂
3	三元催化剂,化油器
4	三元催化剂,电喷,总行驶里程 $>8\times104$km,功率/质量 <0.03
5	三元催化剂,电喷,总行驶里程 $>8\times104$km,功率/质量 >0.03
6	三元催化剂,电喷,总行驶里程 $<8\times104$km,功率/质量 <0.03
7	三元催化剂,电喷,总行驶里程 $<8\times104$km,功率/质量 >0.03
8	执行Tier1标准,总行驶里程 $>8\times104$km,功率/质量 <0.042
9	执行Tier1标准,总行驶里程 $>8\times104$km,功率/质量 >0.042
10	执行Tier1标准,总行驶里程 $<8\times104$km,功率/质量 <0.042
11	执行Tier1标准,总行驶里程 $<8\times104$km,功率/质量 >0.042
24	执行Tier1标准,总行驶里程 $>16\times104$km

CMEM 是一种对尾气排放物进行参数解析的模型，它将排放过程分解为不同的过程，各个过程分别对应于机动车运行过程中与排放相关的物理现象，通过影响排放过程的参数构成的解析式表示出来。在表达式中，部分参数取决于机动车技术类型、燃料配送系统、排放控制技术和车龄等；另一部分参数取决于机动车行驶情况及排放特征，由特定测试规程测得。

CMEM 模型从微观的角度对轻型机动车（轿车和小卡车）单车或综合车队在不同行驶模式时每秒尾气管排放的 NO_x，CO_2，CO，HC 和燃油消耗进行估算，从而得到单车及综合车队的尾气排放因子。

（3）IVE 模型

加州大学 Riverside 分校工程学院环境研究与技术中心、全球可持续体系研究组织（GSSR）和国际可持续研究中心（ISSRC）在美国环保局的资助下，共同开发了便于发展中国家进行本地化处理的机动车排放模型，即 IVE 模型（International Vehicle Emission Mode1）。该模型摒弃了过去使用单一参数来反映车辆运行工况对污染物排放量的影响的做法，引入 VSP（Vehicle Specific Power）这一综合参数，并按照不同的值把 VSP 分为 60 个 Bin，每一个 Bin 采用不同的修正因子分别进行计算，大大提高了模型预测的准确性和可靠性。

IVE 模型具有以下特点：①预测的排放物种类多，包括 3 大类 15 种污染物，并对所有车辆均分为启动排放和行驶排放；②机动车燃料种类多，基本涵盖了目前可能使用的汽车燃料；③直接按照车辆技术对车辆进行分类；④计算不同运行状态下的排放，综合得到整体排放；⑤增加了符合欧洲排放标准的发动机技术。

IVE 模型采用基于基本排放率进行影响因素修正的计算方法，公式（10-8）～公式（10-10）描述了 IVE 的基本计算过程：

$$Q_t = B_t \cdot K_{(Base)[t]} \cdot K_{(Tmp)[t]} \cdot K_{(Hmd)[t]} \cdot K_{(LM)[t]} \cdot K_{(Fue)[t]} \cdot K_{(Alt)[t]} \cdot K_{(Cntry)[t]} \tag{10-8}$$

$$Q_{running} = U_{FTP} \cdot D/U_C \cdot \sum_t \{f_t \cdot Q_t \cdot \sum_d [f_{dt} \cdot K_{dt}]\} \tag{10-9}$$

$$Q_{start} = \sum_t \{f_t \cdot Q_t \cdot \sum_d [f_{dt} \cdot K_{dt}]\} \tag{10-10}$$

式中：Q_t——某种车辆技术修正后的排放率，g/km；

B_t——基本排放率，g/km；

K——各种修正系数，依次为基本修正系数、温度修正系数、湿度修正系数、维护保养修正系数、燃料修正系数、海拔修正系数、地区修正系数，无量纲；

$Q_{running}$——行驶排放，g/km；

Q_{start}——启动排放，g/km；

U_{FTP}、U_C——分别为 FTP 测试平均速度和当地平均速度，km/h；

D——行驶距离，单位为 km；

f_t——某种车辆技术行驶里程比例，无量纲；

f_{dt}、K_{dt}——某种车辆技术某种行驶模式下的比例和该行驶模式下的修正系数，无量纲；

t——车辆技术类型；

d——车辆行驶模式。

IVE 模型的一个显著特点在于模型中引入了 Bin 的概念，即按车辆的运转状态分为 60 种行驶模式，每种模式对应不同的排放修正系数，根据车辆实际运行状态的分布确定各种行驶模

式所占的比例，车辆最终的排放则由 60 种情况综合得到。行驶模式由表征发动机动力需求的参数和表征发动机运转状态的参数两者确定，其中：

$$VSP = v \cdot [1.1a + 9.81(\arctan(\sin(grade))) + 0.132] + 0.000\,302v^3 \quad (10\text{-}11)$$

$$EngineStress = RPMIndex + 0.08Preaveragepower \quad (10\text{-}12)$$

式中：　v——实时速度，m/s；

a——实时加速度，m/s^2；

$grade$——道路坡度；

$Preaveragepower$——发动前一段时间运转状态，其值为前 5s 至前 25s 的平均值，kW/t；

$RPMIndex$——发动机转速指数，无量纲。

在行驶模式的处理上，IVE 模型与 MOBILE 模型有所区别。MOBILE6 认为行驶模式基本与 FTP 测试循环一致，实际运行中的排放通过道路修正系数和平均速度修正系数等修正系数进行修正。IVE 则直接根据当地具体的行驶情况（速度、加速度、机器运转状态）确定特定的行驶模式，即 Bin 分布，综合考虑了道路坡度、空调使用的情况。

(4)各模型比较

MOBILE 模型和 IVE 模型均为平均速度模型，模型数据均来源于对固定工况的台架测试进行回归的结果，采用平均速度来表征行驶对排放的影响，采用速度修正因子来计算非测试工况下的实际排放因子，模型的结果为平均值。MOBILE 模型中机动车类型共分为 4 类 28 种，模型需要输入的参数数量为 27 个；IVE 模型针对不同国家的机动车排放进行开发，考虑因素较为复杂，机动车车型分为 5 类 1 372 种，模型需要输入的参数数量为 19 个；两类模型的参数获得难度适中。

MOBILE 模型和 IVE 模型最大的缺点在于实际道路情况与测试固定工况不符，难以刻画实际行驶状态的变化对排放的影响，进而无法模拟微观环境下的机动车排放的瞬时变化。MOBILE 模型和 IVE 模型多用于宏观与中观领域，应用性较强，多用于编制城市或大区域的机动车排放清单，预测整个地区的空气质量。

CMEM 模型为行驶工况类模型，以瞬态速度 - 加速度行驶状态为主要参数，能够模拟不同工况下机动车的瞬时排放，模拟结果为瞬时值。CMEM 没有固定的运行工况，需要通过采集输入实际道路上机动车的行驶工况，能够与 VISSIM、PARAMICS 等微观仿真软件进行互联，能够相对准确地反应微观环境下的实际道路排放状况。CMEM 模型中机动车类型分为 3 类 26 种，模型需要输入的参数数量为 47 个，由于获得实际道路环境机动车技术组成和行驶工况需要较高强度的调查，模型参数获取难度较大。此类模型也能够得到中观以及宏观层面的排放清单，但受到模型参数获取难度限制，目前在实际应用中多以微观环境下的应用为主。

(5)北京市 ITMS 与车辆排放相互作用机理分析

随着汽车污染的加剧，仅仅控制汽车尾气排放是不够的，还必须在控制单车排放污染的基础上辅之于宏观交通管理进行综合交通污染防治。在各种交通管理技术中，智能交通管理系统集信息、通讯与控制技术于一体，可最大限度地发挥现有交通运输基础设施的效率，减少交通拥堵，提高运输效率，节省能源，改善环境。智能交通管理系统将采集到的各种道路交通及服务信息经交通管理中心集中处理后，传输到道路运输系统的各个用户（驾驶员、乘客、交通管理局等部门），出行者可实时选择交通方式和交通路线，使路网上的交通流处于均衡状态，从而改善交通拥挤和阻塞,最大限度地提高路网的通行能力,提高整个道路运输系统的机动性、安全性和运行效率。

1)ITMS 作用分析

智能交通管理系统主要通过提供以下服务来减少车辆等待时间和改善道路拥堵状况,从而达到降低环境污染和减少能源消耗的目的:

①提供可靠的交通信息,减少延误与等待。在家中或在任何地方的人均可使用个人出行帮助系统来获取自己所需的相关信息,以帮助出行者选择符合其出行预算和时间要求的交通工具与出行路线。在行程中,导航系统将引导司机到达目的地,司机将不断地接受到前方有关交通状况的信息。司机与外界完全相通,出行变得容易、安全和舒适。通过与相邻交通区域信息的交互,减少了由于缺乏信息而造成的不必要延误与等待。

②提供引导信息,大幅度减少交通阻塞。与 ITS 控制中心相连的路况监控设备可对路网交通状况进行实时监控,借助人工智能的帮助,控制中心将所连续监控的路网信息进行整合处理,从而提出整个路网的优化运行方案。与此同时,司机接受到与路网优化运行方案相应的引导信息,可以根据引导信息选择行车路线,避开行车拥挤的路段,选择快捷的行车路线,从而大幅度提高现有路网基础设施的使用效率和安全性。

③改善机动车的运行工况,降低污染排放。怠速状态是汽车排放 HC 浓度最高的工况,国产车怠速排放的 HC 一般在 20 000 ~ 30 000ppm 之间,比国外怠速限定值高 2 ~ 3 倍,甚至比几种国外汽车高出 10 倍。因为怠速时,发动机燃烧室处于最恶化的燃烧条件,燃烧温度低,有利于产生 HC。怠速状态还会影响到汽车常用的中低速工况的排放量;车速越低,怠速的影响越大。此外,汽车从某一稳定运转状态减速,可使 HC 排放量增加几倍至几十倍,同时也使 CO 排放增大。

除了运行工况之外,车辆运行速度也是影响机动车排放的重要因素。当车速较低时,HC 和 CO 排放较高,NOx 排放较低;车速较高时,HC 和 CO 排放较低,NO_x 排放较高,但能获得良好的行驶排放效率(即单位行驶里程的污染物排放总量较小)。美国国家环保局对大量排放测试数据的研究结果表明,车辆的行驶速度对其污染物排放影响很大,在低速段(速度 < 30km/h)行驶时,其 CO 和 HC 排放因子随速度的增加呈负指数下降,但对 NOx 排放的影响相对较小。车速影响单车排放,交通环境的好坏又决定车辆的行驶速度,因此交通环境对单车排放的影响不容忽视。北京市应用 ITMS 后提升了路网运行速度,缓解了交通拥堵状况,对于减少交通尾气污染具有显著的效果。

2)评价采用的计算模型

本书研究机动车尾气排放总量时对排放预测模型有如下要求:第一,该排放模型是集计性的,基于车辆瞬时运行数据的排放模型并不适用,因此可排除 CMEM 等微观尾气模型;第二,能够反映本地化排放状况,MOBILE 系列模型在我国各地的排放预测中应用较广,但其内置的是美国的典型行驶工况和基础排放率,使得我国利用 MOBILE 模型所得到的排放预测结果严重失真;第三,模型能够提供不同平均速度下的排放变化函数,但目前还没有模型能够直接描述此变化情况。

在已有的机动车排放评价实践中,常采用校正后的固定工况下平均排放因子常量进行尾气预测,这种方法既不能反映路网中不同速度下的排放分布,也不能充分利用数据库所能提供

的输出信息。为改进该方法并满足上述三点要求，本书采用了宋国华研究的《城市机动车尾气排放因子模型敏感性分析》的结果，通过对宏观排放模型 MOBILE6 进行了速度敏感性分析，并结合实时路上测得的排放数据，拟合得到北京市现阶段 NOx、HC、CO 排放因子随速度的变化函数 $EF(v)$。以轻型汽油车为例，其 $EF_{NO_x}(v)$ 为三次函数形式，$EF_{HC}(v)$ 和 $EF_{CO}(v)$ 为幂函数形式：

$$EF_{NO_x}(v) = -2\times10^{-6}v^3 + 5\times10^{-4}v^2 - 0.026v + 1.07 \quad (10\text{-}13)$$

$$EF_{HC}(v) = 10.38v^{-1.02} \quad (10\text{-}14)$$

$$EF_{CO}(v) = 101.78v^{-0.91} \quad (10\text{-}15)$$

式中：v——车辆的平均速度，km/h；

$EF_{NO_x}(v)$——速度为 v 时 NO_x 排放因子，g/km；

$EF_{HC}(v)$——速度为 v 时 HC 排放因子，g/km；

$EF_{CO}(v)$——速度为 v 时 CO 排放因子，g/km。

10.1.3　环境效益评价思路

(1)减少交通尾气污染效益

本部分将立足传统的评价方法，并结合国内外大气污染所造成的经济损失的实例分析，研究适宜对机动车尾气排放(主要是 NO_x、CO、HC)进行经济损失评估的方法。对于 ITMS 运行后所带来的大气环境改善效益，本文拟采用防护费用法进行核算。首先，计算 ITMS 系统应用前后各污染气体的排放减少量，其次再结合城市的大气污染治理费用计算得出相应结论。

防护费用是指人们为了减少和消除环境污染或生态恶化的影响而支付的费用。防护费用法采取补偿法对环境进行估价，即以个人在自愿基础上为消除或减少环境恶化的有害影响而承担的防护费用作为环境产品和服务的潜在价值。

防护费用法依据人们的行为而不是言语进行估价，相对于其他估价方法更为直接，但是此方法运用的前提是：

①个人可以获取足够的信息以便正确的估计环境变化的危害；

②个人采取的防护行为不受诸如贫穷或市场不完善等因素的制约。

然而，实际使用时会因多种行为动机和环境目标等因素导致环境价值过高或过低的补偿，进而使估价结果产生偏差；另外，防护费用法考察的仅是环境资源的使用价值，对环境资源的非使用价值无法做出合理的评估。因此，应用该方法应对上述问题加以考虑。

减少交通尾气污染效益核算方法如下：

①交通尾气减少量的计算

国际上通用的大气污染物排放清单计算公式为：排放清单 = 活动水平 × 污染物的排放系数；交通尾气的排放清单 = 行驶里程 × 机动车的排放因子。

计算北京市机动车某种污染物排放量采用的公式如下：

$$Q_j = \sum_i^n (P_i \times M_i \times f_{ij} \times 10^{-6}) \quad (10\text{-}16)$$

式中：Q_j——第 j 种污染物的排放总量(万吨)；

P_i——所研究年份第 i 类车型的拥有量(万辆)；

M_i——第 i 类车型的单车年平均行驶里程(km);

f_{ij}——第 i 类车型污染物 j 的排放因子(g/km);

n——研究年度内机动车的车型种类数;

10^{-6}——换算系数。

车速提高后减少的污染物排放量计算公式如下:

$$\Delta Q_j = Q_{j(应用ITMS前)} - Q_{j(应用ITMS后)} \tag{10-17}$$

②污染治理费用的减少

测算污染治理费用要涉及一个概念:城市机动车污染排放分担率。城市机动车污染排放分担率 η_α 是指对污染物 α 而言,区域内机动车排放污染物 α 的总量 Q_v 与该区域内污染物 α 的排放总量 Q_t 之比,即:

$$\eta_\alpha = \frac{Q_v}{Q_t} \times 100\% \tag{10-18}$$

根据污染物排放的减少量可计算得出机动车排放污染物的下降率,再结合北京市机动车污染物排放分担率,计算得出因采用先进的智能交通管理系统后车速的提高对北京市城区污染物下降的平均贡献率。最后,根据北京市环境保护投入总额比以及用于治理大气污染的资金百分比可计算得出节约的污染治理费用。

(2)温室气体减排效益

能源的使用尤其是化石能源的燃烧,是城市二氧化碳排放的主要来源之一,ITMS 应用后减少了交通对能源的需求,同时也减少了温室气体的排放。

对于 ITMS 运行后所带来的温室气体减排效益,本节采用防护费用法进行核算。首先,通过计算系统应用后温室气体的排放减少量,再结合国外已有的温室气体排放社会费用标准进行计算。

温室气体减排效益的计算方法如下:

①二氧化碳排放量的计算

本部分计算碳排放量的方法及碳排放系数参考 2006 年联合国政府间气候变化专门委员会(IPCC)制定的温室气体排放清单计算准则(Guidelines for National Greenhouse Gas Inventories)。

碳排放量计算方法是:

$$E = H \times K \tag{10-19}$$

式中:E——碳排放量,指某种燃料排放的二氧化碳量,kg;

K——碳排放系数,指某种燃料单位 TJ 排放的二氧化碳量,kg/TJ;

H——燃料释放热量,指某种燃料消耗所释放的总热量,TJ。

$$H = Q \times K_1 \tag{10-20}$$

式中:Q——燃料消耗标煤量,指某种能源消耗量通过煤当量换算成标煤量得到的能源消耗量,万 t;

K_1——单位燃料燃烧所释放的热量,取值为 293 TJ/万 t。

②温室气体减排后治理费用的减少

根据国外已有的温室气体排放社会费用标准,可估算 ITMS 应用前后能源消耗减少所带来的温室气体减排效益。

(3)降低城市噪声污染效益

目前国内外对噪声污染经济损失的研究较为重视,提出了多种估算经济损失的方法,本书采用损害费用法(Damage Cost Method)计算降低交通噪音污染所带来的环境效益。

损害费用法将噪声污染的损失分为:人体健康损失、房地产贬值损失、工作效率下降损失、机动车辆贬值损失、舒适性资源减少的损失、环境与社会损失等方面。但因为环境与社会等方面的损失难以进行货币化,而舒适性资源减少的损失已部分反映在房地产贬值损失中,并且目前国内外对舒适性资源减少的损失尚未有成熟的估算方法,为避免重复计算,在实际计算中暂不考虑这两项因素。机动车贬值损失考虑到数据的难于获得性在此也不予考虑,所以噪声污染损失的估算公式为:

$$E = E_r + E_f + E_c \tag{10-21}$$

式中:E——噪声污染损失额;

E_r——人体健康损失;

E_f——房地产贬值损失;

E_c——工作效率下降损失。

房地产贬值损失可通过商品享受定价法进行估算,噪音有损身体健康、影响工作效率的损失可以通过意愿估值法得出。

①商品享受定价法

商品享受定价法是根据人们为优质环境的享受所支付的价格来推算环境质量价值的一种估价方法,即将享受某种产品由于环境的不同产生的差价,作为环境差别的价值。此方法的出发点是某一财产的价值包含了它所处的环境质量的价值。如果人们为某一地方与其他地方相同的房屋和土地支付更高的价格,且其他各种可能造成价格差别的非环境因素都加以考虑后,剩余的价格差别可以归结为环境因素。

商品享受定价法适用于下列环境影响的价值评估:

A. 居民区空气和水质的变化;

B. 居民区噪声骚扰,特别是飞机和道路交通噪声;

C. 对社区舒适程度的影响;

D. 对环境有不良影响的设施的选址;

E. 在城市贫穷地区、街区进行实施改进计划的影响。

商品享受定价法建立在实际市场数据的基础上,其估算的系统误差较小,但是此估算方法也存在一些问题:

A. 运用的前提条件是运作良好和透明度高的房地产市场,且环境属性被个体房主清楚地觉察和度量;

B. 没有估算环境的非使用价值,通常低估了总体的环境价值。

②意愿估价法

意愿估价法是一种以调查结果为基础的估价方法,用在缺乏市场价格,甚至连市场替代价格都无法观察的情况。通过调查人们对环境物品或服务的支付意愿来评价环境资源的价值。

意愿评估法既可用于使用价值，也可用于非使用价值，尤其适宜于非使用价值（存在价值、馈赠价值和选择价值）占较大比重的环境资源价值的评估，广泛应用于下列环境资源或服务的价值：

A. 空气和水的质量；

B. 娱乐，包括垂钓、打猎、公园和野生动物；

C. 无市场价格的自然资源；

D. 生物多样性的选择及其存在价值；

E. 生命和健康风险；

F. 交通条件改善；

G. 排污条件改善。

意愿估价法在环境价值评估方法中占有重要位置，但是此方法也存在一些问题：

A. 要求的数据多，需要花费大量的时间和费用，问卷的设计和解释专业性很强，适用于资金、人力和时间都充足的情况；

B. 意愿估价依赖于人们的意愿行为，不是人们的市场行为，而意愿行为倾向与真实行为之间存在着本质的差别，导致意愿评价结果存在一定的偏差；

C. 意愿估价法的评估结果还有赖于被调查者如何理解环境所处的危机以及这些危机对他们可能产生的影响，也就是说，该方法假设被调查者都受过一定程度的教育并具有一定的环境保护意识。

从这种意义上来说，意愿估价更适合于评估区域性的环境问题，而不适合于评估全球环境问题。因此，采用该方法评价 ITMS 的噪声环境效益具有适用性。

降低城市噪声污染效益的核算方法如下：

①房地产价值下降的损失

临街房地产价值下降主要是由于道路交通噪声对居民的生理和心理影响造成的，尤以心理影响为主，有必要单独分析这项损失。

噪声引起的房地产价值贬值一般采用商品享受定价法来计算。房屋价格被看作是房屋个体特征的体现，这些个体特征包括房屋数量、采暖系统、周围环境等变量，其中把噪声列为环境变量中的一个。在其他所有变量均保持不变的假定下，以环境质量的变化量来估算因噪声污染或改善造成的经济损失或收益。经过调查研究，虽然人在遭受 40dB 噪声时身体会感觉不适，但是当噪声负荷指标值低于 55dB 时，遭受噪声影响的房屋在价格上没什么变化，所以选取 55dB 作为噪声初始负荷指标。采用商品享受定价方法估算噪声效益的具体计算公式为：

$$\text{效益总值} = [N_{Exposed} \times P_{house} \times NSDI \times (Q-55)]_{\text{ref}} - [N_{Exposed} \times P_{house} \times NSDI \times (Q-55)]_{\text{add}} \quad (10\text{-}22)$$

式中：$N_{Exposed}$——暴露于给定噪声水平下的房屋数量；

P_{house}——房屋平均价格；

$NSDI$——噪声敏感度折价指数；

Q——实际噪声水平值（dB）；

$[\cdot]_{\text{ref}}$——未采取特殊措施情况下噪声带来的房屋折减值；

$[\cdot]_{\text{add}}$——采取防噪声措施后带来的房屋折减值。

②对居民健康的危害和工作效率下降损失分析

噪声影响人们的情绪和健康，干扰正常生活，但噪音污染造成的价值损失很难定量评估。可采用意愿估值法，通过 WTP 值来评估北京市噪音污染在居民健康危害和工作效率下降方面所带来的价值损失，WTP 可以理解为人们为了消除噪音污染不利影响的支付意愿。噪声的初始负荷指标设为 55dB，当噪音污染降低后带来的效益可通过下式计算得出：

$$\text{效益总值} = [N_{Exposed} \times H_{size} \times WTP_{excess} \times (Q-55)]_{\text{ref}} - [N_{Exposed} \times H_{size} \times WTP_{excess} \times (Q-55)]_{\text{add}} \quad (10\text{-}23)$$

式中：$N_{Exposed}$——暴露于给定噪声水平下的房屋数量；

H_{size}——家庭成员平均人数；

WTP_{excess}——每人每年为降低 1dB 愿意支付的货币值；

$[\cdot]_{\text{ref}}$——未采取特殊措施情况下的 WTP 值；

$[\cdot]_{\text{add}}$——采取防噪声措施后的 WTP 值。

10.1.4　能源环境影响评价指标体系

综上所述，ITMS 能源环境影响或效益评价指标体系如图 10-1 所示。

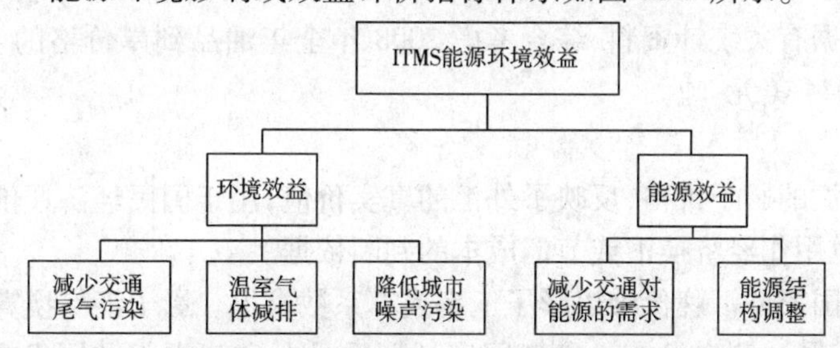

图 10-1　ITMS 能源环境效益评价指标体系

10.2　效益测算和评价结果

10.2.1　能源效益测算

(1)减少能源消耗效益

根据第 8 章社会经济效益核算中对“降低行车成本”评价指标的分析，ITMS 应用前小客车和大客车的百公里平均油耗值分别为：9.457L、16.485L；ITMS 应用后小客车和大客车的百公里平均油耗值分别为：9.289L、16.368L；ITMS 应用后小客车、载客公交车单车每百公里节省燃料分别为：0.168L、0.117L。利用表 8-7 中数据，可以得到 ITMS 应用后机动车耗油减少量：私人机动车和公务车为 4.61×10^7L，出租车为 1.23×10^7L，载客公交车为 0.22×10^7L。对小客车采用汽油核算，大客车采用柴油，可得 ITMS 应用后汽油耗油减少量为 5.84×10^7L，柴油耗油减少量为 0.22×10^7L。

又因汽油的密度为 0.75g/ml，柴油的密度为 0.83g/ml，将汽油和柴油的质量折算成标煤的量，折算系数分别为 1.471 4 和 1.457 1，从而得到汽油折算成标煤的量为 6.444×10^4t，柴油折算成标煤的量为 0.266×10^4t，燃料油消耗减少总量为 6.711 万吨标煤。

由于 2008 年全市能源消耗量为 6 343.7 万吨标煤，所以北京市应用 ITMS 系统与未采用 ITMS 系统相比，能源节约了 0.11%。同时，由北京市统计年鉴可知，2008 年全市交通运输（包括仓储和邮电业）能源消耗总量为 840.79 万吨标煤，可得北京市应用 ITMS 系统与未采用 ITMS 系统相比在交通领域能源节约了 0.79%，根据燃油价格可折合经济效益为 3.58 亿元。

北京属于能源资源严重短缺地区，随着机动车的增长，油品消费快速增长，使得北京市对石油等稀缺资源的依存度不断提高。通过应用 ITMS 系统来提高交通运行效率，进而提升交通用能效率，这对缓解北京能源短缺，减少能源安全压力起到了一定的积极作用。

（2）能源结构调整效益

通过估算石油资源的影子价格，对北京市应用 ITMS 后的能源结构调整效益进行量化计算。

石油属于贸易货物，石油的影子价格采用直接进口产品影子价格的计算方法来计算。

①石油到岸价格

到岸价格（cost，insurance and freight 简称作 c. i. f.）是指国际贸易中以卖方将货物装上运输工具并支付启运港口至目的港口（我国港口）的运费和保险费为条件的价格，又叫成本加保险和运费价格。根据有关统计资料，综合考虑 2008 年全年油品到岸价格的变化，到岸价格的批发价格近似取 1044 美元/吨。

②影子汇率

影子汇率即外汇的影子价格，反映了外汇的真实价值，用于国民经济评价中外汇与人民币之间的换算，同时也用作经济换汇或节汇成本的判断依据。

影子汇率通过国家外汇牌价乘以影子汇率换算系数求得。影子汇率换算系数是一个重要的通用参数，由国家同一测定发布。参考国家计划委员会和建设部共同发布的《建设项目经济评价方法与参数（第二版）》，可知目前我国的影子汇率换算系数取值为 1.08。2008 年国家外汇牌价中人民币对美元的比值在 690/100 左右浮动，取该值为参考值，可估算人民币对美元的影子汇率为 7.452（美元/元）。

③运输和贸易费用

- 运输费用

目前，北京市场上 80% 以上的成品油来自燕山石化，而燕山石化的原油都是通过秦京线管道运输的。目前国内石油管道运输价格为 0.074 元/吨公里，秦京线全长 346.80 公里，得到管道运输的单价为：25.663 2（元/吨）。

- 贸易费用

2008 年北京成品油的价格为 5.42 元/升（以 90 号汽油为例），按照每吨 1 300 升左右的常规密度计算，每吨汽油售价为 7 046 元。国家规定汽油的出厂价格为每吨 6 480 元。以出厂价和零售价的价差估算石油的贸易费用，约为 566 元/吨。

④石油的影子价格

把各个参数的值代入公式（10-2），得到 2008 年北京市石油的影子价格为 8 371.7 元/吨，比北京的市场价格高出 1 000 元以上。

⑤能源结构调整效益

根据公式(10-1)可以得到2008年北京市ITMS应用后带来的能源结构调整效益经量化后为3.82亿元。

10.2.2　环境效益测算

(1)减少交通尾气污染效益

机动车是北京市空气污染物中氮氧化物、一氧化碳和碳氢化合物的主要污染源。据统计，造成北京市空气质量下降的主要原因为煤炭燃烧和汽车尾气排放。随着国家西气东输工程的逐步落实到位，煤炭燃烧造成的空气污染对北京市空气质量的影响将大幅度减弱，而汽车尾气排放的影响比重则会随着私人机动车的快速增加而迅速提高。自2006年开始，私人机动车基本以平均每天增加1 000辆的幅度在递增，进一步加剧了北京市汽车尾气污染所占的比重。

ITMS的实施改善了车辆的运行工况，提高了车辆的运行速度，有效降低了单车的尾气排放情况。降低单车的尾气排放量对于改善城市的大气环境产生了巨大的积极影响。

①车辆一次起停的额外排放分析

本节首先通过分析车辆一次起停车的额外排放，比较直观地给出ITMS应用后在环境减排方面所产生的作用。车辆行驶单位里程增加一次起停车所产生的不同污染物排放量如表10-2所示。

车辆行驶单位里程增加一次起停的排放分析　　表 10-2

车　型	排放因子(单位:g/km)		
	NO_x	HC	CO
小客匀速	0.450 931	0.136 414	3.195 339 0
小客起停	0.579 549	0.185 084	4.187 331 5
大客匀速	7.509 820	0.473 922	1.578 371 9
大客起停	11.325 87	0.747 184	2.493 751 0

根据表10-2可计算出车辆在行驶过程中，单位里程增加一次起停的排放增量及排放增加比例，如表10-3、表10-4所示。

车辆单位公里增加一次起停的排放增量　　表 10-3

车　型	单位公里的排放增量(单位:g/km)		
	NO_x	HC	CO
小客	0.13	0.05	0.99
大客	3.82	0.27	0.92

车辆单位公里增加一次起停的排放增加比例　　表 10-4

车　型	单位公里的排放增加比例		
	NO_x	HC	CO
小客	31%	38%	34%
大客	50%	54%	55%

通过以上分析可以看出，改善交通拥堵状况，提高运输效率，减少单位里程车辆起停次数，对于减少机动车尾气污染具有显著的作用。下面将具体计算北京市ITMS应用后减少交通尾气污染的效益。

②减少交通尾气污染效益

■污染物排放清单

根据式(10-16)可知要计算出污染物的排放量须首先明确车型分类、各车型的年平均行驶里程、各车型的拥有量、各车型污染物j的排放因子。本部分对各车型污染物j的排放因子进行具体计算。

A. ITMS系统应用前后的速度值

由第8章社会经济效益评价分析可知，系统应用前路网中车辆的平均速度为21.69～22.15km/h；系统应用后车辆的平均速度为24.29km/h。

B. 排放因子的计算

小客车属于轻型汽油车，根据式(10-13)、式(10-14)、式(10-15)计算得到北京市小客车在不同速度下的排放因子，如表10-5所示。

系统实施前后小客车的排放因子 表10-5

车型		小客车(单位:g/km)	
系统应用后	速度为24.29km/h	NO_x	0.704
		HC	0.401
		CO	5.584
系统应用前	速度为21.69km/h	NO_x	0.721
		HC	0.450
		CO	6.190
	速度为22.15km/h	NO_x	0.718
		HC	0.440
		CO	6.073

首先，根据不同车型综合排放因子，以小客车的综合排放因子为基准，得出不同车型的排放因子折算系数，如表10-6所示。

不同车型间排放因子折算系数 表10-6

车型		小客车	出租车	公交车
排放因子折算系数	NO_x	1	1	6.143
	HC	1	1	3.975
	CO	1	1	2.199

其次，依据表10-5得出的小客车不同速度下排放因子，基于车型排放因子折算系数，计算

得出出租车和公交车在不同速度下的排放因子，如表 10-7、表 10-8 所示。

其中，系统实施前后出租车的排放因子 = 小客车的排放因子 × 排放折算系数。

系统实施前后出租车的排放因子　　表 10-7

车型			出租车(单位:g/km)
系统应用后	速度为 24.29km /h	NO_x	0.704
		HC	0.401
		CO	5.584
系统应用前	速度为 21.69km /h	NO_x	0.721
		HC	0.450
		CO	6.190
	速度为 22.15km /h	NO_x	0.718
		HC	0.440
		CO	6.073

系统实施前后公交车的排放因子 = 小客车的排放因子 × 排放折算系数。

系统实施前后公交车的排放因子　　表 10-8

车型			公交车(单位:g/km)
系统应用后	速度为 24.29km /h	NO_x	4.325
		HC	1.594
		CO	12.279
系统应用前	速度为 21.69km /h	NO_x	4.428
		HC	1.788
		CO	13.610
	速度为 22.15km /h	NO_x	4.408
		HC	1.750
		CO	13.353

C. 污染物排放清单的计算

根据车型分类、各车型的年行驶里程、各车型的保有量，以及上述各车型污染物 j 的排放因子，下面根据式(10-5)分别计算各污染物的排放清单。

Ⅰ. NO_x 排放清单

当应用 ITMS 前速度为 21.69km/h 时，根据公式(10-16)得 $Q_{NO_x(应用ITMS前)}$ 为 3.32×10^4t，$Q_{NO_x(应用ITMS后)}$ 为 3.24×10^4 t，根据公式(10-17)得系统应用后减少的 NO_x 排放量 ΔQ_{NO_x} 为 0.08×10^4t。

当应用 ITMS 前速度为 22.15km/h 时，根据公式(10-16)得 $Q_{NO_x(应用ITMS前)}$ 为 3.30×10^4t，则 ΔQ_{NO_x} 为 0.06×10^4t。

Ⅱ. HC 排放清单

同理可得，当应用 ITMS 前速度为 21.69km/h 时，$Q_{HC(应用ITMS前)}$ 为 1.89×10^4t，$Q_{HC(应用ITMS后)}$ 为 1.69×10^4t，由此可得 HC 的减排量 ΔQ_{HC} 为 0.20×10^4t。

当应用 ITMS 前速度为 22.15km/h 时，$Q_{HC(应用ITMS前)}$ 为 1.85×10^4t，则 ΔQ_{HC} 为 0.16×10^4t。

Ⅲ. CO 排放清单

同理可得，当应用 ITMS 前速度为 21.69km/h 时，$Q_{CO(应用ITMS前)}$ 为 24.02×10^4t，$Q_{CO(应用ITMS后)}$ 为 21.67×10^4t，CO 的减排量 ΔQ_{CO} 为 2.35×10^4t 。

当应用 ITMS 前速度为 22.15km/h 时，$Q_{CO(应用ITMS前)}$ 为 23.56×10^4，则 ΔQ_{CO} 为 1.89×10^4t。

因此，当应用 ITMS 前速度为 21.69km/h 时，可得到污染物减少总量为 2.63×10^4t；当应用 ITMS 前速度为 22.15km/h 时，可得到污染物减少总量为 2.11×10^4t。

综上所述，北京市应用 ITMS 后的污染物减少总量达到 $2.11\sim2.63\times10^4$t。

■ 污染治理费用的减少

A. 北京市城区污染物下降率的计算

由 $\Delta Q_j/Q_{j(应用ITMS前)}$ 可得出机动车污染物排放下降比例，如表 10-9 所示。

北京市机动车污染物排放下降比例 表 10-9

污染物		HC	CO	NO
下降百分比(%)	情形 1：应用 ITMS 前速度为 21.69km /h 时	10.58	9.78	2.4
	情形 2：应用 ITMS 前速度为 22.15km /h 时	8.65	8.02	1.8

北京市机动车污染物排放分担率如表 10-10 所示。

北京市城区机动车污染物排放分担率 表 10-10

污染物	HC	CO	NO_x
污染物排放分担率(%)	79.1	80.3	54.8

数据来源：《我国机动车污染物排放现状及控制对策分析》，西安文理学院学报：自然科学版，2008

依据上述两表数据，由对应污染物排放下降比例乘相应的排放分担率可得于机动车行驶速度的提高对市区主要污染物排放下降所产生的作用：

当应用 ITMS 前速度为 21.69km/h 时，HC 下降的贡献率为 8.37%，CO 下降的贡献率为 7.85%，NO_x 下降的贡献率为 1.32%，平均贡献率为 5.85% 。

当应用 ITMS 前速度为 22.15km/h 时，HC 下降的贡献率为 6.84%，CO 下降的贡献率为 6.44%，NO_x 下降的贡献率为 0.99%，平均贡献率为 4.76%。

可见，由于采用先进的智能交通管理系统后车速的提高对北京市城区污染物下降的平均贡献率为 4.76% ~5.85%。

B. 北京市污染治理费用的减少

根据北京市环保局发布的 2006 年至 2008 年《北京市环境状况公报》，2006 年至 2008 年北京市环境保护投入总额和所占 GDP 的百分比如表 10-11 所示，其中三分之二的资金用于治理大气污染。

2006 ~ 2008 年北京市环境保护投资 表 10-11

单位：亿元

年份	2006	2007	2008
投资额	250.4	248.2	265.7
占 GDP 百分比	3.24%	2.76%	2.53%

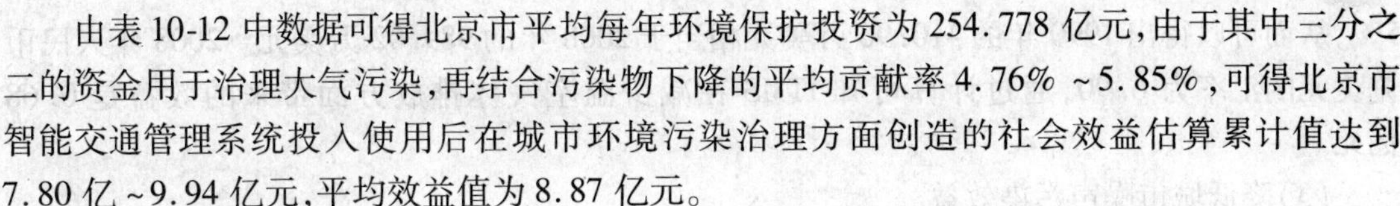

由表 10-12 中数据可得北京市平均每年环境保护投资为 254.778 亿元，由于其中三分之二的资金用于治理大气污染，再结合污染物下降的平均贡献率 4.76% ~5.85%，可得北京市智能交通管理系统投入使用后在城市环境污染治理方面创造的社会效益估算累计值达到 7.80 亿 ~9.94 亿元，平均效益值为 8.87 亿元。

(2)温室气体减排效益

①二氧化碳减排量的计算

能源的使用，尤其是化石能源的燃烧，是城市二氧化碳排放的主要来源之一，因此减少能源消耗是二氧化碳减排的最有效途径。ITMS 应用后减少了交通对能源的需求，同时也减少了温室气体的排放。能源的碳排放系数如表 10-12 所示。

各能源碳排放系数　　表 10-12

能源类型	汽油	柴油
排放系数(kg/TJ)	70 000	74 100

根据 10.2.1 小节，系统应用后 2008 年共节约汽油 6.444×10^4t 标煤，节约柴油 0.266×10^4t 标煤。根据公式(10-19)和(10-20)可得节省的汽油释放热量为 1 888.09TJ，碳排放量为 13.22×10^4t；节省的柴油释放热量为 77.94TJ，碳排放量为 0.58×10^4t；总的二氧化碳减排量为 13.8×10^4t。

②温室气体减排后治理费用的减少

根据温室气体排放的社会费用标准，进行 ITMS 应用前后的机动车尾气排放环境效益分析，其中每吨温室气体排放的社会费用标准采用表 10-13 中所有研究者预测的 2001 ~2010 年数值的平均值 29.78 $\$\cdot t^{-1}$。

温室气体排放的社会费用标准(以 1990 年为基准预测)　　表 10-13

单位：$\$\cdot t^{-1}$

研究者	类型	1999 ~2000 年	2001 ~2010 年	2011 ~2020 年	2021 ~2030 年
诺德豪斯(1991)	MC	(0.3 ~65.9)			
埃尔和沃尔特(1991)	MC	(30 ~35)			
诺德豪斯(1994)	CBA	12	18	26.5	n·a
克莱因(1992)	CBA	5.8 ~124	7.6 ~154	9.186	11.8 ~221
佩克和泰斯伯格	CAB	10 ~12	12 ~14	14 ~18	18 ~22
范克豪泽(1994)	MC	20.3	22.8	25.3	27.8
麦迪逊(1994)	CAB	5.9 ~6.1	8.1 ~8.4	11.1 ~11.5	14.7 ~15.2

注：MC 表示边际社会费用；CBA 表示费用—效益分析中的影响因子价值。

再根据前文所得到的总的二氧化碳减排量，可得到最终经济估算结果为 410.96×10^4 美元。

然而，上述的 410.96 万美元是按照 1990 年美元的价值进行核算的，还应根据美元的通货膨胀率计算 2008 年的美元价值：1990 年至 2008 年间隔 18 年，1990 年美元通货膨胀率约为

5%，从而可以得出1990年的410.96万美元相当于2008年的989.02万美元。2008年人民币兑美元的汇率为6.90，通过计算可知ITMS在减少温室气体排放方面带来的效益是0.68亿元。

(3)降低城市噪声污染效益

■ 交通噪声值计算

本节采用"有无对比法"，即有、无ITMS系统情况下对由于车速变化产生的交通噪声变化进行效益估算。

采用SPSS统计分析软件对交通噪声数据进行处理后得到对噪声各影响因素关系公式为：

$$L_{eq}=54.639-0.131\times w+0.002\times Q+0.304\times v \tag{10-24}$$

式中：L_{eq}——道路交通噪声，用等效连续声级表示，dB(A)；

w——道路宽度，m；

v——道路平均车速，km/h。

因此，通过计算ITMS系统应用前后道路宽度、车流量和车速，可得出宏观意义下噪声的变化值。

①基本数据的计算

首先，根据城八区道路面积8 940万m^2和道路长度6 186km可得2008年道路的平均宽度为14.45m。根据前文分析可知ITMS系统应用前车辆的平均速度为21.69～22.15km/h，ITMS系统应用后车辆的平均速度为24.29km/h。

其次，计算平均意义下某时刻道路上的机动车辆数占机动车保有量的比例。假设平均每辆车一天在道路上行驶小时数为4，则某一时刻道路上机动车辆数占机动车保有量的比例为1/6，由于2008年机动车保有量为350.4万辆，考虑到限行政策，实际可运行机动车保有量应为总量的80%，可得某一时刻在路上行驶的车辆数N为467 200辆，再根据道路长度可得路段上密度K为75.53veh/km。

根据交通流理论，车流量和车流密度的关系是：

$$Q=KV \tag{10-25}$$

其中，K为车流密度，V为车辆的平均车速，可以得到：

当平均车速为21.69km/h时，无ITMS系统时的平均车流量$Q_{无ITMSv1}$为1639veh/h；当平均车速为22.15km/h时，$Q_{无ITMSv2}$为1672veh/h；系统应用后平均车流量$Q_{有ITMS}$为1835veh/h。

②交通噪声减小值

当平均车速为21.69km/h时，利用公式(10-24)得到无ITMS系统的交通噪声值$L_{eq(无ITMSv1)}$为62.618dB(A)；当平均车速为22.15km/h时，得到$L_{ep(无ITMSv2)}$为62.824 dB(A)。

同理可得有ITMS系统后交通噪声值$L_{eq(有ITMS)}$为63.801dB(A)。

则交通噪声变化值$\Delta L_{eq(v1)}$为1.183dB(A)，$\Delta L_{eq(v2)}$为0.977dB(A)。

由此可知，理论上随着道路宽度、车流量和车速的增大，ITMS系统应用前后噪声的平均等效声级应该提高0.977～1.183 dB(A)。但根据统计年鉴，2008年交通噪音的噪声等效声级为69.6 dB(A)，与2004年的交通噪声等效声级持平，即系统投入应用前后的2004年和2008年，交通整体噪声并没有随车流量和车速的提高而提高，交通噪声水平有所下降，道路交通噪声污染呈现缓解趋势。主要原因归结如下：

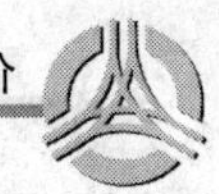

第一,北京市应用 ITMS 系统后,机动车的行驶工况大为改善,降低了车辆加减速的运行时间比例,减少了车辆的停车次数,使得单车的噪声污染减小;

第二,北京市近年来加强了机动车质量管理,机动车单车噪声减少;

第三,四环路、广安大街等道路的改造,使北京交通环境有所改善。

因此,基于上述原因,由于车速和车流量提高而导致的噪声变化值 0.977 ~ 1.183 dB(A)被上述贡献所抵消了。而 ITMS 应用改善车辆行驶工况进而降低单车交通噪声污染,对于改善交通噪声污染状况起到了一定的作用,因此,在此假设 ITMS 对于减少噪音污染的贡献率为 1/3。

③效益计算

效益一:房地产价值下降的损失

噪声评价中,房屋价格被看作是房屋个体特征的体现,其中噪声是环境变量个体特征中的一个。在其他所有变量均保持不变的假定下,房屋周围噪声负荷的变化就应表现为房屋价格的变化。

要采用商品享受定价法评价噪声污染,计算的主要依据之一是噪声敏感度折价指标。噪声敏感度折价指标 NSDI 是指噪声基准水平上每升高 1dB,房屋价格折减的百分比率。

Bateman 在英国、Vainio 在芬兰等其他类似效益评价研究中,NSDI 的取值在 0.5% ~ 1.3%之间。从北京市近几年的发展来看,北京市城市人口不断增长,人们对房产的需求也随之增加,但是土地资源的有限性使得北京市的房价不断高升,人们在购房时对噪声的关注程度并不是很高。因此,综合考虑北京市的城市发展水平和人们对环境的关注程度,NSDI 的值取 0.5% 和 1.3% 的最小值 0.5%。2008 年,北京市城市总人口达 1 695.0 万,交通干线两侧的居民占城市总人口的 16%,共 271.2 万人,城镇居民人均住房使用面积为 21.56m^2,则交通干线两侧居民住房使用面积为 5 847.072 万 m^2,2008 年的平均房价为 13 222 元。利用公式(10-22)可得,当噪声变化值为 0.977dB(A)时,效益总值为 37.7659 亿元;当噪声值变化值为 1.183 dB(A)时,效益总值为 38.6550 亿元。

效益二:居民健康危害和工作效率下降损失

根据式(10-23)可知进行效益计算前必须先确定 WTP 值。WTP 值与实际噪声负荷水平和实际收入水平有关,可用以下式表示:

$$\mathrm{MWTP} = e \times (2.3148 + 0.509 \times 10^{-5} m + 0.497 \times 10^{-1} N) \tag{10-26}$$

式中:MWTP——每人每年为消除 1dB 噪声而愿意支付的边际值;

m——年收入;

N——噪声负荷值(dB(A))。

噪声有损身体健康而且影响工作效率,MWTP 可以理解为人们为了消除噪音污染不利影响的支付意愿。

据统计,2008 年北京市职工年平均工资为 44 715 元。由此根据式(10-26),得出在69.6dB 下 MWTP 为 16.31。

如果不采取降低噪声的措施,则 2008 年的噪声值分别为 70.577dB 和 70.783dB。在 70.577dB 下 MWTP为 16.44;在 70.783dB 下 MWTP 为 16.47。

效益二总额为:

当噪声值变化值为0.977dB(A),MWTP为16.44时,根据公式(10-23)可得效益总值为0.487 0亿元。

同理,当噪声值变化值为1.183dB(A),MWTP为16.47时,可得效益总值为0.5918亿元。

ITMS系统所带来的噪声效益总额,当噪声值变化值为0.977dB(A)时,噪声效益总额为效益一与效益二总和的1/3,即12.75亿元;同理,当噪声值变化值为1.183 dB(A)时,噪声效益总额为13.08亿元。

由此可见,ITMS系统的应用改善了车辆的运行工况,从而为交通噪声污染减少所带来的效益总值为12.75亿~13.08亿元,平均效益值为12.92亿元。

需要说明的是,降低城市噪声污染的效益并不是实际产生的效益,所得结果只是人们对环境改善的一种主观意愿,其估价依赖于人们的意愿行为,不是人们的市场行为。意愿行为倾向与真实行为之间存在着本质的差别,也就是说虽然有些地段的噪声值变大,但是可能并没有引起该地段的房价下跌。现阶段由于房子的实际供求关系,人们在买房时并不把房子周围的噪声污染情况作为主要考虑因素,所以该部分所得结论仅作为决策者的决策参考依据。

10.2.3 环境能源效益评价结果

由以上分析可以看出,ITMS系统的应用能有效改善城市拥堵状况,提高运行速度,节省交通能耗,不仅为用户节省了大量的出行时间以及数目可观的燃料费用,而且对缓解石油资源紧张、改善北京城市能源消耗结构起到了积极的作用,同时在改善城市环境,减少尾气污染,降低噪声污染,温室气体减排方面效果显著。综合前文可得到,ITMS系统应用后量化的能源消耗节约效益为3.58亿元,能源结构调整效益3.82亿元,减少尾气污染效益7.80亿~9.94亿元,降低噪声污染效益12.75亿~13.08亿元,温室气体减排效益0.68亿元,总效益值(含噪声效益)154.18亿~182.01亿元,总效益值(未含噪声效益)141.43亿~168.93亿元,总效益均值(未含噪声效益)为155.18亿元。

第11章　北京城市ITMS管理效率影响评价

11.1　评价思路和评价指标

11.1.1　评价思路

管理效率评价首先从组成ITMS的各个子系统功能出发，根据北京城市ITMS系统分析的研究结果，确定为管理效率评价提供数据支持的子系统范围。其次，通过挖掘各个子系统的历史数据，采用对比分析的方法完成执法效率、队伍建设、交通法规宣传教育以及快速反应能力各项评价内容的研究和分析，根据评价内容所包含的评价指标和评价要求得到最终的评价数据。最后，从效率、效益和效果三方面汇总评价结果形成评价结论。

11.1.2　评价指标

北京市ITMS管理效率评价体系如图11-1所示。

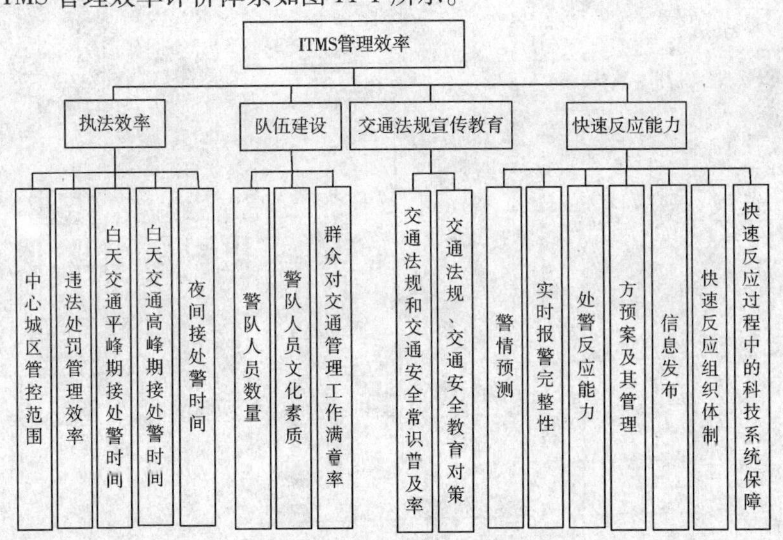

图11-1　北京市智能交通管理系统管理效率评价体系

11.2　效益测算和评价结果

11.2.1　管理效率效益测算

本部分研究内容根据北京市公安局公安交通管理局提供的数据，以及根据制定的评价体系和各项评价指标的定义完成ITMS投入使用后对于提升交管局工作和管理效率的最终评价。各项指标的具体测算思路如下：

(1)中心城区管控范围

北京市中心城区管控范围指标的定义如下：中心城区（五环）内设置了有效管控手段（包括信号灯控制系统、交通流量检测系统、配备GPS卫星定位系统定点和巡逻的警力、视频监控、违章自动监测等技术手段）的路口数量占路口总数量的比例和道路长度占道路总长度的比例。

根据上述定义将“中心城区管控范围”的计算过程分为三步：

第一步：五环内路口数量估算和城区道路总长度

根据《1039行车手册》对于北京四环内每一块区域进行划分后的各子域的详细地图可以完成路口数量的精确统计，四环内区域划分如图11-2所示，统计结果如表11-1所示。

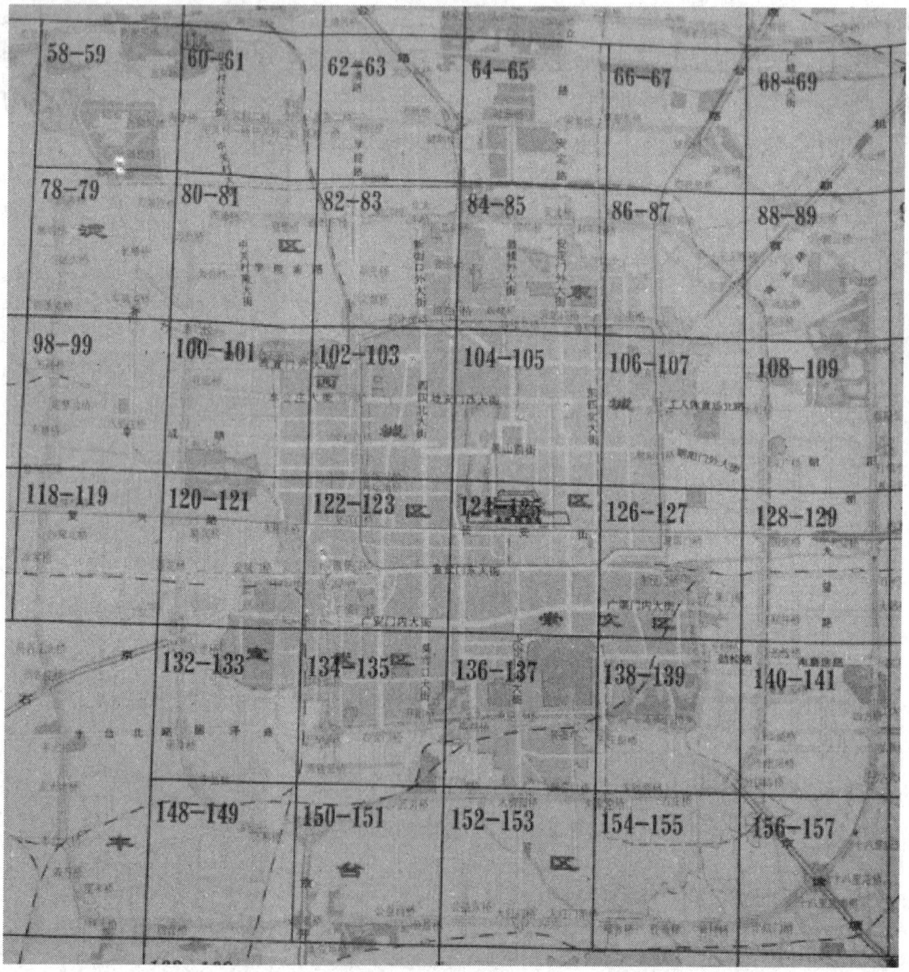

图11-2　北京四环区域划分图

四环内道路交叉口统计　　表 11-1

区域代码	十字形道路交叉口	丁字形道路交叉口	特殊形状交叉口	合计
58 – 59		2		2
60 – 61	5	15		20
62 – 63	5	20		25
64 – 65	7	17	2	26
66 – 67	12	22		34
68 – 69		1		1
78 – 79	23	67	1	91
80 – 81	15	104	1	120
82 – 83	22	95	2	119
84 – 85	34	101	1	136
86 – 87	45	112	2	159
88 – 89	7	32		39
94 – 95（图中左下角区域）	30	68	2	100
98 – 99	15	45	1	61
100 – 101	20	119	1	140
102 – 103	73	228	10	311
104 – 105	58	212	3	273
106 – 107	50	238	2	290
108 – 109	33	99	1	133
118 – 119	25	59		84
120 – 121	25	120	2	147
122 – 123	50	267	10	327
124 – 125	74	251	4	329
126 – 127	57	184	4	245
128 – 129	12	58	2	72
132 – 133	44	101	1	146
134 – 135	38	124	4	166
136 – 137	53	152	6	211
138 – 139	25	108	1	134
140 – 141	25	65	2	92
148 – 149	12	63	2	77
150 – 151	21	53	1	75
152 – 153	23	92	2	117
154 – 155	24	101	3	128
156 – 157	15	38	0	53
合计	977	3 433	73	4 483
百分比	21.80%	76.60%	1.60%	

根据上述统计结果，四环内共有各类型道路交叉口 4483 处，进一步推算出五环内共有各

类型道路交叉口预计 5 500 处。

城区道路总长度与前述多次用于道路通行能力评价指标计算中的定义相同,根据统计年鉴可获得统计数据如下:

- 2005 年北京市城区道路总长度为 4 073km;
- 2006 年北京市城区道路总长度为 4 419km;
- 2007 年北京市城区道路总长度为 4 460km。

第二步:北京 ITMS 设备和警力部署统计

ITMS 中各种设备在北京市中心城区的分布如图 11-3 所示(设备覆盖的详细分区图见第五章 5.4 节);在计算中心城区管控范围时除考虑道路上所安装硬件设备的覆盖率之外,还应考虑 GPS 设备的应用结合警力在市区巡逻岗位的部署同样为中心城区管控范围做出了贡献。2005 年至 2007 年北京市道路安装的各类 ITMS 设备和市区巡逻岗执勤情况如表 11-2 所示。

市区 ITMS 设备和巡逻岗执勤统计(2005 ~ 2007 年)　　表 11-2

<table>
<tr><th rowspan="2">年份</th><th colspan="5">ITMS 设备数量</th><th colspan="2">巡逻执勤岗位</th></tr>
<tr><th>信号灯</th><th colspan="2">流量检测</th><th>电视监控</th><th>违章监测</th><th>卫星定位</th><th>巡逻岗位</th></tr>
<tr><td rowspan="4">2005</td><td rowspan="4">1324</td><td colspan="2">7 149</td><td rowspan="3">372</td><td rowspan="3">699</td><td rowspan="4">348</td><td rowspan="4">912</td></tr>
<tr><td>微波</td><td>线圈</td></tr>
<tr><td>53</td><td>7 096</td></tr>
<tr><td colspan="4">合计:8 220</td></tr>
<tr><td rowspan="4">2006</td><td rowspan="4">1 627</td><td colspan="2">8 656</td><td rowspan="3">291</td><td rowspan="3">742</td><td rowspan="4">373</td><td rowspan="4">871</td></tr>
<tr><td>微波</td><td>线圈</td></tr>
<tr><td>528</td><td>8 128</td></tr>
<tr><td colspan="4">合计:9 689</td></tr>
<tr><td rowspan="4">2007</td><td rowspan="4">1 781</td><td colspan="2">9439</td><td rowspan="3">441</td><td rowspan="3">756</td><td rowspan="4">370</td><td rowspan="4">661</td></tr>
<tr><td>微波</td><td>线圈</td></tr>
<tr><td>743</td><td>8 696</td></tr>
<tr><td colspan="4">合计:10 636</td></tr>
</table>

第三步:北京中心城区管控范围指标计算

①路口信号控制设备覆盖率

2005 年:1 324 ÷ 5 500 = 24.0%

2006 年:1 627 ÷ 5 500 = 30.0%

2007 年:1 782 ÷ 5 500 = 32.4%

②路段检测和监控设备覆盖率

假设各种检测和监控设备的覆盖范围为 200m(以视频拍摄清晰度能够进行各种行为检测的景深为依据,对于交通流检测设备意味着每隔 200m 布设一个检测器),即 0.2km,则 ITMS 设备路段覆盖率计算如下:

2005 年:8 220 × 0.2 ÷ 4 073 = 43.3%

2006 年:9 689 × 0.2 ÷ 4 419 = 43.8%

2007 年:10 636 ×0.2 ÷4 460 =47.7%

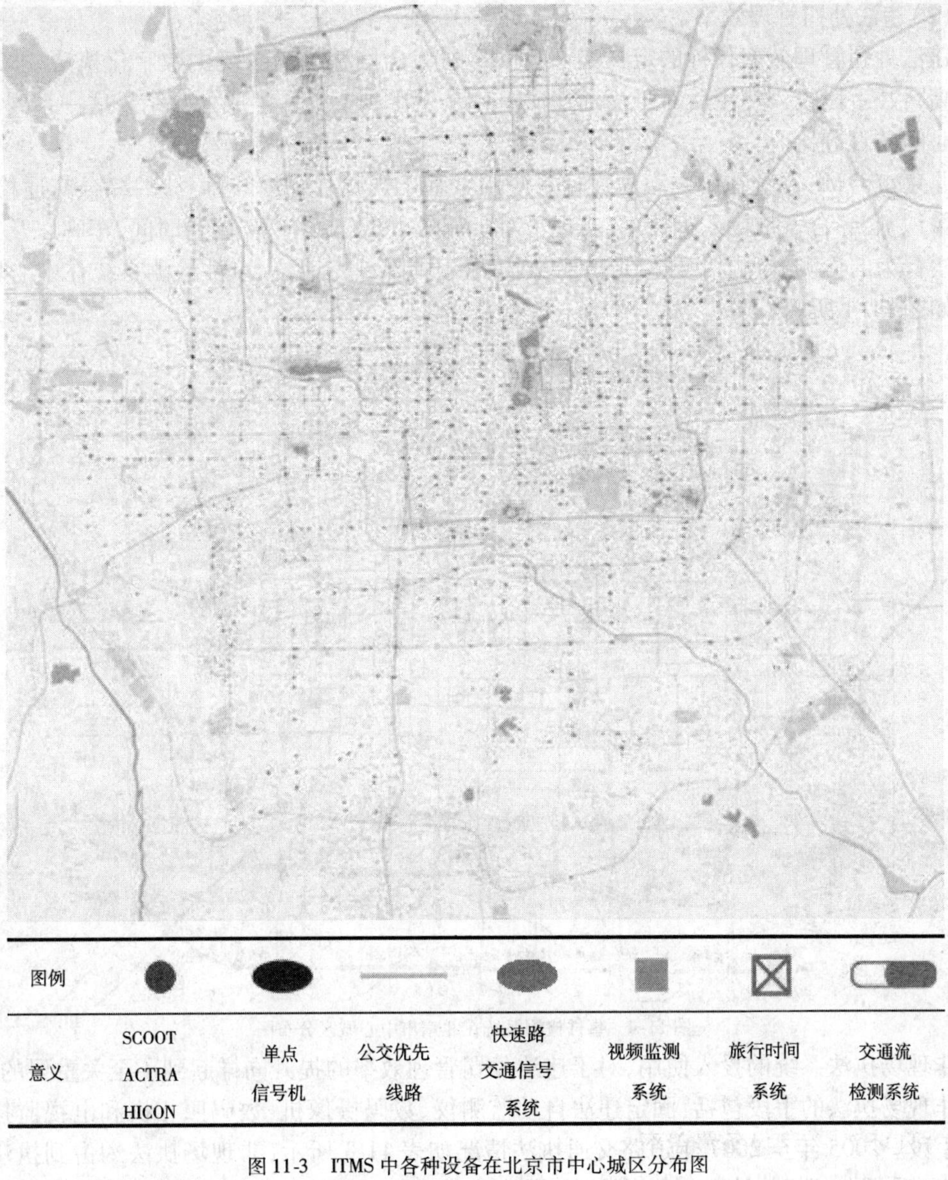

图例							
意义	SCOOT ACTRA HICON	单点 信号机	公交优先 线路	快速路 交通信号 系统	视频监测 系统	旅行时间 系统	交通流 检测系统

图 11-3　ITMS 中各种设备在北京市中心城区分布图

③中心城区管控范围

将上述计算得到的路口与路段覆盖率进行综合计算得到中心城区的管控范围，路口管控范围以信号机覆盖率为计算依据；由于巡逻执勤与 ITMS 路段设备的管控范围有所重复，因此路段管控范围以检测和监控设备覆盖率作为计算依据，暂不考虑巡逻执勤岗位覆盖情况；最终中心城区管控范围的计算根据路段与路口组成关系对路口和路段管控范围进行相加。

2005 年:24.0% +43.3% =67.3%

2006 年:30.0% +43.8% =73.8%

2007 年:32.4% +47.7% =80.1%

综上所述，通过不懈的努力，截至 2007 年底北京市智能交通管理系统投入使用后中心城区的直接管控范围达到80%。

(2)违法处罚管理效率

违法处罚管理效率指标的定义如下:ITMS中综合信息应用系统中数字化执法、非现场管理等高科技手段投入使用后对于交通违法事件从发生到上报并生成处罚结果这一系列流程所节约时间的百分比。

北京市ITMS系统在国内率先设计并应用了基于视频、微波和超声波的综合交通检测、高清图像识别、综合宽带接入等技术,实现了对于流量、速度、占有率、旅行时间、车牌以及9种交通违法行为的检测,检测精度达到95%以上,居于国际领先地位,事件检测系统在中心城区的分布如图11-4所示。

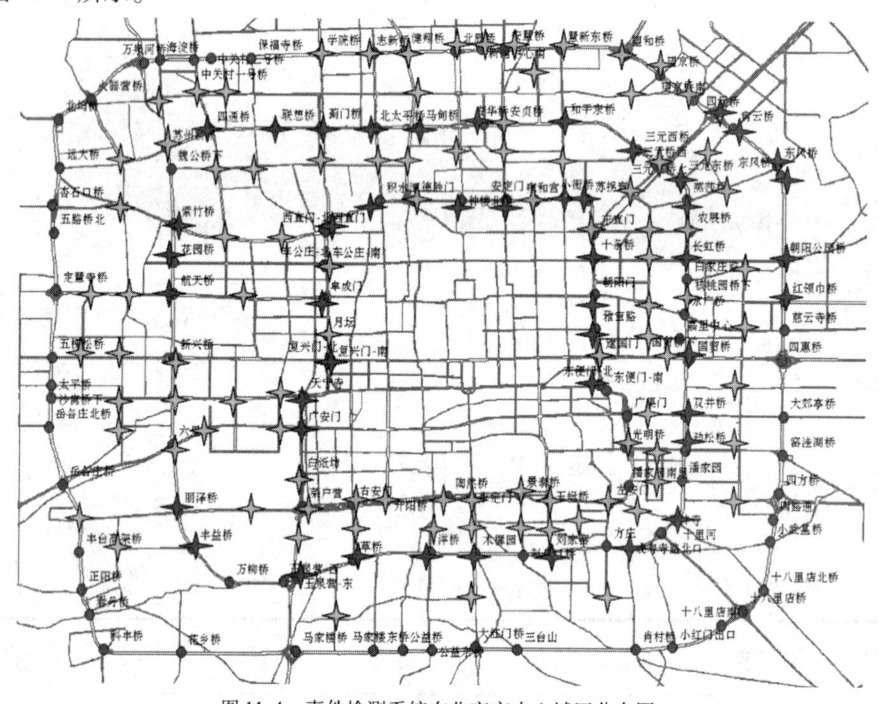

图11-4 事件检测系统在北京市中心城区分布图

非现场执法系统的投入使用,对于违法处罚管理效率的提升同样起到了至关重要的作用,用于非现场执法的手段包括:固定违法自动监测仪、数码摄像机、数码照相机和电视监控等高科技手段。2005年至2007年道路交通执法情况如表11-3所示,非现场执法约占到执法总量的40%,采用非现场执法不仅节约警力,平均花费时间也仅为现场执法的50%。

道路交通执法情况(2005~2007年) 表11-3

年份	处罚起数(起)	非现场执法处罚(起)	比例
2005	8 476 519	3 980 485	47.0%
2006	9 020 608	3 369 432	37.4%
2007	8 464 501	3 086 965	36.5%

北京城市智能交通管理系统投入使用后极大增强了城市应急处突和抗风险能力。交通意外事件系统自动检测比人工发现早5分钟。央视新址大火,系统第一时间检测到因此导致的京广桥车辆行驶缓慢的拥堵警情,第一时间通报有关部门,并为消防救援赢得宝贵时间,并及

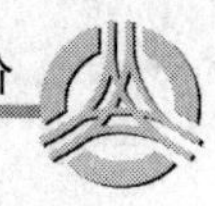

时采取交通管制措施,确保周边道路的有序和应急车辆的畅通。

北京城市智能交通管理系统投入使用后促进了首都"宜居城市"与和谐社会的建设。有效打击了交通违法行为,增强了公众交通文明和守法意识;保证了交通限行政策的实施,实现了交通需求的科学管理。例如王府井大街北口在增加事件检测和视频监控设备后交通违法数量的变化如图 11-5 所示,平均下降比例达到 39%。

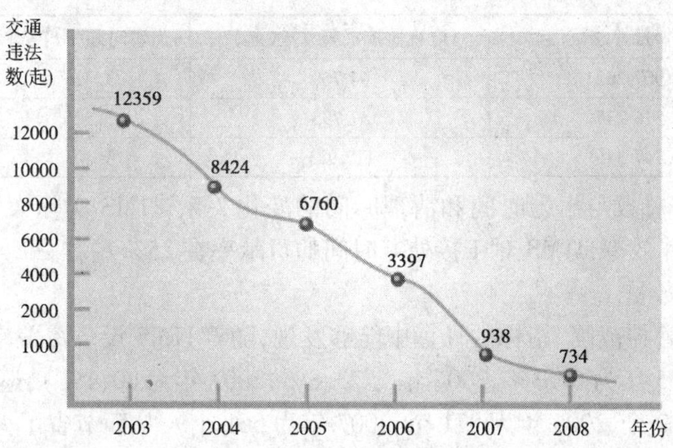

图 11-5　交通违法数量变化图(王府井大街北口)

北京城市智能交通管理系统投入使用后有效地打击涉车的违法犯罪,维护社会的和谐稳定。2008 年朝阳"12 · 18"故意杀人案侦破中,系统发现嫌疑盗抢车辆后自动报警并追踪其行驶轨迹,配合刑侦部门迅速截获,整个过程仅用时 8 分钟。如图 11-6 所示,涉车违法犯罪发案率下降 61%,累计查获盗抢车 1 千余辆,协助破获刑事案件 230 余起,起到了有效维护社会和谐稳定的积极作用。

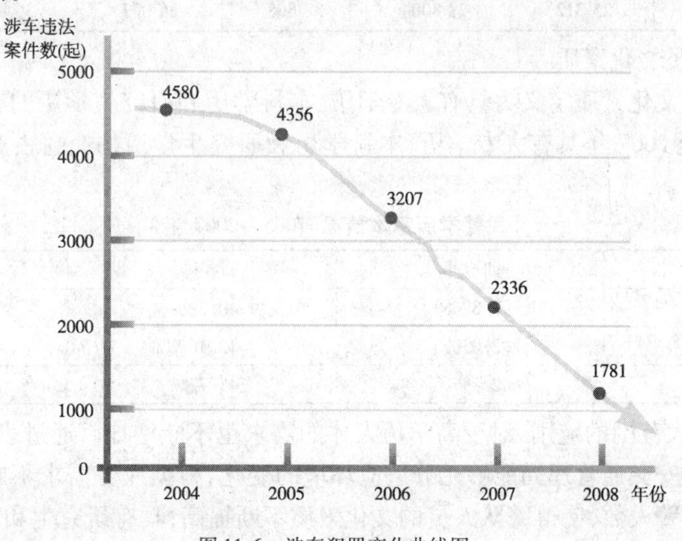

图 11-6　涉车犯罪变化曲线图

综上所述,ITMS 系统投入使用后违法处罚管理效率提升比例达到 50% 以上。

(3)接处警时间

随着 122 接处警系统和电视监控系统的不断完善,在报警总数不断上升的同时出警时间和清理时间仍然保持在较高的水平。2005～2007 年的相关统计结果如表 11-4 所示。通过表中的统计数据可以看出,北京市 122 接处警系统报警总数年平均增长率约为 13.5%,电视监控报警总数年均增长率约为 35%,但是出警时间没有发生显著变化,清理时间呈现不断下降的趋势。不难看出,ITMS 中各个系统协同工作对提高工作效率具有明显的改善作用。

报警数和接处警时间统计(2005～2007 年)　　表 11-4

年份	122 接处警报警总数(起)	电视监控报警总数(起)	出警时间(分钟)	清理时间(分钟)
2005	2 907 282	64 769	3.32	4.20
2006	3 316 235	87 793	3.50	4.40
2007	3 747 346	117 921	3.40	3.40

通过分析报警总数与出警时间和清理时间的变化关系,ITMS 实际大大降低了接处警时间,提高了民警工作效率,ITMS 对于接处警时间的贡献率在 25% 左右。

(4)警队人员数量

从"中心城区管控范围"指标的计算中能够发现,随着 ITMS 设备覆盖率以每年 7% 左右的速度不断增长(2005 年为 67.3%,2006 年为 73.8%,2007 年为 80.1%),巡逻执勤岗位则不断下降(2005 年为 912 个,2006 年为 871 个,2007 年为 661 个),从而节省了大量人力资源。

据统计,从 2003 年至 2008 年由于逐步采用城市智能交通管理系统,共节省警力 1 600 人,平均每年减少警力投入 267 人。北京市 2003～2008 年人均工资水平如表 11-5 所示,根据表中的数据,可计算出系统在逐步使用过程中节约的人力资源成本,累计达到 0.56 亿元。

2003～2008 年北京市人均工资标准　　表 11-5

单位:元

年份	2003	2004	2005	2006	2007	2008
人均工资	25 312	28 800	32 808	36 097	39 867	45 000

(5)警队人员文化素质

警队人员的文化素质定义为具有大专学历、本科学历和研究生学历的交警占交警总数的比例。2005 年至 2007 年具有大专学历、本科学历和研究生学历的交警占交警总数的比例如表 11-6 所示。

民警学历基本情况(2005～2007 年)　　表 11-6

年份	研究生	本科	专科
2005	1.82%	40.29%	41.03%
2006	2.03%	42.16%	38.39%
2007	2.75%	45.72%	37.74%

随着 ITMS 大范围的应用,对于高学历人才的需求也不断增加。通过表中数据不难看出,北京市公安局公安交通管理局能够充分适应环境的变化,根据业务需求不断提升具有本科和研究生学历的民警人数,使得警队人员的文化素质不断提高,具有研究生和本科学历的民警人数占到总人数的 48.74%。

(6)群众对交通管理工作满意率

群众对交通管理工作满意率定义为市区人口中(含暂住人口)对交通组织、交通秩序、民警执法形象、民警执法执纪表示满意的人数占被访人数的比例。受到数据所限,报告中提供的

满意率调查结果来自 122 接处警系统对报警人的回访,统计结果如表 11-7 所示。

民警学历基本情况(2005～2007 年)　　表 11-7

年份	回访报警人(次)	受访人满意率
2005	46 386	100%
2006	55 071	100%
2007	72 540	100%

综上所述,目前群众对北京市公安局公安交通管理局交通管理工作的满意率为 100%。

(7)交通法规和交通安全宣传

汇总 2005 年至 2007 年北京市公安局公安交通管理局在宣传交通法规和交通安全所开展的相关工作,如表 11-8 所示,其中包括组织新闻发布会和记者集体采访、播发新闻稿件和召开安全宣传工作会议。

交通法规和安全宣传工作(2005～2007 年)　　表 11-8

年份	组织新闻发布会和记者采访(次)	播发新闻稿件(条)	召开安全宣传工作会议(次)
2005	129	45 318	86 847
2006	149	51 164	125 417
2007	134	53 452	89 221

综上所述,通过表中数据不难看出北京市公安局公安交通管理局对于交通法规和交通安全宣传工作给予了高度的重视。

(8)快速反应能力

根据图 11-1 的 ITMS 系统快速反应能力评价指标集,参考指标评价标准,采用专家评判表法,对 ITMS 系统快速反应能力进行评价。ITMS 系统快速反应能力评价参考打分标准可采用百分制的方式直接打分,通过加权平均后计算出最终得分;也可以采取等级制(五等级)的打分方式,通过隶属函数,对系统进行评价。本节将采用第二种方式对北京市 ITMS 系统快速反应能力效果进行评价。根据评价集 $V=\{V_1,V_2,V_3,V_4,V_5\}$ = {一级,二级,三级,四级,五级},建立各等级的隶属函数来确定不同分数属于各等级的隶属度。针对北京市 ITMS 的特点,在求各指标的隶属度时采用专家评判表法。

在此基础上,通过实际交通数据(2004～2008 年)分析,对北京市 ITMS 系统快速反应能力效果进行验证。

①快速反应能力效果分析

经相同的评判依据及考核步骤测算,2008 年度北京市 ITMS 系统快速反应能力评价总得分为 93.34 分,2004 年度北京市 ITMS 系统快速反应能力评价总得分为 77.29 分。因此,2008 年度的得分较 2004 年度的得分提高了 16.05 分,反映出北京 ITMS 系统快速反应能力取得明显改善。

②根据实际数据进行分析验证

为进一步阐述本节提出的评价方法的实际效果,现从实际交通的运行数据(见表 11-9,平均处警时间、机动车保有量、城区道路长度、年报警数量等)进行分析。

2004～2008年北京交通运行数据　　表11-9

年份	2004	2005	2006	2007	2008
处警到达现场平均时间(分钟)		3.32	3.5	3.4	
机动车保有量(万辆)	229.6	258.3	287.6	312.8	350.4
城区道路长度(km)	4 064	4 073	4 419	4 460	
报警数量总计(次)		760 463	870 434	871 759	

注:空白处为未搜集到的数据。

从北京公安交通管理年鉴(2004～2008年)公布的数据来看,处警到达现场平均时间变化不明显;城区道路长度由4 064km增加到4 460km,增加了9.7%;交通事故报警量由2005年的760 463次增加到了2007年的871 759次,增加了15%。但是机动车保有量由229.6万辆快速增加到350.4万辆,增加了52.6%。由于机动车的大幅增长和交通道路的增加,使得交通事故增加了15%,而ITMS快速反应能力效果并没有明显的下降,因此可认定北京ITMS系统实际快速反应能力提高15%左右,进而验证了前面提及的评价方法的合理性。

③ITMS快速反应能力效果产生的社会效益

北京市ITMS系统建成投入使用后,在多项重大事件中发挥了重要的作用。

2008年奥运会、残奥会期间,火炬接力、开闭幕式、马拉松比赛,公路自行车赛等均需要占用交通道路进行活动或比赛,每次比赛(或活动)前,均对活动进行模拟演练,精确计算比赛(活动)和社会车辆运行情况,分段实行交通管制,甚至精确到分,使得整个比赛期间赛事进行顺利,相关路线未发生严重拥堵事件,受到了奥组委和北京市民的高度评价。

奥运开幕式,141位外国首脑和1 000多名重要贵宾27分钟内安全返回住地,16万观众75分钟内疏散完毕,比申奥承诺的时间缩短13%。

两会期间,充分利用奥运期间的成功经验,挖掘ITMS的快速反应潜力,优化勤务路线及警力配置,调控两会车队占路时间,总时长不超过30分钟;大的平交路口、车队汇集交叉口,两会车队、社会车辆交替放行,社会车辆放行时长不少于40秒,大大缓解了相关路口交通压力。受到了与会代表的赞扬和一致好评。

同时,ITMS系统快速反应能力的提高缩短了警情发现的时间,提高了指挥调度的精确性,增强了将事件消灭在萌芽状态的能力,减少了警车的空驶率,提高了民警执勤的积极性和效率,融洽了警民关系。

11.2.2　管理效率评价结果

截至2007年底,北京市智能交通管理系统投入使用后中心城区的管控范围达到80%。

ITMS系统投入使用后违法处罚管理效率提升比例达到50%以上。

ITMS大大降低了接处警时间,提高了民警工作效率。ITMS对于接处警时间的贡献率在25%左右。

从2003年至2008年,由于逐步采用城市智能交通管理系统,共节省警力1600人,平均每年减少警力投入267人,节省人力资源成本0.56亿元。

由于ITMS系统应用对人员文化素质提出了更高、更新的要求,使得北京市公安局公安交通管理局警队人员的文化素质不断提高,具有研究生和本科学历的民警人数占到总人数的48.74%。

目前群众对北京市公安局公安交通管理局交通管理工作的满意率为100%。

与2004年相比,北京市ITMS系统快速反应能力提高了15%。

第12章　北京城市ITMS综合效益评价结论与展望

12.1　评价结论

12.1.1　北京ITMS的影响机理分析

本书从评价指标确定、ITMS设备分布、基于道路数据的评价指标区域分析和基于路网数据的评价指标整体分析四个方面完成了北京城市智能交通管理系统综合效益评价指标整体分析。

通过分析测算得出，北京城市智能交通管理系统自2005年投入使用后，考虑北京市机动车保有量和道路长度不均衡增长情况下，提高机动车旅行速度的比例约为9.64%～12.00%，减少机动车旅行时间的比例约为9.70%～10.70%，降低机动车延误的比例约为9.50%～11.00%，减少机动车停车次数的比例约为8.70%。北京市ITMS投入使用后提高道路基本通行能力与旅行速度成正比关系，ITMS投入使用后提高道路基本通行能力10%～12%，交通高峰期提高道路基本通行能力达到13%～15%。

12.1.2　社会经济和能源环境效益

北京市智能交通管理系统社会经济和能源环境效益的评价结论充分说明，ITMS的应用为北京市的社会、经济、能源、环境发展起到了极大的促进作用。

ITMS投入运营后，在很大程度上缓解了交通堵塞，提高了道路的通行能力。其中，在选取的特征年份即2008年，ITMS为道路上机动车降低的行车成本量化效益为3.58亿元；为出行用户节省出行时间33 013.81万～40 995.31万小时，避免了人们将更多精力耗费在交通拥堵方面，从而有更多时间与机会为社会创造价值，2008年北京市智能交通管理系统投入后在“减少出行时间”方面带来的社会经济量化效益共110.07亿～136.68亿元；正因为ITMS覆盖区域下道路通行能力有了很大程度提高，这在一定程度上减缓了新建以及扩建道路的必要性，减缓了部分土地资源及交通基础设施建设的投资，经核算，ITMS的实施使北京市在2005～2008年年初这段时期共节省了85km的新建道路建设费用，为社会带来的经济量化效益为50.15亿元；同时，ITMS项目的应用也能带动相关产业经济的发展，促进科学技术进步，并在一定程度上影响社会的就业水平。

ITMS提高了道路交通的管理水平，降低了交通阻塞，提高了路网的运行率，使交通参与者能高效地使用交通设施及能源，在节约交通能耗方面产生了极大的积极作用。ITMS应用后小客车与大客车单车每百公里节省燃料分别为0.168L与0.117L，从而2008年系统为机动车辆共节约燃料油6.71万吨标煤；全市共节约能源0.11%，交通运输领域的能源节约了0.79%；

全市能源结构调整效益为3.82亿元。

同时,ITMS的实施也改善了车辆的运行工况,提高了车辆的运行速度,有效降低了单车的尾气排放状况,这一方面对改善北京城市的大气环境产生了极大的影响。北京市自采用先进的智能交通管理系统后车速的提高对北京市城区污染物下降的平均贡献率为4.76%~5.85%,在城市环境污染治理方面创造的社会效益达7.80亿~9.94亿元。系统应用后道路交通系统减少了对能源的需求,也降低了温室气体的排放,在减少温室气体排放方面带来的量化效益为0.68亿元。同时,ITMS的建立和实施明显减少了因车辆变速和停车等造成的城市噪声污染,在该方面带来的量化效益为12.75亿~13.08亿元。

12.1.3 交通安全效益

北京市ITMS作为科技交通的具体体现,有效地改善了北京市五环内区域的交通安全状况,维护了日常交通秩序的稳定,为北京市奥运会的成功举办及人民的生活出行提供了有力的安全保障,本书采取了经济效益评价和交通安全态势评价相结合的分析方法进行ITMS交通安全效益评价,研究结果有力地证明了ITMS的实施为北京市的交通安全做出了巨大贡献。定量化的计算结果显示北京市ITMS安全效益为1 188 993 094元,约为人民币11.89亿元。

为了更好地判断ITMS对北京市交通安全产生的作用效果,本书还进行了交通安全态势分析,选取的样本覆盖了北京市五环内外的区域,最终确定了覆盖五环内外的10个区域作为定性评价的评价区域。交通安全态势分析的研究结果显示北京市五环内外区域的交通安全状态呈现出了完全不同的变化趋势,五环外区域2008年的交通安全水平较2004年有所下降,而五环内区域2008年的交通安全水平较2004年有所上升,考虑到ITMS在北京市五环内大范围覆盖,而五环外并没有实施ITMS设施,由此可以看出北京市ITMS的实施对交通安全起到的预防、保护作用十分明显。

ITMS安全经济效益评价和交通安全态势综合评价得到了一致的结论:北京市ITMS的实施明显地减少了交通事故的发生、保障了市民出行安全,提升了北京市交通安全服务水平,并由此带来了巨大的社会和经济效益。

12.1.4 管理效率效益

根据各项评价指标的定义和制定的评价体系,本书完成了ITMS投入使用后对于提升交管部门工作和管理效率的最终评价。

截至2007年年底,北京市智能交通管理系统投入使用后中心城区的管控范围达到80%。

ITMS系统投入使用后违法处罚管理效率提升比例达到50%以上。

ITMS大大降低了接处警时间,提高了民警工作效率,系统对于接处警时间的贡献率在25%左右。

从2003~2008年由于逐步采用城市智能交通管理系统,共节省警力1 600人,平均每年减少警力投入267人,节省人力资源成本0.56亿元。

北京市交管部门警队人员的文化素质不断提高,具有研究生和本科学历的民警人数占到总人数的48.74%。

目前群众对北京市公安局公安交通管理局交通管理工作的满意率为100%。

与 2004 年相比，北京市 ITMS 系统快速反应能力提高了 15%。

本书的研究成果汇总如表 12-1 所示。

北京城市 ITMS 综合评价体系研究结果　　表 12-1

一级指标	二级指标	评价结果	
社会经济		降低行车成本	3.58 亿元
		减少出行时间	110.07 亿 ~ 136.68 亿元
		节省土地资源	50.15 亿元
		推动相关产业经济发展和技术进步	评价数据难以获取，因此该指标的社会经济效益量化评价研究无法展开。建议待北京市 ITMS 随着时间的发展与社会及各大产业部门充分融合、累积各项数据之后，再进一步展开系统、全面的评价研究。
		满足交通需求与提高生活质量	ITMS 可改善交通拥堵状况、提高交通安全水平、减少能源消耗、降低污染程度，因此系统的实施使用户出行的经济性、便利性、机动性、可达性、舒适度、满意度、安全性都得到了明显提升。
		其他社会经济效益	ITMS 的应用在提高社会就业水平、引导土地增值、提高国民综合素质以及与国家、地区的可持续性发展方面均发挥了重要的作用。
交通安全	交通事故造成的经济效益	车辆损失	6.22 亿元
		人员伤亡损失	
		社会服务机构费用消耗损失	
		公共交通设施安全	
		交通拥堵导致时间损失	
		货物损失	
	非交通事故造成的经济损失	车辆被盗抢的损失	5.67 亿元
		货物被盗抢的损失	
		社会服务机构消耗损失	
能源环境	环境效益	减少尾气污染	7.80 亿 ~ 9.94 亿元
		降低噪声污染	12.75 亿 ~ 13.08 亿元
		温室气体减排	0.68 亿元
	能源效益	能源结构调整	3.82 亿元
管理效率		中心城区管控范围	ITMS 设备的覆盖率达到 80%
		违法处罚管理效率	提高了 50% 以上
		警队人员数量	0.56 亿元
		快速反应能力	提高了 15%

12.2 展望

目前,世界各国都在积极建设城市智能交通系统。根据我国未来的发展规划,城市智能交通系统的建设将会继续加大发展力度。近几年内将在约 50 个大城市推广交通信息服务平台建设,提供交通信息查询、交通诱导等服务;在 200 个以上的城市发展城市智能控制信号系统,形成智能化的交通指挥系统;在 100 个以上的大城市推进大城市公共交通区域调度和相应的系统建设,加大电子化票务的建设与应用。

智能交通系统投入应用后必然给社会带来巨大的促进作用,因此,如何评价智能交通系统所产生的效益将会成为管理层的重要工作之一。然而,对于智能交通系统应用效果的评价仅仅进行简单的定性评价是远远不够的。考虑到这一现实需要和发展要求,本书系统地介绍了智能交通管理系统的评价流程,并提出了一套完整且适用性较强的评价指标体系,然后结合北京城市智能交通管理系统的应用实例进行了具体的评价分析,从而得出了具有一定参考价值的结论。

北京市目前 ITS 的应用尚处于初级阶段,本书在针对北京城市智能交通管理系统进行评价分析时,遇到了诸如历史数据不够完整、某些评价指标难以量化等问题,这也是其他城市在评估时均难以避免的问题。同时,由于城市智能交通体系的建设和发展涉及公众、交通管理、车辆管理、城市建设、通信等多个利益主体,因而未来城市智能交通系统的发展必然是一个涉及以交通和公安等为主,多部门共同驱动的发展过程,这种趋势必然使得后续的城市智能交通系统评价工作更加多元化与复杂化。因此,建立完善的实时数据采集、分类和有效存储、查询等相应的数据系统,实现多种数据处理功能,为用户提供交通数据服务成为目前城市交管部门的首要任务,这也可为以后的城市智能交通系统应用效果评价奠定数据基础。

同时,由于智能交通系统是一个新兴产业,给社会带来的影响很多方面现在尚未体现或未完全体现,并且系统的性能也有待进一步完善,因此,关于城市智能交通系统的评价体系和评价方法还有待专家、学者做进一步深入的研究。

参考文献

[1] Hong Lo., Hickman M., Weissenberger S. A Structured Approach for ITS Architecture Representation and Evaluation[C]. Proceedings in conjunction with the Pacific Rim TransTech Conference, 6th Vehicle Navigation and Information Systems Conference, 1995: 442-449.

[2] Weissenberger S., Hong Lo., Hickman M. A Method for Evaluating Systems Architectures [C]. Proceedings in conjunction with the Pacific Rim TransTech Conference, 6th Vehicle Navigation and Information Systems Conference, 1995: 397-403.

[3] Ozlem Y-T., Kaan O., Sandeep M., et al. Quantification of Possible Impacts of Capacity Expansion Projects on Transportation Costs via Trip-based Full Marginal Cost estimation Methodology [C]. Proceedings of the 87th Annual Meeting of Transportation Research Board. Washington D. C., USA, 2008, CD: 08-2094.

[4] Liu H., Chu L., Recker W. Performance Evaluation of ITS Strategies Using Microscopic Simulation [C]. Proceedings of IEEE Intelligent Transportation Systems Conference, Washington, D. C., USA, 2004: 917-921.

[5] Chris W., Mahmoud M. Transportation Benefit-Cost Analysis: Lessons from CAL-B/C[C]. Proceedings of the 87th Annual Meeting of Transportation Research Board. Washington D. C., USA, 2008, CD: 08-0997.

[6] Berger C. R., Smith E. Intelligent Transportation Systems Provide Operational Benefits for New York Metropolitan Area Roadways: A System's Engineering Approach [C]. Proceedings of IEEE Systems, Applications and Technology Conference, 2007: 1-8.

[7] 王笑京，李宏海，沈鸿飞. 智能交通系统成本效益的研究[C]. 2006 第二届中国智能交通年会论文集，北京，中国，2006: 3-8.

[8] Yin S., Li Z., Zhang Y., Yao D., Su Y., et al. Headway distribution modeling with regard to traffic status [C]. Proceedings of IEEE Intelligent Vehicle Symposium, Xi'an, China, 2009: 1057-1062.

[9] 苏岳龙，姚丹亚，张毅，等. 北京城市交通流状态转移特性分析[C]. 2009 中国人工智能学会第 13 届全国学术年会论文集，北京，中国，2009: 889-899.

[10] Hills P. J. The Costs of Traffic Accident and the Evaluation of Accident Prevention in Developing Countries[C]. Highway Investment in Developing Countries/ICE, 1983.

[11] Matthijs K. Transport Accident Costs and the Value of Safety[C]. European Transport Safety Council, Brussels, 1997.

[12] Allsop R. E. Risk Assessment and Target Setting in EU Transport Programmes[C]. European Transport Safety Council, Brussels, 2003.

[13] Nakanishi Y. J. Introduction to ITS [J]. Economic Impacts of Intelligent Transportation Systems: Innovations and Case studies, Research in Transportation Economics, 2004, 8(I-II):

3-16.

[14] Moore T., Pozdena R. Framework for an Economic Evaluation of Transportation Investments [J]. Economic Impacts of Intelligent Transportation Systems: Innovations and Case studies, Research in Transportation Economics, 2004, 8(I-II): 17-45.

[15] Panou M., Bekiaris E. ITS Clustering and Terminology: One Concept with Many Meanings [J]. Economic Impacts of Intelligent Transportation Systems: Innovations and Case studies, Research in Transportation Economics, 2004, 8(I-II): 49-67.

[16] Stevens A. The Application and Limitations of Cost-Benefit Assessment (CBA) for Intelligent Transport Systems [J]. Economic Impacts of Intelligent Transportation Systems: Innovations and Case studies, Research in Transportation Economics, 2004, 8(I-II): 91-111.

[17] Hanynes K. E., Li M. Analytical Alternatives in Intelligent Transportation System (ITS) Evaluation[J]. Economic Impacts of Intelligent Transportation Systems: Innovations and Case studies, Research in Transportation Economics, 2004, 8(I-II): 127-149.

[18] Brucher K. D., Verbeke A., Macharis C. The Application of Multicriteria-Analysis to the Evaluation of Intelligent Transport Systems [J]. Economic Impacts of Intelligent Transportation Systems: Innovations and Case studies, Research in Transportation Economics, 2004, 8(I-II): 151-179.

[19] Nakanishi Y. J., Falcocchio J. C. Performance Assessment of Intelligent Transportation Systems Using Data Envelopment Analysis [J]. Economic Impacts of Intelligent Transportation Systems: Innovations and Case Studies, Research in Transportation Economics, 2004, 8(I-II): 181-197.

[20] Gillen D., Chang E., Johnson D. Productivity Benefits and Cost Efficiencies from ITS Applications to Public Transit: the Evaluation of AVL [J]. Economic Impacts of Intelligent Transportation Systems: Innovations and Case studies, Research in Transportation Economics, 2004, 8(I-II): 549-567.

[21] Thill J. C., Rogova G., Yan J. Evaluating Benefits and Costs of Intelligent Transportation Systems Elements from a Planning Perspective [J]. Economic Impacts of Intelligent Transportation Systems: Innovations and Case Studies, Research in Transportation Economics, 2004, 8(I-II): 571-603.

[22] Hanynes K. E., Bowen W. M., Arieria C. R., et al. Intelligent transportation Systems benefit priorities: an application to the Woodrow Wilson Bridge [J]. Journal of Transport Geography, 2000, 8(2): 129-139.

[23] Pekka Leviäkangas, Jukka Lähesmaa. Profitability Evaluation of Intelligent Transport System Investments[J]. Journal of Transportation Engineering, 2002, May/June, 276-286.

[24] Kanninen B. J. Intelligent Transportation Systems: An Economic and Environmental Policy Assessment [J]. Transportation Research Part A, 1996, 30(1): 1-10.

[25] Juan Z., Wu J., McDonald M. Socio-Economic Impact Assessment of Intelligent Transportation Systems[J]. Tsinghua Science and Technology, 2006, 11(3): 339-350.

[26] 陈茜，裘红妹. 杭州 ITS 建设现状与发展规划[J]. 城市交通. 2008，6(2)：33-37.
[27] 蔡五三. 上海面向世博会的 ITS 建设及成效[J]. 城市交通，2008，6(2)：40-42.
[28] 石飞，陆建，王炜，等. 城市交通指挥中心效益评价方法及其应用[J]. 交通与计算机，2004，22(2)：43-46，99-104.
[29] 林群，李锋，关志超，等. 深圳 ITS 建设计划、成效及重点[J]. 城市交通. 2008，6(2)：38-40.
[30] 王炜. 面向可持续发展的城市交通系统综合评价方法研究[J]. 土木工程学报，2004，37(3)：1-6.
[31] 赵文芝. 建设新北京交通体系的政策与行动[J]. 城市交通. 2006，4(1)：12-16.
[32] 李修刚，杨晓光，王炜，等. 用于城市交通规划的机动车污染物排放因子[J]. 交通运输工程学报. 2001，1(4)：87-91.
[33] 焦朋朋，陆化普. 城市交通管理的国民经济效益评价方法研究[J]. 公路交通科技. 2005，22(9)：123-126.
[34] 胡明伟，史其信. 智能运输系统(ITS)评价方法研究[J]. 公路交通科技，2001，18(5)：46-50.
[35] 刘叶志. 户用沼气能源温室气体减排的环境效益评价[J]. 长江大学学报. 2009，6(1)：81-84.
[36] 主春杰，马忠玉，王灿，等. 中国能源消费导致的 CO_2 排放量的差异特征分析[J]. 生态环境. 2006，5(5)：1029-1034.
[37] 钱杰，俞立中. 上海市化石燃料排放二氧化碳贡献量的研究[J]. 上海环境科学. 2003，22(11)：836-839.
[38] 叶祖达. 碳排放量评估方法在低碳城市规划之应用[J]. 现代城市研究. 2009，24(11)：20-26.
[39] 胥耀方，于雷，艳召，等. 机动车尾气排放宏观模型开发与应用初探[J]. 交通运输系统工程与信息. 2009，9(2)：147-154.
[40] 林秀丽，丁焰，汤大纲. MOBILE6.2 中车队特征和平均速度对机动车尾气排放的影响[J]. 环境科学导刊. 2008，27(3)：11-13.
[41] 杨晓娜，申金升，卫振林. 北京城市交通发展的环境影响分析[J]. 交通环保. 2005，26(1)：17-19.
[42] 张晓斌，关艳华. 费用—效益分析法在噪音减少措施评价中的应用[J]. 武汉理工大学学报. 2004，26(10)：100-102.
[43] 陈婷，梁波，陆雍森，等. 交通噪声经济损失估算方法研究[J]. 公路交通科技. 2005，22(9)：179-182.
[44] 帅通，袁雯. 上海市产业结构和能源结构的变动对碳排放的影响及应对策略[J]. 长江流域资源与环境. 2009，18(10)：885-889.
[45] 刘凤喜. 大连市城市噪声污染损失货币化研究[J]. 辽宁城乡环境科技，1997，19(1)：27-28.
[46] 蔺宏良. 我国机动车污染物排放现状及控制对策分析[J]. 西安文理学院学报. 2008，

11(3): 86-89.

[47] 王虎, 李孟良, 乔维高. 一种汽车源排放模型—IVE 模型简介[J]. 中国环境监测. 2007, 23(5): 78-81.

[48] 何春玉, 王岐东. 运用 CMEM 模型计算北京市机动车排放因子[J]. 环境科学研究[J]. 2006, 19(1): 109-112.

[49] 边淑娟, 黄民生, 陈有喜, 等. 福建省营运汽车尾气排放社会费用的估算[J]. 亚热带资源与环境学报. 2009, 4(2): 74-78.

[50] 竞峰, 张旭. 利用 IVE 模型进行公交车尾气排放分析[J]. 环境科学与技术. 2006, 29(9): 46-48.

[51] 徐洪波. 道路宽度及车速对交通噪声的影响[J]. 环境保护科学. 2007, 33(6): 127-128.

[52] 傅立新, 郝吉明, 何东全, 等. 北京市机动车污染物排放特征[J]. 环境科学. 2000, 21(3).

[53] 宋国华, 于雷. 城市交通规划环境影响评价的方法与实践[J]. 安全与环境工程. 2007, 14(3): 6-10.

[54] 石磊, 王岐东, 付明亮. 应用居民出行状况估算北京市机动车污染排放量[J]. 北京工商大学学报. 2009, 27(2): 12-15.

[55] 谢振东, 张孜. 广州 ITS 建设成果及交通信息服务发展展望[J]. 城市交通. 2008, 6(2): 45-47.

[56] 任艳艳, 李明顺. 公路建设项目社会影响评价指标无量纲化研究[J]. 企业技术开发. 2010,29(7):63-65.

[57] 杨晓光, 云关萍, 周雪梅, 等. 中国智能交通系统评价方法研究[J]. 中国标准导报, 2007, 7: 15-19.

[58] 杨敏, 李文勇, 徐建闽. 基于 DHGF 算法的智能运输系统_ITS_评价方法[J]. 桂林电子科技大学学报, 2007, 27(3): 227-231.

[59] 杨敏, 陶汉卿. 集成法在智能运输系统评价中的运用[J]. 公路与汽运, 2007, 5: 33-35.

[60] 任其亮, 李淑庆, 彭其渊. 重庆 I T S 示范工程对道路交通安全作用的模糊评价[J]. 交通运输工程与信息学报, 2006, 4(1): 45-49.

[61] 丁纪平, 陆键, 叶凡, 等. 不同层次的 ETC 系统评价[J]. 公路交通科技, 2004, 21(10): 76-80.

[62] 庄焰, 胡明伟, 李德宏. 微观交通仿真软件 PARAMICS 在 ITS 模拟和评价中的应用[J]. 系统仿真学报, 2005, 17(7).

[63] 郑为中, 史其信. 基于 PARAMICS 微观交通仿真的 ITS 项目影响评价研究[J]. 交通科技, 2004, 6: 76-79.

[64] 胡明伟, 吏其信. 支持 ITS 影响评价的交通仿真模型研究[J]. 学术研究, 2005, 7(1): 5-9.

[65] 姜花平, 尹涛, 李新来. 道路交通事故社会经济损失量化指标与方法的探讨[J]. 公路交通科技, 2005, 22(4).

[66] 刘小明，贺玉龙，任福田. 道路交通事故受害者生活质量的损失计算方法[J]. 人类工效学，1996，2(3).

[67] 范艳辉，许洪国，姜华平. 基于社会公共机构的道路交通事故经济损失评价及计量模型研究[J]. 中国安全科学学报，2007，17(1).

[68] 李杰. 公路交通事故的间接经济损失与计算方法[J]. 武汉城市建设学院学报，1996，13(3).

[69] 曹阳，刘小明，任福田，等. 道路交通事故伤亡经济损失的计量方法[J]. 中国公路学报，1995，8(1).

[70] 陈毕伍，石宝林，雷茂锦. 基于物元模型的高速公路交通安全评价体系[J]. 长安大学学报(社会科学版)，2008，10(4)：20-24.

[71] 陈君，李聪颖，丁光明. 基于 BP 神经网络的高速公路交通安全评价[J]. 同济大学学报(自然科学版)，2008，36(7)：927-931.

[72] 王琰，郭忠印. 基于模糊逻辑理论的道路交通安全评价方法[J]. 同济大学学报(自然科学版)，2008，36(1)：47-51.

[73] 李修刚，杨晓光，王炜，等. 用于城市交通规划的机动车污染物排放因子[J]. 交通运输工程学报，2001，1(4)：87-91.

[74] Xuexiang Jin，Yuelong Su，Yi Zhang，et al. Modeling Spacing Distribution of Queuing Vehicles in Front of a Signalized Junction Using Random - Matrix Theory[J]. Tsinghua Sci &Tech，2009，14(2)：252-254.

[75] 关伟，何蜀燕. 基于统计特性的城市快速路交通流状态划分[J]. 交通运输系统工程与信息，2007，7(5)：42-50.

[76] 北京市公安局公安交通管理局. 2006 年北京公安交通管理年鉴[J]. 2006 年 10 月.

[77] 北京市公安局公安交通管理局. 2007 年北京公安交通管理年鉴[J]. 2007 年 12 月.

[78] 北京市公安局公安交通管理局. 2008 年北京公安交通管理年鉴[J]. 2008 年 11 月.

[79] 于秀琴. 北京统计年鉴 2007[J]. 北京：中国统计出版社，2007.

[80] 于秀琴. 北京统计年鉴 2008[J]. 北京：中国统计出版社，2008.

[81] 李冬梅，李文权. 道路通行能力的计算方法. 河南大学学报(自然科学版)，2002，32(2)：24-27.

[82] 何建伟，曾珍香，李志恒. 智能交通系统实施效益的综合评价研究[J]. 交通运输系统工程与信息，2010，10(1)：84.

[83] Button N. P.，Park M. R. Uncertainty in Incident Rates for Trucks Carrying Dangerous Goods[J]. Accident Analysis and Prevention，2000，32：797-804.

[84] Renge K. Drivers' Hazard and Risk Perception. Confidence in Safe Driving and Choice of Speed [J]. IATSS Research. 1998，22(2)：107-109.

[85] Trawen A.，Pia M. International Comparison of Costs of a Fatal Casualty of Road Accident in 1990 and 1999[J]. Accident Analysis and Prevention，2002，34：323-332.

[86] Miler T. R. Costs and Functional Consequences of US Roadway Crashes[J]. Accident Analysis and Prevention，1993，25：593-607.

[87] Connelly L. B., Supangan R. The economic costs of road traffic crashes: Austrilia, states and territories, Accident Analysis and Prevention[J]. 2006, 38: 1087-1093.

[88] 梁桂涛. 智能运输系统项目的效益分析及评价体系研究[D]. 吉林: 吉林大学, 2005.

[89] 姜雨. ITS 项目评价方法研究[D]. 南京: 东南大学, 2004.

[90] 孙伟. 城市道路交通安全评价指标体系研究[D]. 南京: 南京林业大学, 2007.

[91] 姜华平. 道路交通事故社会经济损失评价理论研究[D]. 长春: 吉林大学, 2005.

[92] 靳玫. 北京市交通结构演变的系统动力学模型研究[D]. 北京: 北京交通大学, 2007.

[93] 马国旗. 城市道路交通流特征参数研究[D]. 北京:北京工业大学, 2004.

[94] 郭敬. 基于浮动车数据的北京市道路交通运行状态评价指标与方法[D]. 北京: 北京交通大学, 2006.

[95] 姜乙甲. 基于行程时间可靠性的北京中心城路网运行状态评价[D]. 北京: 北京交通大学, 2007.

[96] 田依林. 城市突发公共事件综合应急能力评价研究[D]. 武汉理工大学. 2008.

[97] 兰燕红. 城市应急指挥系统的能力评价及预案研究[D]. 北京交通大学. 2007.

[98] 史其信, 胡明伟, 郑为中,等. 智能交通系统评价技术与方法[M]. 北京:中国铁道出版社, 2005.

[99] 隽志才, 朱泰英, 贾洪飞. 智能运输系统项目社会经济影响评价方法[M]. 北京: 清华大学出版社, 2008.

[100] 陆化普, 王建伟, 李江平, 等. 城市交通管理评价体系[M]. 北京: 人民交通出版社, 2003.

[101] 过秀成. 建设项目交通影响分析[M]. 北京: 中国铁道出版社, 2008.

[102] 建设项目交通影响评价课题组. 建设项目交通影响评价[M]. 北京: 中国建筑工业出版社, 2007.

[103] 郑连勇. 城市交通影响评价[M]. 北京: 中国建筑工业出版社, 2006.

[104] 陈胤瑜, 吴烽. 口岸突发公共事件快速反应系统的建立. [出版者不详]. 2003.

[105] 罗云. 安全经济导论[M]. 北京:经济科学出版社, 1993.

[106] 杜栋, 庞庆华, 吴炎. 现代综合评价方法与案例精选[M]. 北京: 清华大学出版社, 2005.

[107] 北京市环境保护局. 2008 年北京市环境状况公报[R]. 北京:北京年鉴. 2009.

[108] 2009 年交通运行公报.

[109] 国家计划委员会. 建设项目经济评价方法与参数[R]. 北京: 中国计划出版社, 2006.

[110] 北京交通发展研究中心. 2009 年北京市交通发展年度报告[R]. 北京: 北京交通发展研究中心出版, 2010.

[111] Cambridge Systematics Incorporation. IDAS Design Report[R]. August, 1999.

[112] Cambridge Systematics Incorporation. IDAS User's Manual. [R]. January, 2000.

[113] U. S. Department of Transportation, National Highway Traffic Safety Administration. Traffic Safety Facts[R]. 1994: 32 ~ 38.

[114] 日本总务厅. 交通安全白皮书(平成 11 年版)[R]. 大藏省印刷局, 1999: 21 ~ 22.

[115] Silcock B. R. Guidelines for Estimating the Cost of Road Crashes in Developing Countries [R]. Department for International Development, London. 2003.

[116] Blincoe L. The Economic Impact of Motor Vehicle Crashes[R]. National Highway Traffic Safety Administration, Washington D. C. 2000.

[117] 北京市交通委员会路政局. 2006 年年底城市道路里程数据[EB/OL]. [2007-03-30]. http://www.bjlzj.gov.cn/zhbd/tjxx/200804/t20080420_1384.htm.

[118] 中华人民共和国建设部. 城市道路交通规划设计规范[S]. GB 50220—95.